中财传媒版 2024年注册会计师全国统一考试辅导系列丛书·注定会赢

会计五年真题详解

财政部中国财经出版传媒集团　组编

中国财经出版传媒集团
中国财政经济出版社
·北京·

图书在版编目（CIP）数据

会计五年真题详解/财政部中国财经出版传媒集团组编. -- 北京：中国财政经济出版社，2024.2

（中财传媒版 2024 年注册会计师全国统一考试辅导系列丛书. 注定会赢）

ISBN 978-7-5223-2855-3

Ⅰ.①会… Ⅱ.①财… Ⅲ.①会计学－资格考试－题解 Ⅳ.① F230-44

中国国家版本馆 CIP 数据核字（2024）第 022937 号

责任编辑：张若丹　　　　　　　责任校对：张　凡
责任设计：卜建辰　　　　　　　责任印制：党　辉

会计五年真题详解
KUAIJI WUNIAN ZHENTI XIANGJIE
中国财政经济出版社 出版
URL：http：//www.cfeph.cn
E-mail：cfeph@cfemg.cn
（版权所有　翻印必究）
社址：北京市海淀区阜成路甲 28 号　邮政编码：100142
营销中心电话：010-88191522
天猫网店：中国财政经济出版社旗舰店
网址：https：//zgczjjcbs.tmall.com
北京鑫海金澳胶印有限公司印刷　各地新华书店经销
成品尺寸：185mm×260mm　16 开　20.25 印张　379 000 字
2024 年 2 月第 1 版　2024 年 2 月北京第 1 次印刷
定价：75.00 元
ISBN 978-7-5223-2855-3
（图书出现印装问题，本社负责调换，电话：010-88190548）
本社图书质量投诉电话：010-88190744
打击盗版举报热线：010-88191661　QQ：2242791300

前　言

为帮助广大考生全面理解2024年注册会计师考试大纲和考试辅导教材内容，在有限的复习时间内掌握教材知识和考点，顺利通过考试，中国财经出版传媒集团组织多年从事注册会计师考试辅导的名师、专家编写了"中财传媒版2024年注册会计师全国统一考试辅导系列丛书·注定会赢"。该套丛书紧扣2024年考试大纲和考试教材内容，包括"通关题库""五年真题详解""要点随身记""全真模拟试题"四个系列，涵盖了专业阶段考试的六个科目，即会计、审计、财务成本管理、经济法、税法和公司战略与风险管理。

"通关题库"系列：由"考点列示及通关演练""跨章节主观题演练"组成，逐章精炼历年考试中的高频考点和考试难点，精选通关演练题目，从而形成高质量题库合集，针对易错点、易混点、重难点，帮助考生夯实基础、举一反三、快速提分。

"五年真题详解"系列：甄选五年真题，审题要点、思维拓展、坑点提示、抢分秘籍、历年考情五维详解，搭建真题考点地图，构建真题深度解析体系，帮助考生练真题、析真题、懂真题。

"要点随身记"系列：是记忆锦囊的口袋书，以要点和表格的形式，总结、提炼教材中的知识点，便于考生利用碎片化时间，随时随地温故知新、高效学习。

"全真模拟试题"系列：以真题为依托，全书包括6套模拟试题，力求达到"全真模拟"，检验学习成果，把握答题技巧，提高实战能力，以更高的标准备考。

中财传媒版"注定会赢"系列注册会计师考试辅导丛书，具有各科知识点全面覆盖、重点难点精准掌握、基础知识稳扎稳打、题目题型针对贴切等特点，与注册会计师全国统一考试辅导教材相得益彰，四个系列图书助力读者不同复习阶段的备考。

希望这套图书能帮助您攻克每一个学习难关，衷心祝愿各位考生顺利通过注册会计师考试。

目 录

第一部分　近5年真题命题规律及学习指导

一、近5年真题考点地图 …………………………………………………………………1
二、近5年真题命题规律 …………………………………………………………………7
三、学习指导 ……………………………………………………………………………10

第二部分　5套真题卷详解

2023年注册会计师全国统一考试《会计》真题详解 ……………………………… 13
2022年注册会计师全国统一考试《会计》真题详解 ……………………………… 83
2021年注册会计师全国统一考试《会计》真题详解 ……………………………… 150
2020年注册会计师全国统一考试《会计》真题详解 ……………………………… 207
2019年注册会计师全国统一考试《会计》真题详解 ……………………………… 265

ID# 第一部分 近5年真题命题规律及学习指导

一、近5年真题考点地图

2019—2023年真题考点地图

章节	考点	近5年考查频次	2023年	2022年	2021年	2020年	2019年
第一章 总论	会计假设	1次			①多选：持续经营		
	会计职业道德	1次	①单选：职业道德要求				
	会计信息质量要求	3次		①单选：谨慎性、重要性、相关性	①多选：重要性、及时性	①单选：可靠性、重要性、可比性、及时性	
	会计要素及其确认和计量	1次			①多选：负债概念		
	可持续信息披露	0次					
第二章 存货	存货初始计量	2次			①多选：存货初始计量	①综合：计算购入商品的成本	
	发出存货计量	1次	①综合：计算发出存货成本				
	期末存货计量	3次	①综合：存货减值	①多选：可变现净值的确定			①多选：可变现净值的确定
	存货清查	1次			①多选：存货盘盈、盘亏		
第三章 固定资产	取得时成本的确定	2次	①单选：固定资产购建成本			①计算：固定资产购建成本	
	使用期间折旧、更新改造	3次	①计算：更新改造和折旧	①单选：更新改造和折旧	①单选：更新改造		
	处置	0次					

续表

章节	考点	近5年考查频次	2023年	2022年	2021年	2020年	2019年
第四章 无形资产	概念和初始计量	3次			①多选：无形资产特征、计量	①多选：用于建造办公楼的土地	①多选：宣传费
	研究开发	2次		①多选：研发形成无形资产			①多选：外包无形资产开发
	后续计量	2次	①单选：无形资产使用寿命的估计				①多选：使用寿命不确定的无形资产
第五章 投资性房地产	投资性房地产的范围	1次				①多选：已出租的土地	
	成本模式	1次				①单选：成本模式	
	公允价值模式	2次	①计算：公允价值模式		①多选：公允价值模式		
	用途转换、计量模式转换	1次					①单选：用途转换
第六章 长期股权投资与合营安排	成本法	4次	①综合：非同一控制取得、同一控制取得	①综合：非同一控制取得	①综合：非同一控制取得	①计算：非同一控制取得	
	权益法	6次		①计算：权益法	①计算：权益法；②综合：权益法	①多选：权益法下处置；②计算：权益法	①计算：权益法
	核算方法转换	6次			①计算：公允价值计量转权益法；②综合：权益法转成本法	①多选：公允价值计量转权益法；②多选：权益法转成本法；③计算：权益法转成本法	①计算：权益法转公允价值计量
	合营安排	2次		①多选：合营安排	①单选：合营安排		
第七章 资产减值	单项资产减值	1次				①多选：固定资产、无形资产减值	
	资产组减值	2次	①计算：资产组减值	①多选：资产组减值金额的计算			
	商誉减值	2次			①综合：商誉减值		①单选：商誉减值

续表

章节	考点	近5年考查频次	2023年	2022年	2021年	2020年	2019年
第八章负债	流动负债	4次	①单选：土地增值税		①单选：应交税费	①多选：购置增值税税控系统	①单选：确认应付股利的时点
	非流动负债	0次					
第九章职工薪酬	职工薪酬范围和短期薪酬	3次			①单选：非货币性福利、带薪缺勤、利润分享计划	①多选：职工薪酬范围	①多选：非货币性福利
	离职后福利	1次					①多选：设定受益计划
	辞退福利	1次					①多选：辞退福利
第十章股份支付	权益结算	2次		①单选：权益结算			①综合：限制性股票股权激励
	现金结算	0次					
	集团股份支付	3次	①综合：股票期权		①单选：集团股份支付		①单选：母公司向子公司高管授予其自身股权
第十一章借款费用	借款费用概念	0次					
	借款费用资本化	5次	①多选：资本化期间的确定		①单选：借款费用资本化	①单选：借款费用资本化金额计算	①多选：非正常中断的判断；②综合：借款费用资本化
第十二章或有事项	或有事项概念	0次					
	或有事项的确认与计量	6次	①单选：辞退福利；②多选：现时义务	①单选：未决诉讼	①单选：或有事项的确认与计量	①单选：预计负债的确认	①多选：或有事项的确认
第十三章金融工具	金融资产分类、计量和减值	7次	①综合：应收账款减值	①计算：其他权益工具投资、交易性金融资产	①单选：摊余成本计量	①单选：金融资产减值的计量；②多选：金融资产重分类；③综合：金融资产第Ⅱ、第Ⅲ类	①计算：其他权益工具投资、其他债权投资、交易性金融资产
	金融负债与权益工具区分	4次		①单选：发行优先股	①计算：发行可转债	①综合：发行永续债	①计算：发行优先股

续表

章节	考点	近5年考查频次	2023年	2022年	2021年	2020年	2019年
第十三章金融工具	金融资产转移	2次				①单选：出售国债终止确认；②综合：出售应收账款	
	金融工具风险披露	1次	①多选：信用风险披露				
第十四章租赁	承租人的处理	4次	①单选：租赁期；②综合：租赁期、租入资产入账	①计算：租入负债、使用权资产、售后租回		①单选：使用权资产折旧年限	
	出租人的处理	1次					①单选：出租人经营租赁
	特殊租赁	0次					
第十五章持有待售的非流动资产、处置组和终止经营	持有待售	5次	①计算：持有待售	①多选：出售子公司部分股权	①单选：出售子公司部分股权	①综合：出售联营企业部分股权	①综合：出售子公司部分股权
	终止经营	1次					①多选：终止经营列报
第十六章所有者权益	实收资本、资本公积、其他权益工具	2次	①多选：资本公积			①单选：其他权益工具	
	其他综合收益	3次		①多选：其他综合收益重分类进损益	①单选：其他综合收益重分类进损益		①多选：其他综合收益重分类进损益
	留存收益	0次					
第十七章收入、费用和利润	"五步法模型"	5次	①综合：工程时期确认收入	①综合：合同识别、销售设备、云端软件服务费	①综合：合同变更、合同合并、销售产品、提供维修服务	①计算：固定对价和可变对价；②综合：销售产品、提供保修和维修服务	
	合同成本	3次	①单选：增量成本			①计算：建造合同收入	①综合：建造合同收入
	八项特定业务	4次	①综合：额外购买选择权	①多选：售后回购；②综合：主要责任人或代理人		①综合：附销售退回条款的销售	
	期间费用	0次					
	利润形成和分配	0次					

续表

章节	考点	近5年考查频次	2023年	2022年	2021年	2020年	2019年
第十八章政府补助	政府补助概念	2次	①单选：政府补助的判断	①单选：政府补助的判断			
	政府补助会计处理	4次		①单选：与资产相关政府补助	①单选：与收益相关和与资产相关政府补助；②综合：与资产相关政府补助		①多选：政府补助需要退回的处理
第十九章所得税	暂时性差异的计算	1次			①综合：计算账面价值与计税基础		
	递延所得税确认和计量	5次	①单选：递延所得税负债	①计算：金融资产价格波动确认递延所得税	①多选：递延所得税的确认和计量；②综合：递延所得税的确认	①综合：递延所得税的确认和计量	
	所得税费用的计算	2次		①单选：与企业合并相关的所得税			①单选：与环保设备相关的所得税费用计算
第二十章非货币性资产交换	非货币性资产交换的概念	2次				①多选：非货币性资产交换的认定	①单选：非货币性资产交换的认定
	换入资产按公允价值入账	2次		①多选：商业实质的判断	①多选：非货币性资产交换的确认与计量		
	换入资产按账面价值入账	0次					
第二十一章债务重组	债务重组概念	2次			①计算：关联方免除债务		①单选：接受控股股东代为偿债
	资产抵债	1次		①单选：资产抵债			
	债务转为权益工具	0次					
	修改其他债务条件	0次					
	组合重组	2次	①多选：多项资产抵债		①计算：库存商品、其他债权投资抵债		

续表

章节	考点	近5年考查频次	2023年	2022年	2021年	2020年	2019年
第二十二章外币折算	外币交易折算	3次		①单选：外币交易折算		①多选：外币交易折算	①单选：外币交易折算
	外币报表折算	3次	①多选：外币报表折算		①单选：外币报表折算	①多选：外币报表折算	
第二十三章财务报告	资产负债表	2次		①单选：流动负债与非流动负债			①多选：其他非流动金融资产
	利润表	1次					①多选：投资收益、其他收益
	现流表	5次	①多选：现金流量表	①多选：现流表补充资料	①多选：租金的现金流量列示	①单选：现金等价物	①多选：经营活动
	附注披露	6次	①单选：关联方判断；②多选：报告分部确定	①多选：关联方判断；②多选：所得税披露	①多选：关联方判断	①多选：关联方判断	
	中期报告	2次	①单选：中期报告		①多选：中期报告		
第二十四章会计政策、会计估计及其变更和差错更正	会计政策变更	1次					①单选：投资性房地产成本模式变更为公允价值模式
	会计估计变更	1次					①单选：未来适用法
	差错更正	1次					①单选：前期重大差错追溯重述法
第二十五章资产负债表日后事项	调整事项	3次		①单选：调整事项的判断	①综合：调整事项的判断		①单选：调整事项的判断
	非调整事项	1次			①综合：非调整事项的判断		
第二十六章企业合并	同一控制下企业合并	1次	①综合：合并日合并报表编制				
	非同一控制下企业合并	6次	①综合：商誉的计算	①综合：或有对价	①多选：商誉会计处理；②综合：商誉的计算	①单选：或有对价；②计算：购买日并账并表	

续表

章节	考点	近5年考查频次	2023年	2022年	2021年	2020年	2019年
第二十七章合并财务报表	合并范围	1次	①多选：可变回报				
	调整分录	3次		①综合：调整子公司报表、调整母公司报表	①综合：调整子公司报表、调整母公司报表	①计算：调整子公司报表、调整母公司报表	
	抵销分录	5次		①多选：内部存货交易；②综合：内部股权投资抵销	①综合：内部固定资产交易抵销、内部股权投资抵销（当年、连续）	①综合：内部存货交易、内部租赁	①综合：内部建造合同收入抵销、固定资产抵销
第二十八章每股收益	基本每股收益	5次	①综合：基本每股收益计算	①单选：基本每股收益分母的计算	①计算：基本每股收益	①单选：基本每股收益计算	①综合：基本每股收益计算
	稀释每股收益	4次	①多选：影响稀释每股收益；②判断稀释性		①单选：认股权证；②计算：可转债		
第二十九章公允价值计量	概述	1次			①多选：主要市场、有序交易		
	计量要求	1次					①单选：公允价值估值方法的变更
	具体应用	1次	①单选：最佳用途				
第三十章政府及民间非营利组织会计	政府单位特定业务	2次			①多选：经营结余、财政拨款结转、非财政拨款结转	①单选：财政拨款预收收入、事业预算收入	
	民间非营利组织	3次	①多选：接受资产、劳务捐赠	①单选：捐赠资产入账价值的确定			①多选：五要素的构成

二、近5年真题命题规律

在考试中，试题分数来自于出题点，而出题点的形成主要取决于以下"四点"：

- 学科重点：这些重点形成了一门学科的支撑点。
- 学科难点：这些难点是考生得分的关键点。

- **社会热点**：引导考生关注这些**热点**，以及如何看待解决这些热点问题。
- **新知识点**：引导考生掌握**新知识、新法规**，与时俱进，实现知识更新。

现将出题点的形成图示如下：

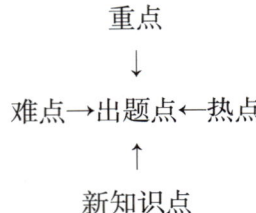

根据这个思路，结合近5年真题命题情况，可以总结出如下六大命题规律：

（一）全面考查，突出重点

"会计"科目考试命题充分体现了"全面考查、突出重点"的命题原则。从近几年"会计"科目的命题看，试题内容基本涵盖了辅导教材的所有章节，同时突出了会计学科的重点。

2019—2023年主观题出题点统计

年份	计算题1	计算题2	综合题1	综合题2
2023	（9分）固定资产+资产组减值+持有待售	（9分）长期股权投资+投资性房地产	（16分）收入+存货减值+应收账款减值	（16分）长期股权投资+企业合并+合并财务报表+股份支付+每股收益+租赁
2022	（9分）长期股权投资+金融工具+所得税	（9分）租赁	（16分）收入	（16分）长期股权投资+企业合并+合并财务报表
2021	（9分）金融工具+每股收益	（9分）债务重组	（16分）收入+存货+政府补助+所得税	（16分）长期股权投资+企业合并+合并财务报表+商誉减值+日后事项
2020	（10分）收入+固定资产	（10分）长期股权投资+企业合并	（18分）收入+合并财务报表+所得税	（18分）金融工具+持有待售
2019	（10分）长期股权投资+金融工具	（10分）金融工具	（18分）股份支付+每股收益	（18分）合并财务报表+收入+政府补助+固定资产+借款费用+持有待售

从上表可以看出，近5年出题出得最多的是长期股权投资、企业合并、合并财务报表、金融工具、收入等，重点相当突出。这些知识点考生一定重点掌握，投入多、产出大！

（二）紧跟潮流，与时俱进

试题涵盖了最新企业会计准则体系全部内容，包括基本准则、具体准则（42

个）、应用指南和解释。自2006年我国建立了企业会计准则体系后，会计准则跟随国际潮流不断进行修订完善。下表列出了2017—2023年新发布或修订的企业会计准则。

2017—2023年企业会计准则新变化

时间	修订或新发布的企业会计准则
2017年3月31日	修订：《企业会计准则第22号——金融工具确认和计量》《企业会计准则第23号——金融资产转移》《企业会计准则第24号——套期会计》
2017年4月28日	发布：《企业会计准则第42号——持有待售的非流动资产、处置组和终止经营》
2017年5月2日	修订：《企业会计准则第37号——金融工具列报》
2017年5月10日	修订：《企业会计准则第16号——政府补助》
2017年7月5日	修订：《企业会计准则第14号——收入》
2018年12月7日	修订：《企业会计准则第21号——租赁》
2019年5月9日	修订：《企业会计准则第7号——非货币性资产交换》
2019年5月16日	修订：《企业会计准则第12号——债务重组》

为了引导考生多关注、多学习新知识，出题老师紧跟潮流，把新发布或新修订的会计准则作为出题点。2023年计算题和2020年综合题考查"持有待售"、2023年综合题和2022年计算题考查"租赁"，2021年计算题考查"债务重组"，2021年和2019年综合题都考查"政府补助"，2020年和2019年综合题考查"持有待售"，如果不是因为新修订或新发布，这些知识点是不太可能出主观题的。因为持有待售、租赁、债务重组、政府补助都不是本学科知识的"支撑点"。由此可见，凡是新的知识点，都是命题中的敏感点，考生在复习中应<u>更多关注教材的新变化</u>。

（三）贴近时事，关注热点

上市公司为了自身利益，经常有"盈余管理"的冲动，合理范围内的盈余管理是业界公认的，但超出底线的"盈余管理"就是财务造假！财务造假中，虚增收入导致虚增利润成为最常见的造假手段。注册会计师作为资本市场有力的"守护神"，对上市公司的财务报告进行把关，就必须精通收入的确认、计量与列报。因此，<u>收入必然成为每年考试的重点！</u>2023年综合题第1题、2022年综合题第1题、2021年综合题第1题、2020年计算题第1题和综合题第1题、2019年综合题第2题，均考查了收入。

（四）融会贯通，综合度高

注会考试作为会计行业职业素养的"顶级"考试，表现在出题上，就是<u>综合度高、跨章节的题目多</u>。例如，2022年计算题第1题，甲公司持有乙公司5%股权，分类为其他权益工具投资，考查"金融工具"；其后甲公司又增持乙公司20%股份，达到持股25%，核算方法由"公允价值计量转长期股权投资权益法"，考查"长期股权投资"，一道计算题涉及金融工具和长期股权投资，属于跨章节试题。

又如，2020年单选题第10题：

下列各项交易或事项产生的差额中，应当计入所有者权益的是（　　）。

A.企业发行可转换公司债券的发行价格与负债公允价值之间的差额

B.企业将债务转为权益工具时债务账面价值与权益工具公允价值之间的差额

C.企业购入可转换公司债券实际支付的价款与可转换公司债券面值之间的差额

D.企业发行公司债券实际收到的价款与债券面值之间的差额

一道2分单选题就涉及"负债"（发行可转换公司债券）、"债务重组"（将债务转为权益工具）、"金融工具"（购入可转换公司债券），竟然跨了三章。可见，考生只有对各章知识点做到融会贯通，才能游刃有余得高分。

（五）结合实务，重视实操

注册会计师从事审计、评估和咨询等业务，考完注册会计师主要是参加会计师事务所和企业的"实战"，并不是到高校、研究机构从事理论研究。注册会计师的职业特点，决定了会计科目的考试命题应注重考查考生的实务操作能力。从会计科目的考试命题情况看，主要以考会计准则的实际运用为主，直接考会计基础知识以及"死记硬背"的题目不是很多，而是将会计知识融合在实务操作的考题之中。例如，2020年综合题第2题，甲公司购入乙公司发行的"3年期资产管理计划的优先级A类资产支持证券"，以及甲公司购入由某银行发行的"两年期理财产品"，要求考生根据企业管理金融资产的业务模式和合同现金流量特征，对持有的金融资产进行分类，实战性就非常强。通过注会考试，从课堂就受到了实战训练，从业后才能高效率、高质量地完成审计、评估和咨询等业务。

（六）考试时间长，难度很大

注册会计师考试的难度闻名，哪位青年考过了注会，旁人都刮目相看。"会计"在专业阶段六门考试科目中，题量最大、难度最大，尽管考试时间最长（会计3小时，审计、财务成本管理2.5小时，税法、经济法、公司战略与风险管理2小时），但还是有相当多的考生在规定的考试时间内不能答完试卷，以至于会计科目在大部分年份里通过率都是垫底的。因此，考生只有牢固地掌握会计专业知识、会计准则的规定，并熟练地加以运用，才能顺利通过本科目考试。

三、学习指导

想要高效率通过考试，一定要注意复习方法和应试技巧。

（一）复习方法

1. 参考辅导

可以参考辅导书和参加辅导帮助明确重点，理解难点；随老师一起学习，比自己看书要高效得多。

2. 按计划进度复习

要熟练掌握知识点，一般要将重点背诵三遍以上。这样在数月的复习时间里，一定要准确算出每天必须完成的背书量，即使再苦再累也必须完成，保证在参加考试时，已背三遍，有了这种精心准备，考试几乎没有不过的。

3. 框架记忆

读教材时先看目录，分析教材的逻辑结构；理解了，再分析各章的逻辑结构；之后再记各章中的出题点，在记出题点时应抓住关键词。采用框架记忆，可以大大提高复习效率。

4. 适度练习

会计试题题量大，平时要做练习，否则考试时容易"眼高手低"，看着会，动笔时不会。考生在复习时，一般阅读教材占60%的时间，练习占40%的时间；先练习各章，再练习跨章节综合题，最后练习冲刺模拟题。

（二）考试技巧

1. 了解题型题量

"会计"科目总分100分，60分合格。考试题型有四种，包括单项选择题、多项选择题、计算分析题和综合题等。其中，单项选择题和多项选择题称为客观题，计算分析题和综合题称为主观题。2023年会计的题型和题量如下表所示。

2023年会计试题题型和题量

题型	题量	分值
单项选择题	13题×2分	26分
多项选择题	12题×2分	24分
客观题小计	25题	50分
计算分析题	2题×9分	18分
综合题	2题×16分	32分
主观题小计	4题	50分
合计	29题	100分

从上表可知，客观题和主观题各占50%。在考试中，客观题点多面广，负责"全面覆盖"，主观题少而分多，负责"重点深入"。

2. 掌握审题方法

如何做到快速审题，节省审题时间，对于抢分非常重要。笔者通过实战和20年注会考试辅导经验，总结出了以下审题方法：

（1）客观题：如果题干在三行以内，直接读题，找出考查主题往下做；如果题干超过三行，则不应该从头读到尾，而应先读题干中的最后一句话，先搞清楚考查点，然后带着问题去读题。

（2）主观题：将题目分为三段，"开头段"为背景资料，说明什么单位什么事，正常速度阅读，大概5秒钟；"中间段"为主体资料段，有年份、金额数字等，没有必要仔细阅读（仔细阅读也记不住，没用），快速阅读5秒钟，知道题量大小就可以了；"收尾段"提出应由考生回答的问题，正常速度阅读，大概20秒。这样在30秒内就审完题，开始做题了。如果其他考生审题时间8分钟，本人只用了半分钟，大概节省了7分多钟，四道大题可以节约半小时，至少多抢10分！

3. 控制时间进度

会计科目考试时间3小时，总分100分，即每1分题可用1.8分钟来做（180分钟/100分）。客观题每题2分，每题可以用3.6分钟（2×1.8）来做；计算分析题每题9分，每题可以用16分钟（9×1.8）来做。有了很强的时间观念，做题速度会加快，这是非常重要的一个应试技巧。

4. 答题时先易后难

整套考题由不同难度系数题目组成，其中，难度小的题占30%，难度中等的题占40%，难度大的题占30%，这样可以科学考查考生对知识的掌握程度和分析问题、解决问题的能力。答题时应先易后难，考生遇到难度大的题不要"死磕"，如果是客观题，可以"蒙"一个答案；如果是主观题，可以先放过去，后面有时间再回来做。答题时先易后难的最大好处是，确保会做的题全部做到试卷上。考试最大的失误是，不会做的题死磕，把时间浪费了，后面难度小的题都没有时间做，白复习了半天！

5. 答完要认真检查，不要提前交卷

如果有幸提前答完试题，应认真检查，很可能多拿几分。提前交卷会影响其他考生，损人不利己。因此，千万不要提前交卷！

第二部分 5套真题卷详解

2023年注册会计师全国统一考试《会计》真题详解

一、单项选择题(本题型共13小题,每小题2分,共26分。每小题只有一个正确答案,请从每小题的备选答案中选出一个你认为正确的答案,用鼠标点击相应的选项。)

1.下列各项表述中,属于会计人员职业道德要求的是( )。
A.提高企业透明度,规范企业行为
B.考查管理层经济责任的履行情况
C.提高企业经济效益,促进企业可持续发展
D.抵制会计造假行为,维护国家财经纪律和经济秩序

【本题答案】D

【本题解析】选项D正确,会计人员承担着生成和提供会计信息、维护国家财经纪律和经济秩序的重要职责,会计人员职业道德素质直接影响会计工作和会计信息质量,"抵制会计造假行为,维护国家财经纪律和经济秩序"属于会计人员职业道德要求。显然,选项A、B、C都是针对企业的行为,不是正确答案。

> **审题要点**
> 考查会计人员职业道德要求。
> 各行各业的从业者均有不同的职业道德要求,鉴于会计人员的最终成果是提供真实、准确和完整的会计信息,会计人员最基本的职业道德要求就是不能提供虚假信息,否则会误导会计报表使用者。

思维拓展

职业道德是从事本职工作时应具有的行为规范,良好的职业道德是做好本职工作的根本保证。不同的职业,角色定位不同,职业道德有所不同。下面将会计人员职业道德(做会计)和注册会计师职业道德(审会计)进行比较,便于记忆。

会计人员职业道德内容与注册会计师职业道德原则

项目	会计人员	注册会计师
职业道德	坚持诚信,守法奉公;坚持准则,尽责敬业;坚持学习,守正创新	诚信;客观公正;独立性;专业胜任能力和勤勉尽责;保密;良好职业行为

从上表可知,无论是"做会计"还是"审会计",均要求"诚信",这是本行业从业者最基本的职业道德要求;但"审会计"要求具有独立

性，因为独立性是监督的灵魂，离开了独立性，监督就谈不上客观公正；同时，"审会计"主动权在注册会计师手中，如果勤勉尽责，就会把关得好一些；还有，注册会计师跑到别人单位看材料，当然要替人"保密"！可见，注册会计师的职业道德要求更多。

📋 抢分秘籍

本题的抢分方法是采取"排除法"。选项A"提高企业透明度"、选项B"考查管理层责任"、选项C"提高企业经济效益"，显然都是企业的行为，逐一排除掉，不是正确答案；只有选项D"抵制会计造假"，才是正经八百的会计人员职业道德！

2.甲公司自行建造一个矿井，于2×23年末完工并办理竣工决算手续，累计发生的支出包括：（1）消耗材料支出5 000万元；（2）外包第三方乙公司进行建筑施工，合同价款为3 000万元，已支付给乙公司2 500万元；（3）建造期间发生工程物料收发计量差错盘亏100万元。此外，甲公司预计采矿结束后需进行环境恢复，预计发生的支出现值为200万元。2×23年末甲公司上述矿井的成本为（ ）。

> **审题要点**
> 考查固定资产取得成本。固定资产取得成本包括企业为购建某项固定资产达到预定可使用状态前所发生的一切合理的、必要的支出。

A. 7 500万元　　　　　　B. 7 700万元
C. 8 200万元　　　　　　D. 8 300万元

【本题答案】D

【本题解析】选项D正确，矿井的成本=消耗材料支出5 000+支付建造合同款项3 000+工程物料计量差错盘亏100+环境恢复预计支出现值200=8 300（万元）。

注：外包的建筑施工应按合同价款3 000万元计入成本，而不是已支付的2 500万元；弃置费用应计入矿井成本。

📋 思维拓展

本题考查自行建造固定资产成本的确定。在复习中可从以下两方面进行拓展：

（1）建造固定资产成本的一般构成。

建造固定资产成本的一般构成

项目	成本内容
工程物资	企业为在建工程准备的各种物资，应当按照实际支付的买价、运输费、保险费等相关税费，作为实际成本。 建设期间发生的工程物资盘亏、报废及毁损，减去残料价值以及保险公司、过失人等赔款后的净损失，计入所建工程项目的成本；盘盈的工程物资或处置净收益，冲减所建工程项目的成本。工程完工后发生的工程物资盘盈、盘亏、报废、毁损，计入当期损益

续表

项目	成本内容
施工成本	自行施工应当按照直接材料、直接工资、直接机械施工费等计量；采用出包工程方式的企业，按照应支付的合同价款等计量
试运行销售	企业将固定资产达到预定可使用状态前产出的产品或副产品对外销售（试运行销售），应当计入当期损益，不应将试运行销售相关收入抵销相关成本后的净额冲减固定资产成本

（2）矿井购建成本的特殊性。

矿井成本的特殊性就在于，根据国家法律和行政法规、国际公约等规定，企业应承担环境保护和生态恢复等发生的支出（即弃置费用），不能在报废矿井时一走了之。

矿井由于使用周期少则十几年、多则上百年，其弃置费用金额与其现值比较差额通常较大，企业应当根据《企业会计准则第13号——或有事项》，按照现值计算确定应计入固定资产成本的金额和相应的预计负债。在固定资产的使用寿命内按照预计负债的摊余成本和实际利率计算确定的利息费用应当在发生时计入财务费用。而一般工商企业的固定资产发生的报废清理费用不属于弃置费用，应当在发生时作为固定资产处置费用处理。

坑点提示

本题容易踩坑的是，出题老师把"外包第三方乙公司进行建筑施工"写了两个相关金额，一是"合同价款为3 000万元"；二是"已支付给乙公司2 500万元"。有些考生误以为"已支付的2 500万元"才是实际发生的费用，采用2 500万元来计算矿井的成本，这就踩坑了！实际上，按照权责发生制，工程已完工应按照"合同价款3 000万元"作为全部支出，这才是正确答案。

抢分秘籍

在搞清楚固定资产建造成本一般构成的基础上，深刻理解矿井成本的特殊性，其成本还应包括"弃置费用"！这也是本题的一个小难点。理解了矿井成本的特殊性，就容易做对了。

历年考情

本题考查固定资产入账成本的确定，与2021年单选题第13题固定资产更新改造成本的确定类似。

审题要点

考查土地增值税的会计处理。

土地增值税属于价内税会增加企业的成本费用，根据支付土地增值税的不同情形，分别计入"税金及附加""资产处置损益"或资产成本等。

3.下列各项关于企业<u>土地增值税会计处理</u>的表述中，正确的是（　　）。

A.兼营房地产业务的企业，由当期收入负担的土地增值税应冲减收入

B.兼营房地产业务的企业在项目竣工决算后收到退回多交的土地增值税计入利润表的其他收益项目

C.兼营房地产业务的企业在项目竣工前预售商品房，将预交的土地增值税计入利润表的税金及附加项目

D.企业转让作为固定资产核算的土地使用权及地上建筑物时，资产处置收益中应扣除应交纳的土地增值税

【本题答案】D

【本题解析】选项A不正确，兼营房地产业务的企业，由当期收入负担的土地增值税应计入"税金及附加"；选项B不正确，兼营房地产业务的企业在项目竣工决算后收到退回多交的土地增值税应记入"应交税费——应交土地增值税"科目的贷方（前面预交时记入了"应交税费——应交土地增值税"科目的借方），不能作为其他收益；选项C不正确，兼营房地产业务的企业在项目竣工前预售商品房，将预交的土地增值税记入"应交税费——应交土地增值税"科目的借方；选项D正确，转让的国有土地使用权与其地上建筑物及其附着物一并在"固定资产"或"在建工程"科目核算的，转让时应交纳的土地增值税，借记"固定资产清理""在建工程"科目，贷记"应交税费——应交土地增值税"科目，即企业转让作为固定资产核算的土地使用权及地上建筑物时，资产处置收益中应扣除应交纳的土地增值税。

📖 思维拓展

我国目前共用20多种税，分为价内税和价外税。价外税只有增值税，企业替国家代收和代垫资金，按照往来款核算，形成负债（应交税费——应交增值税）；其余各种税均属于价内税，应计入成本费用。每次考到小税种，基本都是考查列支渠道。下表列出价内税的列支渠道。

各种价内税的列支渠道

项目	内容
应交消费税	（1）外销产品应缴纳的消费税，记入 **"税金及附加"** 科目： 　　借：税金及附加 　　　　贷：应交税费——应交消费税 （2）用作在建工程、非应税项目、非生产机构等方面应缴纳的消费税，计入相关项目的成本： 　　借：在建工程、应付职工薪酬等 　　　　贷：**应交税费——应交消费税**

续表

项目	内容
应交消费税	（3）委托加工应税消费品的处理分两种情况： ①委托加工物资收回后，直接用于销售的，委托方应将受托方代收代缴的消费税计入委托加工物资的成本： 　　借：委托加工物资 　　　贷：银行存款 ②委托加工物资收回后用于连续生产应税消费品，按规定准予抵扣的，应将受托方代收代缴的消费税记入"应交税费——应交消费税"科目的借方： 　　借：应交税费——应交消费税 　　　贷：银行存款
应交资源税	借：税金及附加（对外销售） 　　贷：应交税费——应交资源税
应交土地增值税	应交土地增值税根据不同的用途列支渠道不同： 　　借：税金及附加（对外销售商品房） 　　　　固定资产清理（转让自用建筑物） 　　　贷：应交税费——应交土地增值税 注：固定资产清理最终转入"资产处置损益"
应交城建税	借：税金及附加 　　贷：应交税费——应交城建税
应交的房产税、城镇土地使用税、车船税	借：税金及附加 　　贷：应交税费——应交房产税、城镇土地使用税、车船税
交纳印花税	借：税金及附加 　　贷：银行存款
应交教育费附加	教育费附加按照应交增值税、应交消费税之和的一定比例缴纳： 　　借：税金及附加 　　　贷：应交税费——应交教育费附加

从上表可知，交纳价内税最常见的列支渠道是"税金及附加"，也有可能计入"资产处置损益"或各种资产成本，甚至冲减"应付职工薪酬"。掌握了这些规律，就容易记忆了！

坑点提示

本题容易踩坑的是选项C，考生误以为预交的土地增值税应计入"税金及附加"。兼营房地产交纳土地增值税，在纳税义务发生前"预交"，应借记"应交税费——应交土地增值税"科目，贷记"银行存款"科目；在纳税义务发生时，计算应纳的金额，借记"税金及附加"科目，贷记"应交税费——应交土地增值税"科目。考生不能一看到交纳，就计入"税金及附加"，这就错了！

📖 抢分秘籍

明确土地增值税各种处理办法，何时计入"税金及附加"、何时计入"资产处置损益"；对预交和退回多交，就是与税务部分的结算关系，作为负债的增减变动核算。有了这个思路，会计处理的成功率很高！

📖 历年考情

本题考查土地增值税，与2021年单选题第2题考查资源税、印花税等类似。

> **审题要点**
> 考查增量成本的概念。增量成本是收入中的专有名词，有特定含义，不是为取得合同而发生了费用就属于"增量成本"，而是不签订合同就不会发生的费用。所以，差旅费不是增量成本，而销售佣金属于增量成本。

4.甲公司为了拓展业务赢得客户订单发生的下列各项支出中，属于为取得合同而发生的增量成本的是（　　）。

A.投标过程中聘请外部律师发生的支出

B.为参与客户招标而准备投标资料发生的支出

C.根据订立合同金额的5%向代理商支付的代理费

D.根据年度订单数量及个人综合表现考评确定的销售人员年度奖金

【本题答案】C

【本题解析】增量成本是指企业不取得合同就不会发生的成本；无论是否取得合同均会发生的差旅费、投标费、为准备投标资料发生的相关费用等，不属于增量成本。企业为取得合同发生的增量成本预期能够收回的，应当作为合同取得成本确认为一项资产，比如由于签订了合同而支付的销售佣金。此外，企业为取得合同发生的、除预期能够收回的增量成本之外的其他支出，计入当期损益。选项C正确，根据订立合同金额的5%向代理商支付的代理费应作为增量成本，选项A、B、D均不属于增量成本。

📖 思维拓展

本题考查的是增量成本的内容。企业在生产经营中会发生各种各样的费用，发生之后如何进行会计处理呢？总的说来，企业发生的支出有四个列支去向，包括资本化、费用化、计入负债和计入所有者权益。现将支出四个列支去向的适用情形、账务处理和经济后果归纳如下表。

企业支出的四个列支去向

支出的列支去向	适用情形	账务处理	经济结果
费用化	发生的期间费用	计入管理费用、销售费用、财务费用	计入当期利润表，反映经营者业绩
资本化	形成资产的支出	计入存货、固定资产、无形资产等	计入当期或以后期间利润表，反映经营者业绩

续表

支出的列支去向	适用情形	账务处理	经济结果
计入负债	发行债券、借入借款发生的增量费用	冲减应付债券、长期借款等，目的是准确计算实际利率	计入当期或以后期间利润表，反映经营者业绩
计入所有者权益	发行股票发生的增量费用	冲减资本公积（股本溢价）、盈余公积、未分配利润	与所有者交易发生的支出不计入利润表，与经营者业绩无关

从上表可以看出，企业发生的支出，最常见的是费用化和资本化，只有"增量成本"才能资本化，计入资产成本。至于发行债券发生的增量费用，应当计入负债，冲减负债总额，冲完负债后的余额就是"融资净额"。比如，发行债券融资总额5亿元，债券票面利率5%，为了发行债券支付给证券商佣金、手续费500万元，则"融资净额"为4.95亿元，此时实际利率大于5%。

而企业发行股票进行融资，支付给证券商的佣金、手续费只能冲减资本公积（股本溢价），股本溢价不足冲减，应冲减留存收益，永远不能将该佣金、手续费进行费用化或资本化。原因就是，发行股票是与所有者的"权益性交易"，权益性交易发生的费用是不能计入利润表的，它与经营者业绩无关。笔者在某国际金融公司讲课时，学员开玩笑说：我们公司主要业务是帮助企业IPO上市发行股票，收取的费用企业冲减所有者权益，不影响经营者业绩，费用就给得多；而注册会计师做审计，企业将费用计入损益，影响经营者业绩，经营者斤斤计较，给的费用就少。笔者终于知道为何投行赚得多、会计师事务所赚得少了！考生搞清楚了这个基本原理，无论是考试还是实务都非常有价值！

坑点提示

本题容易踩坑的是选项A，考生误以为"投标过程中聘请外部律师发生的支出"属于实实在在增加的支出，应该属于"增量成本"。殊不知，这里的增量成本是一个特定概念，不但表示成本增加了，而且必须是"不取得合同就不会发生的成本"，最典型的就是根据合同给营销人员的"提成"，没有签订合同是不会有提成的。而为招标发生的差旅费、律师费、投标费，很有可能投标失败空手而归，就不符合本处的"增量成本"的定义，不属于增量成本。区分增量成本和非增量成本的目的，是强调：只有增量成本才有可能资本化（金额小简化处理也费用化），非增量成本作为期间费用，只能费用化。

> **历年考情**
>
> 增量成本是收入准则中比较特殊的一个概念，历史上只考过一次。

5.下列各项关于企业中期财务报表编制的表述中，正确的是（　　）。

A.报告中期内处置了唯一的子公司，则该中期无需编制合并财务报表

B.相比年度财务数据而言，中期财务报表中存货的计价可在更大程度上依赖于会计估计

C.每年的员工集中培训活动于10月份举办，各季度的中期财务报表中应按比例预估计提相关培训费

D.第三季度发生了会计估计变更，则应调整同一个会计年度内第一至第三季度的相关财务报表项目金额

【本题答案】B

【本题解析】选项A不正确，报告中期内处置了唯一的子公司，则该中期仍应编制合并利润表，将处置前该子公司的收入、费用、利润纳入合并范围。选项B正确，为了体现企业编制中期财务报告的及时性原则，中期财务报告计量相对于年度财务数据的计量而言，在很大程度上依赖于估计。选项C不正确，企业在会计年度中不均匀发生的费用，应当在发生时予以确认和计量，不应在中期财务报表中预提或者待摊，但会计年度末允许预提或者待摊的除外（比如培训费年末不计提，应在实际发生时确认）。选项D不正确，对于会计估计变更，在同一会计年度内，以前中期财务报表项目在以后中期发生了会计估计变更的，以后中期财务报表应当反映该会计估计变更后的金额，但对以前中期财务报表项目金额不作调整。因此，第三季度发生了会计估计变更，不应调整同一个会计年度内第一至第三季度的相关财务报表项目金额。

> **思维拓展**
>
> 本题考查中期财务报表的编制，是企业中最日常的业务之一。对比复杂的年度财务报表，中期报表编制采取"能简化就简化"的原则，其编制特点见下表：

审题要点

考查中期财务报表的编制。中期财务报表包括月报、季报、半年报等短于1年的报表。对比年度财务报表的编制，中期财务报表因为时间短，一般简化处理，在编制时有其特殊性。

中期财务报表编制

项目	相关规定
中期合并财务报表	上年度财务报告包括了合并财务报表，但报告中期内处置了所有应纳入合并范围的子公司的，中期财务报告应包括当年子公司处置前的相关财务信息
中期财务报表的确认与计量	（1）中期财务报表中各会计要素的确认和计量原则应当与年度财务报表所采用的原则相一致。 （2）对于会计估计变更，在同一会计年度内，以前中期财务报表项目在以后中期发生了会计估计变更的，以后中期财务报表应当反映该会计估计变更后的金额，但对以前中期财务报表项目金额不作调整。 （3）企业取得季节性、周期性或者偶然性收入，应当在发生时予以确认和计量，不应当在中期财务报表中预计或者递延。 （4）企业在会计年度中不均匀发生的费用，应当在发生时予以确认和计量，不应在中期财务报表中预提或者待摊，但会计年度末允许预提或者待摊的除外
中期会计政策变更的处理	企业的会计政策变更发生在会计年度内第一季度之外的其他季度，如第二季度、第三季度等，企业除了应当计算会计政策变更的累积影响数并作相应的账务处理之外，在财务报表的列报方面，还需要调整以前年度比较财务报表最早期间的期初留存收益和比较财务报表其他相关项目的数字，以及在会计政策变更季度财务报告中或者变更以后季度财务报告中所涉及的本会计年度内发生会计政策变更之前季度财务报表相关项目的数字

坑点提示

本题容易踩坑的是选项 A。考生的直观感觉是，既然没有子公司了，还编什么合并报表呢？殊不知，这是不正确的。比如，甲公司有一个子公司（乙公司），乙公司在 2024 年 1—6 月末收入为 5 000 万元，甲公司于 6 月末将乙公司出售，7 月 1 日后没有子公司了。甲公司在编制 2024 年利润表时，应将乙公司 1—6 月的收入、费用、利润等纳入合并范围。否则，甲集团公司的收入就少了 5 000 万元，而上半年甲集团公司是真的有子公司啊！此外，在 2024 年初的资产总额中，甲集团公司的资产也应该包括乙公司的资产，因为当时乙公司还是甲公司的子公司。可见，报告中期内处置了所有应纳入合并范围的子公司的，中期财务报告应包括当年子公司处置前的相关财务信息。

6. 2×23 年，甲公司发生的有关交易或事项如下：（1）出于短期获利的目的从公开市场买入股票，该股票当年产生公允价值变动收益 200 万元；（2）部分生产设备发生减值，计提固定资产减值准备 1 000 万元；（3）租入某办公楼，同时确认使用权资产和租赁负债 800 万元。甲公司适用的企业所得税税率为 25%，甲公司预计 2×23 年以及未来期间均

> **审题要点**
>
> 考查所得税会计处理。所得税涉及应交所得税、递延所得税和所得税费用等问题，在考查所得税的题目中，最容易考产生可抵扣暂时性差异应确认递延所得税资产、产生应纳税暂时性差异应确认递延所得税负债；由于递延所得税资产、递延所得税负债发生增减变动，是影响所得税费用还是影响其他综合收益。

有足够的应纳税所得额用于抵减可抵扣暂时性差异，不考虑其他因素，下列各项关于甲公司2×23年度所得税会计处理的表述中，正确的是（ ）。

A.确认递延所得税资产300万元

B.确认递延所得税负债250万元

C.因股票的公允价值变动确认递延所得税负债的同时调整其他综合收益50万元

D.由于使用权资产和租赁负债金额相等，不确认递延所得税资产和递延所得税负债

【本题答案】B

【本题解析】选项B正确，计算过程为：确认递延所得税负债金额=应纳税暂时性差异（股票公允价值上升200+确认使用权资产800）×25%=250（万元）。

思维拓展

所得税会计是比较复杂的内容，包括确认、计量和列报三件事，一般情况下考查确认和计量，极少考查列报，本题就是考查确认与计量。在复习中可作如下拓展：

（1）所得税会计。"所得税"是个统称，在具体核算时应分成两条线：应交所得税和所得税费用。所得税会计就是如何确定所得税费用的方法，现行实务中有两种方法，即应付税款法和资产负债表债务法，其适用范围图示如下：

$$\text{所得税会计}\begin{cases}\text{收付实现制：应付税款法（小企业会计准则）}\\\text{权责发生制：资产负债表债务法（企业会计准则）}\end{cases}$$

应付税款法就是根据税法规定计算出应交所得税后，所得税费用等于应交所得税，即收付实现制，适用于小企业。

（2）资产负债表债务法。执行企业会计准则的企业，只能采用资产负债表债务法。资产负债表债务法是从资产负债表出发，通过比较资产负债表上列示的资产、负债按照企业会计准则规定确定的账面价值与按照税法规定确定的计税基础，对于两者之间的差异（即暂时性差异）分别应纳税暂时性差异与可抵扣暂时性差异，确认相应的递延所得税负债与递延所得税资产，并在此基础上确定每一会计期间利润表中的所得税费用。由此可见，资产负债表债务法的核心是确认递延所得税资产和

递延所得税负债。

资产负债表债务法下所得税费用的确定

项目	特点	计算公式
应交所得税	根据税法规定计算；作为负债要素；列示在资产负债表	应交所得税＝应纳税所得额×所得税税率
递延所得税	账面价值与计税基础不同产生暂时性差异；应纳税暂时性差异，一般应确认递延所得税负债，从而增加所得税费用；可抵扣暂时性差异，一般应确认递延所得税资产，从而减少所得税费用	递延所得税＝（期末递延所得税负债－期初递延所得税负债）－（期末递延所得税资产－期初递延所得税资产）
所得税费用	根据会计规定计算；作为费用要素；列示在利润表	所得税费用＝应交所得税＋递延所得税

（3）递延所得税的确认和计量。在资产负债表债务法下，对于可抵扣暂时性差异的影响额一般应确认为递延所得税资产（特殊情况下不确认递延所得税资产）；对于应纳税暂时性差异的影响额一般应确认为递延所得税负债（特殊情况下不确认递延所得税负债）。有关过程图示如下：

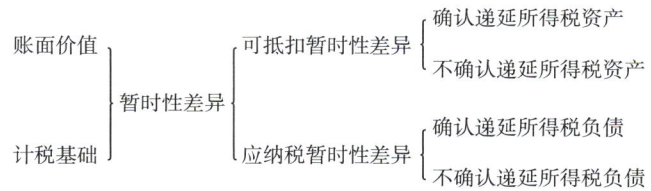

（4）所得税费用的确定。所得税会计的最终目标是确定所得税费用，而所得税费用取决于当期应交所得税和递延所得税。根据税法计算出来的当期应交所得税越多，所得税费用越大；而根据暂时性差异确认的递延所得税资产和递延所得税负债，如何影响所得税费用，有其规律：递延所得税资产增加，通常引起所得税费用减少（与非交易性权益工具投资相关确认的递延所得税资产，影响其他综合收益）；递延所得税负债增加，通常引起所得税费用增加（与非交易性权益工具投资相关确认的递延所得税负债，影响其他综合收益）。

坑点提示

本题容易踩坑的是选项D。的确，考生的直观感觉是，由于承租人租入资产，将使用权资产和租赁负债入账，既然使用权资产和租赁负债金额相等，则其产生的应纳税暂时性差异和可抵扣暂时性差异的金额一致，相互抵销了，应该不确认递延所得税资产和递延所得税负债。殊不知，这种想法是不对的！由于承租人确认了"使用权资产"，以后应计提折旧，可是税法是不认的，以后应交税，这就产生了应纳税暂时性差异，应确认递延所得税负债；而承租人确认"租赁负债"，产生了可抵扣暂时性差异，应确认递延所得税资产。根据规定，资产与负债不能相互抵销，应该以总额列报！

抢分秘籍

理解所得税会计的本质，以及暂时性差异的概念、递延所得税资产和递延所得税负债的确认和计量及其相关的账务处理。只有熟练掌握总体思路和处理细节，本题才能比较顺利拿分。所得税的题综合度很高，属于难题。

历年考情

本题考查所得税处理，与2022年单选题第11题所得税处理考点类似。

> **审题要点**
> 考查政府补助的界定。政府补助的主要形式是对企业的无偿拨款、税收返还、财政贴息，以及无偿给予非货币性资产。

7.甲公司2×23年度从财政取得的下列各项资金中，属于政府补助的是（　　）。

A.收到政府拨付的资金，政府要求甲公司将这笔资金用于技术改造，成果归甲公司所有

B.出口货物在免征增值税的同时取得政府退回的出口货物前道环节发生的增值税进项税额

C.将其位于城区的厂区搬迁至郊外，原厂址用地移交给政府收储，政府为此支付甲公司土地补偿金

D.中标国家高效照明产品的招标项目，以中标协议供货价格减去财政补贴资金后的价格销售给终端用户，并按规定从财政取得相应的补贴资金

【本题答案】A

【本题解析】选项A正确，政府补助是指企业从政府无偿取得货币性资产或非货币性资产。其主要形式包括政府对企业的无偿拨款、税收返还、财政贴息，以及无偿给予非货币性资产等。收到政府拨付的资金，政府要求甲公司将这笔资金用于技术改造，成果归甲公司所有，即政府无偿拨款；选项B不正确，出口货物在免征增值税的同时取得政府

退回的出口货物前道环节发生的增值税进项税额，实际上是政府退回企业事先垫付的进项税，所以不属于政府补助；选项C不正确，政府支付的土地补偿金，不是无偿拨款，属于交易；选项D不正确，中标国家高效照明产品的招标项目，以中标协议供货价格减去财政补贴资金后的价格销售给终端用户，并按规定从财政取得相应的补贴资金，中标企业应作为收入核算，不属于政府补助。

思维拓展

自从政府补助准则在2017年作了重大修改后，政府补助的概念及其会计处理考得挺多的。在复习政府补助时，应将政府补助与收入相区分，可作如下拓展：

（1）收入是指企业在日常活动中形成的、会导致所有者权益增加的、与所有者投入资本无关的经济利益的总流入，收入是付出劳动后等价交换的结果；而政府补助是从政府无偿取得的经济利益。企业从政府取得的经济资源，如果与企业销售商品或提供劳务等活动密切相关，且来源于政府的经济资源是企业商品或服务的对价的组成部分，不属于政府补助，应执行《企业会计准则第14号——收入》。

（2）直接免征、增加计税抵扣额、抵免部分税额等不涉及资产直接转移的经济资源，不适用政府补助准则。但是，部分减免税款需要按照政府补助准则进行会计处理：①属于一般纳税人的加工型企业根据税法规定招用自主就业退役士兵并按定额扣减增值税的，应当将减征的税额计入当期损益，借记"应交税费——应交增值税（减免税额）"科目，贷记"其他收益"科目；②即征即退的增值税，先按规定缴纳增值税，然后退回的增值税税额，借记"银行存款"科目，贷记"其他收益"科目；③按规定直接减免应交的增值税税额，也计入其他收益。

（3）根据税法规定，增值税出口退税实际上是政府退回企业事先垫付的进项税额，不属于政府补助。

值得说明的是，上述"直接免征、增加计税抵扣额、抵免部分税额"是针对所得税，属于价内税，直接免征没有转移资源不属于政府补助；"扣减增值税""即征即退增值税""直接减免应交的增值税"是针对增值税，属于价外税，作为负债核算，销项税额大于进项税额产生应交增值税，减免后相当于转移了经济利益，属于政府补助；而出口退税执行的是零税率，本来就没有应交增值税，"不交有退"，退的是企业事先垫付的进项税额，不是无偿的，因而不属于政府补助。

坑点提示

本题容易踩坑的是选项D，考生误以为企业中标国家高效照明产品的招标项目，"按规定从财政取得相应的补贴资金"属于政府补助，因为的确是从财政取得了补贴资金，从字面看就是政府补助。殊不知，该"补贴资金"是作为收入对价的一部分，并不是真正意义上的国家给的无偿性补助。企业从政府取得的经济资源，如果与企业销售商品或提供劳务等活动密切相关，且来源于政府的经济资源是企业商品或服务的对价的组成部分，不属于政府补助，应执行《企业会计准则第14号——收入》。本题中甲公司是一家生产和销售高效照明产品的企业，国家为了支持高效照明产品的推广使用，决定给购买产品者补贴。假设正常市价为50元/个，中标企业从消费者收取30元/个，申请政府补贴20元/个。此时，甲公司从政府取得的财政补贴应计入销售收入，即销售收入=30+20=50（元）。

历年考情

本题考查政府补助的概念，与2022年单选题第10题考查政府补助的概念考点类似。

审题要点

考查资产负债表日后事项。日后事项可分为调整事项和非调整事项。

调整事项是在资产负债表日前已经存在，应调整资产负债表相关项目；而非调整事项，是日后才发生的事项，不能调整资产负债表相关项目，只需要在附注中披露。

8.甲公司2×22年度财务报表经董事会批准于2×23年3月15日报出。下列各项有关甲公司会计处理的表述中，正确的是（　　）。

A. 2×23年2月，甲公司产品的市场价格出现波动，导致毛利为负数，但甲公司并未因此计提2×22年末的存货跌价准备

B. 2×23年1月，甲公司决定出售某事业部的全部资产，并于2×23年3月10日签订了出售协议，甲公司于2×22年末将上述资产组划分为持有待售类别

C. 2×23年1月，甲公司被环保部门检查，根据2×22年度已颁布的规定，甲公司一贯使用的排污方式不符合环保标准，需进行整改，甲公司未在2×22年末就预计整改支出计提预计负债

D. 2×22年末，甲公司违反了长期借款协议，银行有权随时要求甲公司清偿相关借款。2×23年2月，经甲公司与银行协商，银行同意不会在未来1年内要求清偿。甲公司于2×22年末将该借款划分为非流动负债

【本题答案】A

【本题解析】选项A正确，2×23年2月，甲公司产品的市场价格

出现波动，导致毛利为负数，属于日后期间发生不应计提2×22年末的存货跌价准备；选项B不正确，2×23年1月，甲公司决定出售某事业部的全部资产，并于2×23年3月10日签订了出售协议，甲公司不应于2×22年末将上述资产组划分为持有待售类别（上年末资产负债表日并不存在）；选项C不正确，根据2×22年度已颁布的规定，甲公司一贯使用的排污方式不符合环保标准，需进行整改，甲公司应在2×22年末就预计整改支出计提预计负债（法规在资产负债表日前已存在）；选项D不正确，企业在资产负债表日或之前违反了长期借款协议，导致贷款人可随时要求清偿的负债，应当归类为流动负债（因为银行同意不会在未来1年内要求偿还发生在年后，不能作为非流动负债）。

思维拓展

资产负债表日后事项的分类是经常出客观题的重点。在复习中可作如下拓展：

（1）资产负债表日后事项是指资产负债表日至财务报告批准报出日之间发生的有利或不利事项，日后事项分为调整事项和非调整事项。现将两者对比分析如下：

调整事项和非调整事项的比较

项目	调整事项	非调整事项
定义	资产负债表日后调整事项，是指对资产负债表日已经存在的情况提供了新的或进一步证据的事项，关键是"资产负债表日及之前已经发生"	资产负债表日后非调整事项，是指表明资产负债表日后发生的情况的事项，关键是"资产负债表日后发生"
会计处理方法	调账、调表、重编附注	仅在附注中披露

（2）企业发生的资产负债表日后非调整事项，通常包括下列8项：①资产负债表日后发生重大诉讼、仲裁、承诺。②资产负债表日后资产价格、税收政策、外汇汇率发生重大变化。③资产负债表日后因自然灾害导致资产发生重大损失。④资产负债表日后发行股票和债券以及其他巨额举债。⑤资产负债表日后资本公积转增资本。⑥资产负债表日后发生巨额亏损。⑦资产负债表日后发生企业合并或处置子公司。⑧资产负债表日后，企业利润分配方案中拟分配的以及经审议批准宣告发放的股利或利润。

坑点提示

本题容易踩坑的是选项C，考生误以为环保检查发生在"2×23年

1月",检查组要求整改,属于资产负债表日后非调整事项,当然不应在2×22年末就预计整改支出计提预计负债。殊不知,出题老师在这里挖了个坑,"根据2×22年度已颁布的规定",说明该整改应该在2×22年末就进行,本事项应该属于"调整事项","甲公司未在2×22年末就预计整改支出计提预计负债"是不对的!

抢分秘籍

在搞清楚调整事项和非调整事项的本质区别后(在资产负债表日是否已经存在),注意题目中的细节。

历年考情

本题考查日后事项,与2022年单选题第12题考查资产负债表日后事项中的调整事项考点类似。

9. 2×23年,甲公司从乙公司采购原材料的金额占甲公司年度采购总额的70%;甲公司与丙公司共同投资设立了一家重要的合营企业;甲公司借调技术专家到丁公司工作,负责丁公司一项为期2年的重要研发项目;甲公司总经理的儿子投资设立并控制戊公司,同时担任戊公司的董事长。不考虑其他因素,下列各项中与甲公司存在关联关系的是( )。

A. 乙公司　　　　　　B. 丙公司
C. 丁公司　　　　　　D. 戊公司

> **审题要点**
> 考查关联关系的判断。
> 关联方关系的存在是以控制、共同控制或重大影响为前提条件的。
> 本企业与其他企业、与个人之间可能存在关联关系。

【本题答案】D

【本题解析】关联方关系的存在以控制、共同控制或重大影响为前提条件。选项A,乙公司是甲公司的重要供应商,不存在关联关系;选项B,丙公司仅与甲公司共同投资某合营企业,与该企业共同控制合营企业的合营者之间,通常不构成关联方关系;选项C,丁公司借调甲公司的技术专家来科研,属于业务关系,不存在关联关系。选项D,戊公司的董事长及投资者是甲公司总经理的儿子,存在关联关系,因为某一企业与受该企业关键管理人员关系密切的家庭成员控制、共同控制的其他企业之间是存在关联关系的。

思维拓展

本题考查关联方关系的确定。上市公司在财务报告中应披露本企业与哪些企业和哪些个人之间存在关联关系,以便全社会一起监督上市公司不要在关联方之间去做"不公平"的事,增加信息的透明度。基于此,关联方关系存在的前提必须是有"影响力",即以"控制、共同控制和重大影响"为前提。现将本企业的主要关联方总结如下:

本企业的主要关联方

项目	关联关系
本企业与其他企业	(1)本企业与母公司、子公司、合营企业、联营企业之间存在关联关系。 (2)本企业与本企业主要投资者个人、关键管理人员或与其关系密切的家庭成员控制、共同控制或施加重大影响的其他企业之间,为关联方
本企业与个人之间	(1)本企业与本企业的主要投资者个人及与其关系密切的家庭成员之间,为关联方。 (2)本企业与本企业的关键管理人员及与其关系密切的家庭成员之间,为关联方

坑点提示

本题容易踩坑的是选项B,考生误以为"甲公司与丙公司共同投资设立了一家重要的合营企业",甲公司与丙公司应该存在关联方关系,其实这是误解。的确,甲公司与其合营企业存在关联方关系、丙公司与其合营企业存在关联方关系,但并不意味着甲和丙存在关联方关联。实际上,对企业实施直接或间接共同控制的投资方与该企业之间是关联方关系,但这些投资方之间并不能仅仅因为共同控制了同一家企业而视为存在关联方关系。所以,本题甲和丙并不存在关联方关系。

抢分秘籍

搞清楚关联方关系存在的前提是控制、共同控制和重大影响,大部分关联方关系是由于存在股权投资关系(直接或间接),小部分虽不存在投资关系但存在家庭成员或关键关联人员等利害关系。记住细节就得分了!

历年考情

本题与2022年多选题第10题、2021年多选题第3题、2020年多选题第4题考点相当相似,都是考关联方的判断,可进行对比复习。同时提醒一下,5年考了4次,出题频率相当高了!

10.甲公司2×22年购入一项专利,该专利的法律保护期间为20年,

审题要点

考查无形资产使用寿命的确定。

无形资产的使用寿命分为使用寿命有限和使用寿命不确定两种情况。

自购入之日起还剩15年。甲公司预计该专利所处的领域技术更新迭代较快，预期使用该专利能够带来经济利益的期间为8年。根据甲公司管理层对该无形资产制定的使用计划，在使用满3年后，该专利将出售给第三方。基于上述情况，甲公司在无形资产的后续计量中，<u>估计的使用寿命</u>是（　　）。

A. 3年　　　　　　B. 8年

C. 15年　　　　　 D. 20年

【本题答案】A

【本题解析】选项A正确，如果无形资产的取得源自合同性权利或其他法定权利，其使用寿命不应超过合同性权利或其他法定权利的期限；但如果企业使用资产的预期期限短于合同性权利或其他法定权利规定的期限，则应当按照企业预期使用的期限确定其使用寿命。根据题意，该无形资产在甲公司预期使用3年，应按3年确定其使用寿命。

思维拓展

本题考查无形资产会计处理中非常小的一个知识点：无形资产使用寿命的确定，难度不大。现将无形资产使用寿命确定的方法归纳如下表：

无形资产使用寿命的确定

项目	内容
估计无形资产使用寿命应考虑的主要因素	（1）该资产通常的产品寿命周期，以及可获得的类似资产使用寿命的信息； （2）技术、工艺等方面的现实情况及对未来发展的估计； （3）以该资产在该行业运用的稳定性和生产的产品或服务的市场需求情况； （4）现在或潜在的竞争者预期采取的行动； （5）为维持该资产产生未来经济利益的能力所需要的维护支出，以及企业预计支付有关支出的能力； （6）对该资产的控制期限，以及对该资产使用的法律或类似限制，如特许使用期间、租赁期间等； （7）与企业持有的其他资产使用寿命的关联性等
无形资产使用寿命的确定	（1）如果无形资产的取得源自合同性权利或其他法定权利，其使用寿命不应超过合同性权利或其他法定权利的期限（如本题20年）；如果企业使用资产的预期期限短于合同性权利或其他法定权利规定的期限的（如本题3年），则应当按企业预期使用的期限（即3年）确定其使用寿命。 （2）如果没有明确的合同或法律规定无形资产的使用寿命的，企业应当综合各方面情况，例如企业聘请相关专家进行论证、与同行业的情况进行比较以及参考企业的历史经验等，来确定无形资产为企业带来未来经济利益的期限。如果经过这些努力，仍无法合理确定无形资产为企业带来经济利益的期限的，才能将该无形资产作为使用寿命不确定的无形资产

坑点提示

本题容易踩坑的是选项B，考生误以为该专利的估计使用寿命为8年，因为"预期使用该专利能够带来经济利益的期间为8年"。出题老师在这里挖了一个陷阱，甲公司在使用3年后，计划将该专利出售。基于此，该专利在甲公司的预计使用年限就应该修正为3年。

抢分秘籍

理解无形资产使用寿命的影响因素，记住无形资产使用寿命是否存在法律规定的期限、企业实际拟使用的期限等处理办法，最终恰当确定无形资产使用寿命。

11.企业以公允价值计量非金融资产，应当考虑该资产用于最佳用途产生经济利益的能力。下列各项关于**最佳用途**的表述中，正确的是（　　）。

A.政府为保护生态环境禁止在保护区内进行房地产开发，则保护区内土地不能以房地产开发作为最佳用途估计公允价值

B.某软件资产必须配合其他技术才能达到最佳用途，但企业并不具备这些必要的技术，因此不能基于该最佳用途估计公允价值

C.企业拥有的用于出租的写字楼出现大量楼层闲置，而该写字楼旁边的同品牌公寓出租情况良好，企业应以用于公寓出租作为写字楼的最佳用途，并据此估计公允价值

D.企业的土地目前用于工业用途的价值为600万元，假设用于建造住宅的价值为800万元，但需发生拆除改造及变更用途的成本约300万元，企业应以建造住宅为最佳用途，并据此估计公允价值

【本题答案】A

【本题解析】选项A正确，企业判定非金融资产的最佳用途，应当考虑该用途是否为法律上允许、实物上可能以及财务上可行的使用方式，如果政府禁止在生态保护区内进行房地产开发和经营，则该保护区内土地的最佳用途不可能是工业或商业用途的开发。选项B不正确，最佳用途是指市场参与者实现一项非金融资产或其所属的一组资产和负债的价值最大化时该非金融资产的用途，该软件资产可以与其他技术配合的基础上作为最佳用途来估价其公允价值。选项C不正确，写字楼和公寓在用途上有巨大差别，该建筑物是写字楼，不能以公寓作为最佳用途来估计公允价值；选项D不正确，企业判断非金融资产的用途在财务上

> **审题要点**
> 考查最佳用途的概念。
> 最佳用途是指市场参与者实现一项非金融资产或其所属的一组资产和负债的价值最大化时该非金融资产的用途。

是否可行，应当考虑在法律上允许且实物上可能的情况下，市场参与者通过使用该非金融资产能否产生足够的收益或现金流量，从而在补偿将该非金融资产用于这一用途所发生的成本之后，仍然能够满足市场参与者所要求的投资回报。企业的土地用于工业的价值为600万元，改变目前用途用于住宅的实际价值为500万元（800-300），因此，该土地的最佳用途不是建造住宅。

思维拓展

本题考查了非金融资产价值评估中的"最佳用途"原则。在复习中应注意以下问题：

（1）作为理性人，对固定资产、无形资产等实物资产如何使用，一定是遵循价值最大化，这就是"最佳用途"原则的来源。

（2）非金融资产要实现价值最大化，必须合法合规。政府出于维护公共利益，对某些资产使用作了一些限制。比如，在北京城市建设中，从北京西北方向的香山，到西南方向的亦庄，中间有一条数公里宽的"通风走廊"给北京城"换气"。凡是位于"通风走廊"的建筑，不能高于三层。因此，在评估通风走廊中建筑物的价值时，不能超过三层。

（3）非金融资产改变用途，可能需要投入额外成本进行改造。则在评估该资产价值时，应该扣除这些增量成本，剩余所得才是该用途的价值。

（4）通常情况下，企业对非金融资产的当前用途可视为最佳用途。

坑点提示

本题容易踩坑的是选项D，考生误以为土地目前用于工业用途的价值为600万元，而用于住宅开发的价值为800万元，当然用于住宅开发属于"最佳用途"。但是土地用于住宅开发前提是"需发生拆除改造及变更用途的成本约300万元"。作为理智的决策者，应该考虑这个增量费用，考虑该费用后得到的经济利益只有500万元（800-300），小于目前用于工业用途的价值600万元。所以，土地用于开发住宅不是"最佳用途"。

12. 2×22年10月30日，甲公司公布了经董事会批准的员工结构优化计划，50岁以上生产部门的员工，45岁以上研发部门和销售部门的员工，可自愿选择离职，按服务年限获得相应的补偿金，在办理离职手续后半年内按月平均支付。该计划自公布之日起立即生效且不可撤销，有效期至2×23年2月28日。2×22年11月，部分员工自愿选择离职，并于2×22年11月30日办理离职手续，应支付的补偿金为240万元，2×22年12月又有部分员工自愿办理离职，并于2×22年12月31日办理离职手续，应支付的补偿金为300万元。此外，甲公司预计在2×23年上述计划有效期内，很可能还会有部分员工选择离职，预计应支付的补偿金为200万元。不考虑其他因素，甲公司于2×22年度应确认的辞退福利费用金额是（　　）。

A. 40万元　　　　　　　B. 130万元

C. 540万元　　　　　　D. 740万元

> **审题要点**
>
> 考查辞退福利的计算。辞退福利是指企业在职工劳动合同到期之前解除与职工的劳动关系，或者为鼓励职工自愿接受裁减而给予职工的补偿。无论是自愿还是强制，只要是辞退员工支付的补偿均属于辞退福利。

【本题答案】D

【本题解析】选项D正确，甲公司于2×22年度应确认的辞退福利费用金额=11月30日发生的辞退福利240+12月31日发生的辞退福利300+预计年后有效期内的辞退福利200=740（万元）。

思维拓展

本题考查职工薪酬中比较特殊的事项——辞退福利。辞退福利的处理并不复杂，现将其会计处理要点归纳如下表：

辞退福利的确认与计量

项目	相关规定
确认	企业向职工提供辞退福利的，应当在下列两者孰早日确认辞退福利产生的职工薪酬负债，并计入管理费用：①企业不能单方面撤回因解除劳动关系计划或裁减建议所提供的辞退福利时；②企业确认与涉及支付辞退福利的重组相关的成本或费用时
计量	①对于强制辞退，企业应当根据计划条款规定拟解除劳动关系的职工数量、每一职位的辞退补偿等确认职工薪酬负债；②对于自愿离职，应预计将会接受裁减建议的职工数量，根据预计的职工数量和每一职位的辞退补偿等确认职工薪酬负债
账务处理	辞退福利12个月内完全支付的，应当适用短期薪酬的相关规定；辞退福利12个月内不能完全支付的，应作为其他长期职工福利，考虑货币时间价值

坑点提示

本题容易踩坑的是选项C，考生误以为甲公司于2×22年度应确认的辞退福利费用金额应该就是本年度11月的240万元和12月的300万元，合计为540万元。至于下年度的200万元，应该属于2×23年度的辞退福利。这样理解就踩坑了！实际上，辞退福利按照权责发生制，就是本次董事会作出决议的辞退员工事项所涉及的所有补偿。本事项发生在2×22年度，应该在2×22年度确认所有的辞退福利。

13.甲公司于2×22年8月15日与乙公司签订设备租赁合同，甲公司当日即从乙公司厂区取走该设备，并自行运输。该设备于2×22年9月1日到达甲公司厂区，经过必要的安装和调试后，于2×22年10月1日达到预定可使用状态。乙公司在租赁合同中同意给予甲公司一段时间的免租期，从2×22年10月15日起开始计算租金。甲公司租入该设备的<u>租赁期开始日</u>是（　　）。

A.2×22年8月15日　　　B.2×22年9月1日

C.2×22年10月1日　　　D.2×22年10月15日

> 审题要点
> 考查租赁期开始日的确定。租赁期是指承租人有权使用租赁资产且不可撤销的期间。起租日应作为租赁期开始日。

【本题答案】A

【本题解析】选项A正确，租赁期开始日是指出租人提供租赁资产使其可供承租人使用的起始日期。如果承租人在租赁协议约定的起租日或租金起付日之前，已获得对租赁资产使用权的控制，则表明租赁期已经开始。8月15日签订合同并取得了对租赁资产使用权的控制，该日应作为租赁期开始日。

📄 思维拓展

本题考查了租赁中的小知识点：租赁期开始日。在复习中应注意两点：

（1）首先明确租赁期，没有租赁期就没有租赁期开始日。租赁期是指承租人有权使用租赁资产且不可撤销的期间。承租人有续租选择权，即有权选择续租该资产，且合理确定将行使该选择权的，租赁期还应当包含续租选择权涵盖的期间。租赁期自租赁期开始日起计算。

（2）租赁期开始日，是指出租人提供租赁资产使其可供承租人使用的起始日期。如果承租人在租赁协议约定的起租日或租金起付日之前，已获得对租赁资产使用权的控制，则表明租赁期已经开始。购买资产和租赁资产，最大的区别就是：购买资产是取得对"所有权"的控制；而租赁资产是取得对"使用权"的控制。

📄 坑点提示

本题容易踩坑的是选项D，考生误以为"从2×22年10月15日起开始计算租金",租赁期开始日就应该是10月15日,因为前面签订租赁合同、运输租赁资产以及安装调试,均属于前期准备工作,只有开始收租金才是租赁的正式开始。实际上,这是不对的。根据租赁准则规定,哪天获得对租赁资产使用权的控制,那天就是租赁期开始日。从本题看,承租人于2×22年8月15日取得租赁资产使用权的控制,当日应作为租赁期开始日。

二、多项选择题(本题型共12小题,每小题2分,共24分。每小题均有多个正确答案,请从每小题的备选答案中选出你认为正确的答案,用鼠标点击相应的选项。每小题所有答案选择正确的得分,不答、错答、漏答均不得分。)

1. 下列各项有关企业<u>资本公积会计处理</u>的表述中,正确的有( )。

A. 收到投资者超出其所占注册资本份额的投资应计入资本公积

B. 委托证券公司代理发行股票而支付的手续费、佣金应从资本公积中扣除

C. 经股东大会决议用资本公积转增股本的,应从资本公积(其他资本公积)转入股本

D. 新加入投资者出资价格高于原有投资者的出资价格,则说明新加入投资者出资价格不公允,超出部分不应计入资本公积

【本题答案】AB

【本题解析】选项A正确,收到投资者超出其所占注册资本份额的投资应计入资本公积(资本溢价或股本溢价);选项B正确,委托证券公司代理发行股票而支付的手续费、佣金应冲减资本公积(资本溢价或股本溢价);选项C不正确,经股东大会决议用资本公积转增股本的,应从资本公积(资本溢价或股本溢价)转入股本;选项D不正确,新加入投资者出资价格高于原有投资者的出资价格,是补偿原投资者的风险价值、时间价值等,不说明新加入投资者出资价格不公允,超出部分应计入资本公积(资本溢价或股本溢价)。

> **审题要点**
> 考查资本公积的会计处理。资本公积分为资本溢价(或股本溢价)和其他资本公积,各有不同的形成原因以及转归去向。

思维拓展

本题考查资本公积会计处理,首先应明确资本公积的来源及其分类(资本溢价或股本溢价、其他资本公积),然后明确不同类别的资本公积的转归情况。现将资本公积的来源和去向归纳如下表:

资本公积的来源和去向

项目	来源和本质含义	转归去向
资本溢价（或股本溢价）	有限责任公司当有新的投资者中途投资时，一般应多投入资本，投资者多缴的部分就形成了资本溢价。 股份有限公司在溢价发行股票的情况下，企业发行股票取得的收入，等于股票面值部分作为股本处理，超出股票面值的溢价收入应作为股本溢价处理。发行股票相关的手续费、佣金等交易费用，如果是溢价发行股票的，应从溢价中抵扣，冲减资本公积（股本溢价）；无溢价发行股票或溢价金额不足以抵扣的，应将不足抵扣的部分冲减盈余公积和未分配利润	资本溢价（股本溢价）表示投资者的投入，可以用于转增资本；转增资本时，应将资本公积（资本溢价）转入"实收资本"；将资本公积（股本溢价）转入"股本"
其他资本公积	其他资本公积是指除资本溢价（或股本溢价）项目以外所形成的资本公积，属于权益性交易形成的资本公积，主要包括：①权益结算的股份支付形成的其他资本公积，其最终应转入股本溢价；②采用权益法核算的长期股权投资因被投资单位除净损益、其他综合收益和利润分配以外的所有者权益的其他变动，投资企业按持股比例计算应享有的份额	其他资本公积属于投资者投入的准备，应根据其来源分别处理：①权益结算的股份支付形成的其他资本公积，只有当股份支付事项结束了，才能将"其他资本公积"转入"股本溢价"；②采用权益法核算形成的其他资本公积，在处置长期股权投资时，应将"其他资本公积"转入当期"投资收益"

坑点提示

本题容易踩坑的是选项D，通常认为交易价格应该公平一致，不应高于原出资价格。这是误解！之所以新加入投资者出资价格高于原有投资者的出资价格，主要是基于以下四个原因：①新加入投资者应补偿原有投资者的货币时间价值，比如原投资者在5年之前投入1元，当然比新投资者现在投入1元"值钱"；②新加入投资者应补偿原投资者风险价值，因为刚投资时风险大，现在被投资企业已经存活数年了，风险小；③被投资企业经过多年经营已经有留存收益了，新投资者投资进来，可以"无偿占有"该留存收益，故应多投钱，补偿占有的留存收益；④新投资者"看涨"被投资企业才会新投资进来，愿意"溢价购入"该股权。因此，新投资者多投钱是正常的，属于公允交易，"超出部分应计入资本公积（资本溢价或股本溢价）"。

2.甲公司作为债权人，于2×23年5月10日与债务人乙公司达成协议，同意乙公司以其持有的丙上市公司股票、一台二手的进口光刻机以及若干芯片产品**抵偿全部债务**，协议签订当日即完成相关资产的交付手续。当日，甲公司放弃债权的账面价值为1 000万元，公允价值为1 070

> **审题要点**
> 考查债务重组中债权人的会计处理。
> 债务重组方式有以资产抵偿债务、债务转为资本、修改其他条款和组合方式。无论是债权人还是债务人，都存在债务重组中确认损益的问题。比如，债权人应将重组债权的账面价值与公允价值的差额计入当期投资收益。

万元；乙公司持有的丙上市公司股票公允价值为500万元，甲公司将其作为交易性金融资产核算；二手光刻机在乙公司的账面价值为300万元，公允价值为400万元，甲公司将收到的光刻机作为固定资产核算，发生的运输和保险费用为1万元；芯片产品在乙公司的账面价值为180万元，公允价值为200万元，甲公司将芯片产品作为存货核算。下列各项有关甲公司会计处理的表述中，正确的有（   ）。

A.确认存货190万元　　　　B.确认固定资产401万元

C.确认投资收益100万元　　D.确认交易性金融资产500万元

【本题答案】AD

【本题解析】对该债务重组甲公司会计处理如下：

固定资产和存货入账价值总额＝放弃债权公允价值1 070－股票公允价值500＝570（万元）（固定资产还应单独加上运输费1万元）；固定资产应分配成本＝570×［400/（400+200）］＝380（万元）；存货应分配成本＝570－380＝190（万元）。

借：交易性金融资产——成本（金融资产公允价值）　　500

　　　固定资产——光刻机　　　　　　　　　（380+1）381

　　　存货（原材料）——芯片　　　　　　　　　　　190

　　贷：应收账款　　　　　　　　　　　　　　　　1 000

　　　　投资收益　　　　　　　　　　　（1 070－1 000）70

从上面会计分录可知，选项A确认存货190万元正确；选项D确认金融资产500万元正确；选项B、C不正确。

注：债权人受让多项非金融资产，或者包括金融资产、非金融资产在内的多项资产的，应当按照《企业会计准则第22号——金融工具确认和计量》的规定确认和计量受让的金融资产；按照受让的金融资产以外的各项资产在债务重组合同生效日的公允价值比例，对放弃债权在合同生效日的公允价值扣除受让金融资产当日公允价值后的净额进行分配，并以此为基础分别确定各项资产的成本。放弃债权的公允价值与账面价值之间的差额，记入"投资收益"科目。

思维拓展

债务重组是企业经济活动中比较特殊的一个经济业务事项，如果经常发生，企业就不正常了。本题考查了债务重组的适用范围、不同债务重组方式下的会计处理。在复习中可作如下拓展：

债务重组准则适用于所有债务重组，但下列各项适用其他相关会计准则：

（1）债务重组中涉及的债权、重组债权、债务、重组债务和其他金融工具的确认、计量和列报，分别适用金融工具类准则，不作单独规定。

（2）通过债务重组形成企业合并的，适用《企业会计准则第20号——企业合并》。例如，甲公司通过债务重组持有乙公司80%股权，取得控制权，应按企业合并准则分类为同一控制或非同一控制下企业合并，分别采用"账面价值"或"公允价值"入账。

（3）下列情况适用权益性交易的有关会计处理规定：债权人或债务人中的一方直接或间接对另一方持股且以股东身份进行债务重组；债权人与债务人在债务重组前后均受同一方或相同的多方最终控制，且该债务重组的交易实质是债权人或债务人进行了权益性分配或接受了权益性投入。债务重组适用权益性交易的，债权人和债务人不得将相关的利得或损失计入损益，而应计入所有者权益。

（4）债务重组不属于企业的日常活动，债务重组中如债务人以商品清偿债务的，不应按收入准则确认为营业收入。

更多拓展内容请参见2022年真题单选题第6题。

坑点提示

本题容易踩坑的是选项B，题目中明确告诉了固定资产的公允价值为400万元，加上运输和保险费1万元，当然应该是401万元。殊不知，这是出题老师故意挖的陷阱！因为作为债权人取得的抵债资产的入账价值有不同的确定规则：受让的金融资产，就是该金融资产的公允价值；受让的非金融资产，则是以放弃债权的公允价值为基础确定的。具体说来就是：按照受让的金融资产以外的各项资产在债务重组合同生效日的公允价值比例，对放弃债权在合同生效日的公允价值扣除受让金融资产当日公允价值后的净额进行分配，并以此为基础分别确定各项资产的成本。

抢分秘籍

首先搞清楚本债务重组属于哪种债务重组方式；然后搞清楚如何分别债权人、债务人进行处理。

历年考情

本题考查债务重组债权人的处理，与2022年单选题第6题债务重组考点类似。

3.为使财务报表使用者了解金融工具信用风险对未来现金流量的影响，企业应当披露的信息有（   ）。

A.金融负债的到期期限分析

B.外币金融资产的汇率变化影响

C.金融资产所面临的信用风险的集中度

D.金融资产预期信用损失金额的变动及其原因

【本题答案】CD

【本题解析】为使财务报表使用者了解信用风险对未来现金流量的金额、时间和不确定性的影响，企业应当披露与信用风险有关的下列信息：（1）企业信用风险管理实务的相关信息及其与预期信用损失的确认和计量的关系，包括计量金融工具预期信用损失的方法、假设和信息；（2）有助于财务报表使用者评价在财务报表中确认的预期信用损失金额的定量和定性信息，包括预期信用损失金额的变动及其原因；（3）企业的信用风险敞口，包括重大信用风险集中度；（4）其他有助于财务报表使用者了解信用风险对未来现金流量金额、时间和不确定性的影响的信息。据此，选项A、B不正确，选项C、D正确。

> 审题要点
>
> 考查金融工具信用风险的披露。
> 金融工具产生了金融资产、金融负债和权益工具；在所有资产中，金融资产中股票投资风险较大；而金融负债中长期借款、应付债券等带息负债，财务风险很大。应加强对金融工具信息风险的披露，以利于相关各方清楚金融工具的风险。

思维拓展

本题考查金融工具信息披露这一冷僻的知识点。企业应根据金融工具的性质披露不同的内容，见下表。

金融工具的披露要求

项目	内容
金融工具一般信息披露要求	企业应当披露编制财务报表时对金融工具所采用的重要会计政策、计量基础和与理解财务报表相关的其他会计政策等信息
资产负债表相关信息的披露	企业应当在资产负债表或相关附注中列报下列金融资产或金融负债的账面价值：以摊余成本计量的金融资产；以摊余成本计量的金融负债，等等
利润表相关信息的披露	企业应当披露与金融工具有关的收入、费用、利得或损失，等等
公允价值相关信息的披露	企业应当披露每一类金融资产和金融负债的公允价值，并与账面价值进行比较。对于在资产负债表中相互抵销的金融资产和金融负债，其公允价值应当以抵销后的金额披露，等等
金融工具风险信息披露	包括定性和定量信息；信用风险披露；流动性风险披露；市场风险披露

坑点提示

本题容易踩坑的是选项A。金融工具风险信息的披露包括四部分内容：一是定性和定量信息；二是信用风险披露；三是流动性风险披露；四是市场风险披露，没有选项A的内容。本题考查的是"信用风险披露"，而选项A"金融负债的到期期限分析"属于"流动性风险披露"的内容，容易搞混。

> **审题要点**
>
> 考查合营安排中的共同经营。
>
> 合营安排是一项由两个或两个以上的参与方共同控制的安排，包括共同经营和合营企业。共同经营是指共同控制一项安排的参与方享有与该安排相关资产的权利，并承担与该安排相关负债的合营安排。未通过单独主体达成的合营安排，应当划分为共同经营，所以共同经营通常不是一个独立的会计主体。

历年考情

本题在历史上只出过一次题。

4. 2×22年12月15日，甲公司与乙公司各自出资5 000万元，共同购买一栋二手公寓，各自拥有50%的产权，委托第三方对公寓进行出租运营管理，按租金收入的20%支付管理费。合同约定，与该公寓运营活动相关的决策需要甲公司和乙公司达成一致方可做出；甲公司和乙公司各自分享或承担租金收入、运营成本的50%。2×23年该公寓取得租金收入800万元，由甲公司先行收取；第三方的运营管理费由甲公司先行支付，发生的水电费、维修费20万元由乙公司先行垫付。甲公司对投资性房地产采用成本模式进行后续计量，上述公寓的预计使用寿命为20年，采用年限平均法计提折旧，预计净残值率为10%。下列各项关于甲公司2×23年度会计处理的表述中，正确的有（　　）。

A．确认折旧费用225万元　　B．确认租赁收入320万元

C．确认水电维修费10万元　　D．确认投资收益85万元

【本题答案】AC

【本题解析】本业务属于合营安排中的共同经营，甲公司投资性房地产入账价值=5 000万元，2×23年计提折旧=5 000×（1-10%）÷20=225（万元），选项A正确；甲公司应确认租金收入=800×50%=400（万元），选项B不正确；甲公司应确认水电维修费=20÷2=10（万元），选项C正确；本业务不确认投资收益，选项D不正确。

思维拓展

本题考查共同经营。共同经营在实务中不太常见，是合营安排下的一种类型。现将合营安排下的共同经营与合营企业进行对比分析。

合营安排分为两类：共同经营和合营企业。其中，共同经营少见，合营企业常见。在复习中可作如下拓展：

（1）共同经营和合营企业的区别。

共同经营是指共同控制一项安排的参与方享有与该安排相关资产

的权利，并承担与该安排相关负债的合营安排。未通过单独主体达成的合营安排，应当划分为共同经营，所以共同经营通常不是一个独立的会计主体。

合营企业是共同控制一项安排的参与方仅对该安排的净资产享有权利的合营安排。通过单独主体达成的合营安排，通常应当划分为合营企业。所以，合营企业一定是一个会计主体。

区分共同经营还是合营企业的关键是享有资产还是享有净资产。**凡是享有资产的合营安排就属于共同经营，凡是享有净资产的就是合营企业。**

（2）共同经营合营方的会计处理。合营方应当确认其与共同经营中利益份额相关的下列项目，并按照相关企业会计准则的规定进行会计处理：①确认单独所持有的资产，以及按其份额确认共同持有的资产；②确认单独所承担的负债，以及按其份额确认共同承担的负债；③确认出售其享有的共同经营产出份额所产生的收入；④按其份额确认共同经营因出售产出所产生的收入；⑤确认单独所发生的费用，以及按其份额确认共同经营发生的费用。通俗地说就是谁家孩子谁抱回家。

（3）合营企业合营方的会计处理。合营方应当按照长期股权投资权益法核算其对合营企业的投资。当被投资单位所有者权益发生增加变化时，合营方应分别确认投资收益、其他综合收益、资本公积（其他资本公积）等。

坑点提示

本题容易踩坑的是选项D，考生误以为甲公司共同控制被投资主体，属于对合营企业的投资；既然是对合营企业投资，被投资主体实现盈利了，投资方按照权益法应确认投资收益。实际上这是不对的。因为共同控制包括共同经营和合营企业，本处属于共同经营，甲公司直接确认与投资性房地产有关的资产、负债、收入、费用，而不确认投资收益。

抢分秘籍

首先搞清楚是否属于合营安排；其次确定是共同经营还是合营企业；最后按照共同经营或合营企业进行处理。

历年考情

本题考查共同经营，与2021年单选题第3题考查合营安排考点类似。

审题要点
考查外币折算的会计处理。外币折算包括外币业务的折算和外币报表的折算。母公司含有实质上构成对子公司(境外经营)净投资的外币货币性项目的情况下，在编制合并财务报表时，应分以下两种情况编制抵销分录：①实质上构成对子公司净投资的外币货币性项目以母公司或子公司的记账本位币反映，则应在抵销长期应收、应付项目的同时，将其产生的汇兑差额转入"其他综合收益"项目；②实质上构成对子公司净投资的外币货币性项目以母、子公司的记账本位币以外的货币反映，则应将母、子公司此项外币货币性项目产生的汇兑差额相互抵销，差额转入"其他综合收益"。

5.甲公司的记账本位币为人民币，其子公司乙公司的记账本位币为港币，下列各项有关**外币折算会计处理**的表述中，正确的有（   ）。

A.乙公司发生的人民币交易无需进行外币折算

B.甲公司将编制合并财务报表时产生的外币报表折算差额计入损益

C.甲公司编制合并财务报表时，将乙公司财务报表中的资产负债项目采用资产负债表日的即期汇率折算

D.甲公司以前年度向乙公司提供的实质上构成了对乙公司投资的港币借款，甲公司编制合并财务报表时，在抵销与该笔借款相关的应收应付款的同时，将产生的汇兑差额转入其他综合收益

【本题答案】CD

【本题解析】选项A不正确，乙公司的记账本位币为港币，其发生的人民币交易属于外币交易，应进行外币折算；选项B不正确，甲公司将编制合并财务报表时产生的外币报表折算差额计入其他综合收益；选项C、D正确。

思维拓展

本题考查了外币的概念、外币报表折算的会计处理。外币业务是许多外向型企业都有的业务，包括外币业务的折算和外币报表的折算，现将主要会计处理总结对比如下表：

外币业务折算和外币报表折算对比

外币折算类型		内容
外币业务折算	交易日处理	企业发生外币交易的，应当在初始确认时，采用交易发生日的即期汇率或即期汇率的近似汇率将外币金额折算为记账本位币金额。比如，企业以外币购入原材料和固定资产，按当日即期汇率将支付（或应付）的外币折算为记账本位币，以确定购入货物及债务的入账价值，同时按照外币的金额登记有关外币账户
	期末汇兑差额处理	期末，企业应当分别外币货币性项目和外币非货币性项目进行处理： （1）货币性项目：资产负债表日，应以当日即期汇率折算外币货币性项目（包括货币性资产和货币性负债），该项目因当日即期汇率不同于该项目初始入账时或前一资产负债表日即期汇率而产生的汇兑差额一般计入当期损益（财务费用）；外币长期借款、应付债券在资本化期间发生的汇兑差额，应资本化，计入在建工程成本。 （2）资产负债表日，以历史成本计量的外币非货币性项目（如预付账款、预收账款、固定资产、实收资本等）不改变其入账时的记账本位币金额，不产生汇兑差额；对于以公允价值计量的股票、基金等非货币性项目，如果期末的公允价值以外币反映，则应当先将该外币按照公允价值确定当日的即期汇率折算为记账本位币金额，再与原记账本位币金额进行比较，其差额分别计入当期损益或其他综合收益

续表

外币折算类型	内容
外币报表折算	（1）资产负债表中的资产和负债项目，采用资产负债表日的即期汇率折算，所有者权益项目除"未分配利润"项目外（"未分配利润"是根据所有者权益变动表抄过来的），其他项目采用发生时的即期汇率折算。 （2）利润表中的收入和费用项目，采用交易发生日的即期汇率或即期汇率的近似汇率折算。 （3）产生的外币财务报表折算差额，在合并利润表中，应将外币报表折算差额本期发生额并入"其他综合收益"项目列示；外币财务报表折算差额的期末余额，应在合并资产负债表中"其他综合收益"项目列示

坑点提示

本题容易踩坑的是选项A，考生误以为甲公司的记账本位币为人民币，子公司（乙公司）发生的人民币交易与母公司记账本位币一致，无需进行外币折算。实际上，这是误解。因为外币折算中的"外币"，是与记账本位币相对应的概念。乙公司的记账本位币为港币，则人民币交易就是外币交易，当然应进行外币折算。

抢分秘籍

首先搞清楚外币折算的含义，然后分别外币业务折算和外币报表折算两条线分别记住细节，得分率就上去了。

历年考情

本题考查外币折算，与2022年单选题第8题、2020年多选题第1题、2019年单选题第5题考点类似。

6.下列各项关于企业编制现金流量表的原则和方法的表述中，正确的有（   ）。

A.支付的租赁保证金属于投资活动的现金流出

B.固定资产毁损收到的保险赔偿属于投资活动的现金流入

C.企业将不属于现金及现金等价物的定期存单用于质押不会产生现金流出

D.在母子公司之间销售商品形成固定资产且已结清款项的情况下，编制合并现金流量表时应将经营活动现金流入与投资活动现金流出予以抵销

【本题答案】BCD

【本题解析】选项A不正确，支付的租赁保证金属于筹资活动的现

> **审题要点**
> 考查现金流量表的编制。现金流量表中的"现金"包括库存现金、银行存款、其他货币资金和现金等价物。其中，银行存款必须是可以随时用于支付的存款；引起现金流量变动的三大活动包括经营活动、投资活动和筹资活动。在编制合并现金流量表时，应将母公司与子公司之间内部现金流量抵销。

金流出（简化处理时属于经营活动现金流出）；选项B正确，固定资产购建属于投资活动，固定资产毁损收到的保险赔偿属于投资活动的现金流入；选项C正确，如果定期存单本身不属于现金及现金等价物，其质押不会产生现金流量；选项D正确，在母子公司之间销售商品形成固定资产且已结清款项的情况下（已结清款项表示销售方有现金流入、购入方有现金流出），编制合并现金流量表时应将经营活动现金流入与投资活动现金流出予以抵销。

思维拓展

现金流量表的编制是比较复杂的问题，近年来出小题出得较多。影响现金流量变动的有三大活动：经营活动、投资活动和筹资活动，出题时通常要求考生分辨清楚是哪些活动引起了现金的流入或流出，而且考查的是比较特殊的业务。下面对此进行总结归纳：

三大活动引起现金流量变动情况

活动	典型案例
经营活动	（1）对于工商企业而言，经营活动主要包括销售商品、提供劳务、购买商品、接受劳务、支付职工薪酬、支付税费等。 （2）企业实际收到的政府补助属于经营活动现金流入，无论是与资产相关还是与收益相关，均在"收到其他与经营活动有关的现金"项目填列。 （3）支付的按《企业会计准则第21号——租赁》规定，采用简化处理的短期租赁付款额、低价值资产租赁付款额、未纳入租赁负债的可变租赁付款额，以及支付的短期租赁和低价值资产租赁相关的预付租金和租赁保证金应当计入经营活动现金流出。 （4）对于自然灾害损失和保险赔款，如果能够确指属于流动资产损失，应当列入经营活动产生的现金流量。 （5）银行承兑汇票贴现，如果终止确认该银行承兑汇票，则属于经营活动现金流入（相当于销售取得）
投资活动	（1）投资活动是指企业长期资产（固定资产、无形资产、投资性房地产、长期股权投资等）的购建和不包括在现金等价物范围内的投资及其处置活动。 （2）对于自然灾害损失和保险赔款，如果能够确指属于固定资产损失，应当列入投资活动产生的现金流量
筹资活动	（1）筹资活动是指导致企业资本及债务规模和构成发生变化的活动。 （2）企业应当将偿还租赁负债本金和利息所支付的现金，以及支付的预付租金和租赁保证金计入筹资活动现金流出。 （3）银行承兑汇票贴现，如果不终止确认该银行承兑汇票，则属于筹资活动现金流入（相当于借款取得）。 （4）定期存单本身属于现金及现金等价物，通过定期存单质押获取短期借款的活动属于筹资活动，相关现金流量应被分类为筹资活动现金流量

> **坑点提示**

本题容易踩坑的是选项C，考生误以为定期存单为货币资金属于"现金"，定期存单的增加和减少属于现金的增减变化，应该产生现金流量。实际上，定期存单是否属于"现金"应进行具体分析：如果定期存单存在限制、不能随时支取，则不符合现金流量表中"现金"定义，不属于"现金"；既然定期存单不属于"现金"，那么定期存单的质押就与现金的增减变化无关，没有产生现金流量。

7.甲公司2×22年度财务报表的批准报出日为2×23年4月5日。不考虑其他因素，甲公司在计算2×22年度稀释每股收益时，下列因素中可能对2×22年度每股收益产生稀释性影响的有（　　）。

A. 2×23年3月授予员工的限制性股票

B. 2×21年6月发行但已于2×22年6月全部行权的认股权证

C. 2×22年3月发行的可转换公司债券，发行12个月以后可转换为甲公司普通股

D. 2×22年8月与某股东签订协议约定于2×23年6月按固定价格回购该股东持有的甲公司股份

【本题答案】BCD

【本题解析】我国企业发行的潜在普通股主要有可转换公司债券、认股权证、股份期权等。据此，选项A授予员工限制性股票不会稀释股权；选项B发行认股权证、选项C发行可转债、选项D持有股份期权，均可能产生稀释性，正确答案为选项B、C、D。

> **审题要点**
>
> 考查稀释每股收益的影响因素。
> 稀释每股收益是以基本每股收益为基础，假定企业所有发行在外的稀释性潜在普通股均已转换为普通股，从而分别调整归属于普通股股东的当期净利润以及发行在外普通股的加权平均数计算的每股收益。

> **思维拓展**

稀释每股收益的计算和列报主要是为了避免每股收益虚增可能带来的信息误导，本题考查哪些事项属于潜在普通股，会影响稀释每股收益的计算。在复习中可作如下拓展：

不同潜在普通股下计算稀释每股收益的比较

潜在普通股	计算过程
可转换公司债券	对于可转换公司债券，可以采用假设转换法判断其稀释性，并计算稀释每股收益。 （1）假设这部分可转换公司债券在当期期初（或发行日）即已转换成普通股，分母调增发行在外的普通股股数，分子调增由于减少利息费用而增加的净利润。 （2）用增加的净利润除以增加的普通股股数，得出增量股的每股收益，与原来的每股收益比较。如果增量股的每股收益小于原每股收益，则说明该可转换公司债券具有稀释作用，应当计入稀释每股收益的计算中

续表

潜在普通股	计算过程
认股权证和股份期权	对于稀释性认股权证、股份期权（盈利企业计算），计算稀释每股收益时，一般无需调整分子净利润金额，只需要按照下列步骤调整分母普通股加权平均数： （1）假设这些认股权证、股份期权在当期期初（或发行日）已经行权，计算按约定行权价格发行普通股将取得的股款金额。 （2）假设按照当期普通股平均市场价格发行股票，计算需发行多少普通股能够带来上述相同的股款金额。 （3）比较行使股份期权、认股权证将发行的普通股股数与按照平均市场价格发行的普通股股数，差额部分相当于无对价发行的普通股，作为发行在外普通股股数的净增加。 （4）将净增加的普通股股数乘以其假设发行在外的时间权数，据此调整计算稀释每股收益的分母数
企业承诺将回购其股份的合同	企业承诺将回购其股份的合同中规定的回购价格高于当期普通股平均市场价格时，应当考虑其稀释性，与认股权证、股份期权的计算思路正好相反。具体步骤为： （1）假设企业于期初按照当期普通股平均市场价格发行普通股，以募集足够的资金来履行回购合同；合同日晚于期初的，则假设企业于合同日按照自合同日至期末的普通股平均市场价格发行足量的普通股。该假设前提下，由于是按照市价发行普通股，导致企业经济资源流入与普通股股数同比例增加，每股收益金额不变。 （2）假设回购合同已于当期期初（或合同日）履行，按照约定的行权价格回购本企业股票。 （3）比较假设发行的普通股股数与假设回购的普通股股数，差额部分作为净增加的发行在外普通股股数，再乘以相应的时间权数，据此调整计算稀释每股收益的分母数

📖 坑点提示

本题容易踩坑的是选项B，考生误以为甲公司 $2×21$ 年6月发行的认股权证已经在 $2×22$ 年6月全部行权了；既然当年已经行权了就不是潜在普通股了，应该对 $2×22$ 年度计算稀释每股收益没有影响了。实际上，这是误解。因为，当期被行权的稀释性潜在普通股，应当从当期期初至行权日计入稀释每股收益中，从行权日起所转换的普通股则计入基本每股收益中。因此，$2×22$ 年度6月在认股权证行权前仍然是潜在普通股，对 $2×22$ 年度计算稀释每股收益是有影响的。

📖 抢分秘籍

首先理解稀释每股收益的含义，然后搞清楚潜在普通股都是谁；最后结合题目就能准确选定答案了。

📖 历年考情

本题考查稀释每股收益，与2021年单选题第4题考点类似。

8.甲基金会（民间非营利组织）于2×22年6月收到一批价值200万元的受托捐赠救灾物资，根据委托人的意愿转赠给受灾群众；2×22年8月接受捐赠取得一部二手小轿车，价值20万元，作为甲基金会的办公用车，甲基金会为此支付了1万元税费和运费；2×22年10月一批医院的专家免费为甲基金会组织的医疗活动坐诊，专家劳务价值50万元。下列各项关于甲基金会会计处理的表述中，正确的有（　　）。

A.确认捐赠收入20万元

B.收到的200万元救灾物资确认为存货

C.为小轿车支付的税费和运费计入固定资产成本

D.医院专家免费提供的坐诊服务无需在财务报表中确认捐赠收入

【本题答案】AD

【本题解析】选项A正确，甲基金会收到捐赠的自用汽车应按公允价值20万元入账（发生税费1万元计入筹资费用）；选项B不正确，收到的200万元救灾物资属于受托业务，应确认为受托代理资产；选项C不正确，为小轿车支付的税费和运费应计入筹资费用；选项D正确，民间非营利组织对于其接受的劳务捐赠，不予确认，但应当在会计报表附注中作相关披露。

> 审题要点
>
> 考查民间非营利组织会计处理。
> 民间非营利组织会计的特点是：①以权责发生制为会计核算基础；②在采用历史成本计价的基础上，引入公允价值计量基础；③会计五要素为资产、负债、净资产、收入、费用。

思维拓展

本题考查了民间非营利组织会计中最常见的业务：接受非现金资产捐赠、接受劳务捐赠和受托转交代理资产。现将民间非营利组织特定业务中主要会计处理归纳如下表：

民间非营利组织特定业务的会计处理

业务		相关规定
捐赠收入	概念	捐赠收入是指民间非营利组织接受其他单位或者个人捐赠所取得的收入，包括限定性收入和非限定性收入
	会计处理	（1）劳务捐赠不确认收入，捐赠承诺不确认收入。 （2）对于民间非营利组织接受捐赠的非现金资产，如接受捐赠的短期投资、存货、长期投资、固定资产和无形资产等，如果捐赠方提供了有关凭据（如发票、报关单、有关协议），应当按照凭据上标明的金额作为入账价值；如果凭据上标明的金额与受赠资产公允价值相差较大，受赠资产应当以其公允价值作为入账价值；如果捐赠方没有提供有关凭据，受赠资产应当以其公允价值作为入账价值。 （3）民间非营利组织接受捐赠资产的有关凭据以外币计量的，应当按照取得资产当日的市场汇率将外币金额折算为人民币金额记账。 （4）对于民间非营利组织接受非现金资产捐赠时发生的应归属于其自身的相关税费、运输费等，应当计入当期费用，借记"筹资费用"科目，贷记"银行存款"等科目

续表

业务		相关规定
受托代理业务	概念	受托代理业务是指民间非营利组织从委托方收到受托资产，并按照委托人的意愿将资产转赠给指定的其他组织或者个人的受托代理过程
	会计处理	①收到受托代理资产，借记"受托代理资产"科目，贷记"受托代理负债"科目；②在转赠时，借记"受托代理负债"科目，贷记"受托代理资产"科目。③民间非营利组织从事受托代理业务时发生的应归属于其自身的相关税费、运输费等，应当计入当期费用（其他费用）
会费收入	概念	会费收入是指民间非营利组织根据章程等的规定向会员收取的会费。一般为非限定性收入，特殊情况下为限定性收入
	会计处理	收到会费时，借记"现金""银行存款"等科目，贷记"会费收入——非限定性（限定性）收入"科目

坑点提示

本题容易踩坑的是选项C，考生坚定地认为，"为小轿车支付的税费和运费计入固定资产成本"是正确的，因为在企业会计中记得牢牢的，外购固定资产发生的相关税费应资本化，计入固定资产成本。殊不知，这在民间非营利组织会计就错了！对于民间非营利组织接受非现金资产捐赠时发生的应归属于其自身的相关税费、运输费等，应当计入当期费用，借记"筹资费用"科目，贷记"银行存款"等科目。这是很容易搞混的一个地方。

抢分秘籍

记住民间非营利组织会计处理的特殊性就得分了。

历年考情

本题考查接受非现金资产捐赠，与2022年单选题第13题考点类似。

> **审题要点**
> 考查附注编制中报告分部的确定。
> 企业应当以经营分部为基础确定报告分部。凡是"重要的"经营分部应作为报告分部。

9.企业以经营分部为基础确定报告分部，不考虑其他因素，下列各项有关报告分部判断的表述中，正确的有（　　）。

A. M经营分部的对外收入占比达到30%，应作为单独的报告分部

B. P经营分部刚开始商业化，收入极小，但分部资产占比达到20%，应作为单独的报告分部

C. W经营分部在本年度达到报告分部的确定条件，但上年度未达到报告分部的确定条件，考虑可比性要求，本年度财务报表中不应将其作为单独的报告分部

D.所有未达到重要性标准的经营分部对外收入合计占比为40%，

但单独披露其中某个分部的信息对使用者而言意义不大，则其中的各个经营分部不作为单独的报告分部

【本题答案】AB

【本题解析】选项A正确，该分部的分部收入占所有分部收入合计的10%或者以上，应作为报告分部；选项B正确，该分部的分部资产占所有分部资产合计额的10%或者以上，应作为报告分部；选项C不正确，W经营分部在本年度达到报告分部的确定条件，本年度财务报表中应将其作为单独的报告分部，而与上年无关；选项D不正确，企业的经营分部达到规定的10%重要性标准认定为报告分部后，确定为报告分部的经营分部的对外交易收入合计额占合并总收入或企业总收入的比重应当达到75%的比例（本处仅达到60%）。如果未达到75%的标准，企业应增加报告分部的数量，将其他未作为报告分部的经营分部纳入报告分部的范围，直到该比重达到75%。

思维拓展

为了反映不同经营分部的风险和报酬，企业应在附注中披露"分部报告"。分部报告质量高低，主要取决于"报告分部"的确定。下面对报告分部确定的要点归纳如下表：

报告分部的确定

项目	相关规定
重要的经营分部应作为报告分部	企业应当以经营分部为基础确定报告分部，经营分部满足下列条件之一的，应当将其确定为报告分部：（1）该分部的分部收入占所有分部收入合计的10%或者以上；（2）该分部的分部利润（亏损）的绝对额，占所有盈利分部利润合计额或者所有亏损分部亏损合计额的绝对额两者中较大者的10%或者以上；（3）该分部的分部资产占所有分部资产合计额的10%或者以上
低于10%重要性标准的选择	经营分部未满足上述10%重要性标准的，可以按照下列规定确定报告分部：（1）企业管理层认为披露该经营分部信息对会计信息使用者有用的，可以将其确定为报告分部。（2）将该经营分部与一个或一个以上的具有相似经济特征、满足经营分部合并条件的其他经营分部合并，作为一个报告分部。（3）不将该经营分部直接指定为报告分部，也不将该经营分部与其他未作为报告分部的经营分部合并为一个报告分部的，企业在披露分部信息时，应当将该经营分部的信息与其他组成部分的信息合并，作为其他项目单独披露
报告分部75%的标准	企业的经营分部达到规定的10%重要性标准认定为报告分部后，确定为报告分部的经营分部的对外交易收入合计额占合并总收入或企业总收入的比重应当达到75%的比例。如果未达到75%的标准，企业应增加报告分部的数量，将其他未作为报告分部的经营分部纳入报告分部的范围，直到该比重达到75%
报告分部的数量不超过10个	如果报告分部的数量超过10个，企业应当考虑将具有相似经济特征、满足经营分部合并条件的报告分部进行合并，以使合并后的报告分部数量不超过10个

坑点提示

本题容易踩坑的是选项D，考生认为既然"单独披露其中某个分部的信息对使用者而言意义不大"，那么这些经营分部"不作为单独的报告分部"是正确的。殊不知，这是不正确的。因为前面还有一个前提，即"所有未达到重要性标准的经营分部对外收入合计占比为40%"。在这种情况下，必须从这些经营分部独立出较为重要的经营分部作为报告分部，使得"所有未达到重要性标准的经营分部对外收入合计占比不超过25%"。对这个要求，考生比较容易忽略。

抢分秘籍

首先理解分部报告披露的目的是区分不同经营分部的风险与报酬，以利于将资源配置到风险小、报酬高的经营分部；其次理解"重要的"经营分部作为报告分部；再次基于特殊考虑来确定报告分部。有了这个思路，就能准确选定正确答案了。

历年考情

分部报告考得很少，近年只考过本题。

> **审题要点**
> 考查或有事项中现时义务的判断。
> 现时义务是指企业在现行条件下已承担的义务，包括法定义务和推定义务。

10.甲公司是一家化工企业，2×22年度发生的下列或有事项中，产生<u>现时义务</u>的有（　　）。

A.对已售出的商品承担法定的质量保证义务

B.董事会作出决议拟向当地慈善机构捐款，但尚未签订协议或对外公告

C.员工投诉工厂的有毒有害气体危害其身体健康，甲公司发表声明承诺会进行整改和补偿

D.租入办公楼并进行了内部装修，合同约定租赁到期需拆除相关装修并将办公楼恢复原状

【本题答案】ACD

【本题解析】选项A正确，对已售出的商品承担法定的质量保证义务，属于现时义务；选项B不正确，董事会作出决议拟向当地慈善机构捐款，但尚未签订协议或对外公告，因而不属于现时义务；选项C正确，甲公司已发表声明承诺对受害员工进行补偿，属于现时义务；选项D正确，合同约定拆除装修并恢复原状属于现时义务。

思维拓展

本题考查现时义务的概念，应将"现时义务"拓展到"负债""或有负债"一起复习。现将负债、或有负债与现时义务的关系总结对比如下表：

负债、或有负债与现时义务的关系

项目		相关规定
负债		负债，是指企业过去的交易或者事项形成的、预期会导致经济利益流出企业的**现时义务**。将一项现时义务确认为负债，需要符合负债的定义，还需要同时满足以下两个条件：（1）与该义务有关的经济利益**很可能**流出企业；（2）未来流出的经济利益的金额能够**可靠地计量**
或有负债		或有负债，是指过去的交易或事项形成的潜在义务，其存在须通过未来不确定事项的发生或不发生予以证实；或过去的交易或事项形成的现时义务，履行该义务不是很可能导致经济利益流出企业或该义务的金额不能可靠计量
现时义务	含义	现时义务是指企业在现行条件下已承担的义务，企业没有其他现实的选择，只能履行该现时义务
	分类	现时义务包括法定义务和推定义务： （1）法定义务，是指因合同、法规或其他司法解释等产生的义务。 （2）推定义务，是指因企业的特定行为而产生的义务。由于以往的习惯做法，或通过对外承诺或公开的声明，企业向外界表明了它将承担特定的责任，从而使受影响的各方形成了其将履行那些责任的合理预期，从而形成了现时义务

从上表可知，负债首先是存在"现时义务"，然后在满足负债的确认条件后才形成真实的"负债"。如果"现时义务"不是很可能导致经济利益流出企业或该义务的金额不能可靠计量，则形成"或有负债"。负债、或有负债和现时义务是很容易混淆的几个概念，考生一定要仔细分辨，才能准确确认负债，做好会计工作。

坑点提示

本题容易踩坑的是选项B，考生误以为既然董事会作出决议拟向当地慈善机构捐款，就应该说话算数，已形成现时义务。实际上，这是误解。因为尚未签订协议还未形成法定义务；尚未对外公告还没有形成推定义务。所以，选项B不属于现时义务。

抢分秘籍

首先深刻理解"现时义务"的含义；然后对照具体事项，看看是否已形成"法定义务"或"推定义务"，如果没有形成法定义务或推定

审题要点
考查合并范围确定中涉及的"可变回报"概念。可变回报是不固定且可能随着被投资方业绩而变化的回报。可变回报对比固定回报，风险大、报酬高。无论是企业投资还是个人劳动，一般都是获得可变回报，这样才使企业和个人充满活力。

义务，则尚未形成现时义务。有了这个思路，得分率就高了。

11.企业在判断对被投资方是否具有控制时，应分析其是否通过参与被投资方的相关活动而享有可变回报。下列各项有关**可变回报**的表述中，正确的有（　　）。

A.可变回报包括随被投资方业绩变化而获得的利润和承担的损失

B.投资方将自身资产与被投资方的资产整合以达到节约成本的效果，节约的成本属于可变回报

C.投资方向被投资方提供运营管理服务，按实际运营收益收取固定比例的管理费，该管理费属于可变回报

D.投资方开办的学校受限于法律法规的相关规定不能分配利润，但可以带来品牌宣传效应，还可以为投资方提供培训和人才储备，因此投资方能够通过投资该学校享有可变回报

【本题答案】ABCD

【本题解析】可变回报，是不固定且可能随着被投资方业绩而变化的回报，可以仅是正回报，仅是负回报，或者同时包括正回报和负回报。四个选项均属于可变回报，具体说来：选项A股利是最常见的可变回报；选项B通过整合资源达到节约成本，这是其他利益持有方无法得到的回报，属于可变回报；选项C按固定比例收取管理费，被投资方运营收益越大，收取的管理费越多，属于可变回报；选项D投资方通过投资学校获得品牌效应等，也属于可变回报。

思维拓展

本题考查可变回报的概念。可变回报是合并范围确定中需要考虑的一个因素，应与合并范围的确定这一重大问题一起复习才有意义。现将合并范围、控制与可变回报的关系归纳如下表：

合并范围、控制与可变回报的关系

项目	相关规定
合并范围的确定	合并财务报表的合并范围应当以控制为基础予以确定。控制方为母公司，被控制方为子公司，母公司应将全部子公司纳入合并范围
控制的定义和构成要素	控制是指投资方拥有对被投资方的权力，通过参与被投资方的相关活动而享有可变回报，并且有能力运用对被投资方的权力影响其回报金额。投资方要实现控制，必须具备以下基本要素：一是因涉入被投资方而享有可变回报；二是拥有对被投资方的权力，并且有能力运用对被投资方的权力影响其回报金额。投资方只有同时具备上述两个要素时，才能控制被投资方

续表

项目		相关规定
可变回报	定义	可变回报，是不固定且可能随着被投资方业绩而变化的回报，可以仅是正回报，仅是负回报，或者同时包括正回报和负回报
	表现形式	（1）股利、被投资方经济利益的其他分配、投资方对被投资方的投资的价值变动；（2）因向被投资方的资产或负债提供服务而得到的报酬、因提供信用支持或流动性支持收取的费用或承担的损失、被投资方清算时在其剩余净资产中所享有的权益、税务利益、因参与被投资方而获得的未来流动性；（3）其他利益持有方无法得到的回报。例如，投资方将自身资产与被投资方的资产整合以实现规模经济，达到节约成本的目的；投资方通过涉入被投资方，从而保证稀缺资源的供应、获得专有技术或者限制被投资方某些运营或资产，从而达到提高投资方其他资产价值的目的

从上表可知，合并范围的确定以"控制"为基础；而"享有可变回报"是控制必须具备的要素之一。不享有可变回报，必然没有控制的动力和行为。

📖 坑点提示

本题容易踩坑的是选项C，考生误以为既然是按照"固定比例"收取管理费，当然应该属于"固定回报"而不是"可变回报"。殊不知，投资方向被投资方提供运营管理服务，其收取管理费的基数是"实际运营收益"，而实际运营收益是可变的，虽然收取比例固定，但收到的管理费总额是可变的。因此，选项C按固定比例收取的管理费属于可变回报。这种"似是而非"的考点，考生最容易踩坑了！

📖 抢分秘籍

首先准确理解可变回报的含义；其次搞清楚其主要表现形式。

📖 历年考情

历史上这是第一次出可变回报的题；而且与可变回报相关的合并范围的确定，自从2014年修订了合并财务报表准则后就基本没有出过题了。

12.甲公司于2×22年3月10日借入一笔借款，专项用于新厂区的建造，甲公司在银行将该笔款项用于购买七天通知存款，后续根据工程付款进度安排支取。2×22年4月20日，甲公司向供应商预付了采购该工程所需设备的部分款项。2×22年5月15日，新厂区实体开始建造。

审题要点

考查借款费用的会计处理。借款费用是指企业因借入资金所付出的代价,包括利息费用和汇兑差额,具体表现为利息、折价或者溢价的摊销、辅助费用以及因外币借款而发生的汇兑差额等。

借款费用有两个去向:资本化和费用化,核心问题是资本化。

借款费用资本化应解决资本化期间的确定和资本化金额的计算。

2×22年11月至12月期间,由于冰雪覆盖暂停施工。2×23年10月20日,新厂区的实体建造已基本完成且与设计和生产要求基本相符,但个别车间的屋顶有漏水现象需要修补,预计发生的支出很小,整体工程于2×23年11月15日完工并办理了竣工决算手续。下列各项关于甲公司**借款费用会计处理**的表述中,正确的有( )。

A. 借款费用开始资本化的时点为2×22年5月15日

B. 借款费用停止资本化的时点为2×23年11月15日

C. 2×22年11月至12月期间发生的借款费用应当继续资本化

D. 借款费用资本化时点开始之前取得的利息收入不影响借款费用资本化金额的计算

【本题答案】ACD

【本题解析】选项A正确,借款费用允许开始资本化必须同时满足三个条件,即资产支出已经发生、借款费用已经发生、为使资产达到预定可使用或者可销售状态所必要的购建或者生产活动已经开始,5月15日满足了三个条件;选项B不正确,购建或者生产符合资本化条件的资产达到预定可使用时,借款费用应当停止资本化,停止资本化时点为10月20日;选项C正确,符合资本化条件的资产在购建或者生产过程中发生非正常中断,且中断时间连续超过3个月的,应当暂停借款费用的资本化,本处仅非正常中断2个月,应继续资本化;选项D正确,企业只有发生在资本化期间内的有关借款费用,才允许资本化,借款费用资本化时点开始之前取得的利息收入不影响借款费用资本化金额的计算。

📄 思维拓展

借款费用最常考的是借款费用资本化金额的计算,经常出一道客观题。本题考查了资本化期间的确定和资本化金额的计算思路,但不要求计算资本化金额。在复习中可作如下拓展:

(1)借款费用的内容。借款费用是指企业因借入资金所付出的代价,包括利息费用和汇兑差额,具体表现为利息、折价或者溢价的摊销、辅助费用以及因外币借款而发生的汇兑差额等。

(2)企业只有发生在资本化期间内的有关借款费用,才允许资本化。资本化期间的确定应注意三个问题:资本化起点、暂停资本化和停止资本化。

借款费用资本化的起点、暂停和停止

项目	相关规定
借款费用资本化起点	借款费用开始资本化应同时具备以下三个条件：①资产支出已经发生；②借款费用已经发生；③为使资产达到预定可使用或者可销售状态所必需的购建或者生产活动已经开始（实体建造）
借款费用暂停资本化	符合资本化条件的资产在购建或者生产过程中发生非正常中断，且中断时间连续超过3个月的，应当暂停借款费用的资本化，在中断期间发生的借款费用应当确认为费用，计入当期损益，直至资产的购建或者生产活动重新开始。非正常中断，通常是由于企业管理决策上的原因或者其他不可预见的原因等所导致的中断。比如，企业因与施工方发生了质量纠纷，或者工程、生产发生了安全事故，或者发生了与资产购建、生产有关的劳动纠纷等
借款费用停止资本化	购建或者生产符合资本化条件的资产达到预定可使用或者可销售状态时，借款费用应当停止资本化。在符合资本化条件的资产达到预定可使用或者可销售状态之后所发生的借款费用，应当在发生时根据其发生额确认为费用，计入当期损益（财务费用）。达到预定可使用状态的标志是：①实体建造完成；②所购建的资产与设计要求相符或基本相符；③继续发生的支出金额很少或几乎不再发生；④各部分分别完工，完工部分可供使用，则应停止与该部分资产相关借款费用的资本化

📖 坑点提示

本题容易踩坑的是选项B，考生误以为2×23年11月15日停止资本化是正确的，因为虽然2×23年10月20日已完成实体建造，但毕竟没有全部完成整个工程（因个别车间的屋顶漏水需要修补），所以停止资本化应该是全部工程完工的11月15日。殊不知，会计准则中规定的停止资本化的时点是"达到预定可使用状态"，而达到预定可使用状态的标志是：①实体建造完成；②所购建的资产与设计要求相符或基本相符；③继续发生的支出金额很少或几乎不再发生等。故正确的停止资本化的时点为2×23年10月20日。

📖 抢分秘籍

首先理解借款费用资本化涉及资本化期间的确定和资本化金额的计算；然后分别记住资本化期间确定中的起点、暂停资本化和停止资本化的条件，以及专门借款和一般借款资本化金额的计算。

📖 历年考情

本题考查借款费用资本化，与2021年单选题第7题、2020年单选题第6题考点有相似之处，可对比复习。

三、计算分析题（本题型共2小题18分。答案中的金额单位以万元表示，涉及计算的，要求列出计算步骤。）

1. （本小题9分。）甲公司有一个生产车间，包括厂房、两项生产设备（P、Q），以及生产需要的一项专利技术。上述资产属于一个资产组。2×21年至2×22年，该生产车间发生的有关交易或事项如下：

（1）2×21年，由于技术更迭和市场需求变化，该车间生产的产品销量锐减，相关资产出现减值迹象，因此甲公司进行了减值测试。

> **提醒**
> 关键词：资产组减值测试。
> 后面资料用于确定资产组账面价值和可收回金额。

截至2×21年12月31日进行减值测试前，相关资产的账面价值（未曾计提减值准备）分别为：厂房3 000万元、生产设备P 2 000万元、生产设备Q 4 000万元、专利技术1 000万元。资产组的可收回金额为7 500万元。厂房的公允价值减去处置费用后的净额为2 700万元，生产设备Q的公允价值减去处置费用后的净额为3 000万元，生产设备P和专利技术无法单独估计其公允价值减去处置费用后的净额以及预计未来现金流量的现值。

（2）生产设备Q的账面原值为5 000万元，截至2×21年12月31日已计提折旧1 000万元。考虑资料（1）中所述的减值影响后，预计的剩余使用寿命为4年。该设备采用年限平均法计提折旧，预计净残值为零。

2×22年5月31日，该生产车间正式停工。甲公司开始对生产设备Q进行

> **提醒**
> 关键词：对生产设备进行技术改造。
> 这些资料用于更新改造中购入新部件替换原部件，发生安装调试费。

技术改造，购入新型的核心部件，将原部件拆除报废。新部件的成本为500万元，通过银行转账支付，原部件的账面价值为300万元。更换部件另发生安装调试费10万元，通过银行转账支付。2×22年7月31日，生产设备Q完成了技术改造。

（3）2×22年6月，甲公司拟将生产设备Q出售给乙公司，拟将闲置的厂房出售给丙公司。甲公司和乙公司于2×22年6月15日签订协议，约定生产设备Q完成技术改造后交付乙公司。甲公司与丙公司于2×22年6月20日签订协议，按照甲公司正常清空厂房所需的时间，约定于2×22年8月31日移交厂房给丙公司。

本题不考虑相关税费及其他因素。

要求：

（1）根据资料（1），分别计算甲公司2×21年12月31日各项资产应计提的减值准备，以及各项资产计提减值后的账面价值。

> **提醒**
> 关键词：拟出售生产设备、拟出售厂房。
> 生产设备尚处于技术改造中不能立即出售；厂房可立即出售，而且已签订出售合同，厂房是持有待售资产。

> **审题要点**
> 考查计提资产组减值。
> 资产组减值应确定资产组账面价值和资产组可收回金额；在确定资产组应计提减值金额后，将其按资产组内各资产账面价值所占比重，将减值金额分配到各项资产。

（2）根据资料（1）和（2），计算甲公司2×22年5月31日停工改造前生产设备Q的账面价值，并编制与生产设备Q技术改造相关的会计分录。

> **审题要点**
> 考查固定资产更新改造。
> 更新改造时，应将更新改造前固定资产账面价值转入在建工程，将报废的部件从固定资产成本中剔除，同时增加更新改造的成本；更新改造完成后，将在建工程转入固定资产。

（3）根据资料（2）和（3），分别判断甲公司在截至2×22年6月30日的中期财务报表中，生产设备Q和闲置的厂房是否应作为持有待售资产列报，并说明理由。

> **审题要点**
> 考查持有待售。
> 非流动资产划分为持有待售类别应当同时满足两个条件：可立即出售；出售极可能发生。

【本题答案】

（1）该资产组应计提减值总额＝资产组账面价值（厂房3 000+P设备

2 000+Q设备4 000+专利1 000）-资产组可收回金额7 500=2 500（万元）。

由于2 500×30%=750＞（3 000-2 700）=300，厂房应分摊减值=3 000-2 700=300（万元）。

注：厂房在按账面价值所占比例分配减值额时，应计提减值=2 500×30%=750（万元）；但由于其账面价值为3 000万元，计提减值后不能低于可收回金额2 700万元，故只能计提300万元。

由于2 500×40%=（4 000-3 000）=1 000（万元），生产设备Q应分摊减值=4 000-3 000=1 000（万元）。

生产设备P应分摊减值=本来应分摊的减值2 500×20%+由于少分摊到厂房而应由设备P分摊部分（750-300）÷30%×20%=800（万元）。

注：30%=设备P占比20%+专利占比10%。

专利技术应分摊减值=2 500×10%+（750-300）÷30%×10%=400（万元）

计提减值后各项资产的账面价值分别为：

厂房=原账面价值3 000-计提减值300=2 700（万元）

生产设备P=原账面价值2 000-计提减值800=1 200（万元）

生产设备Q=原账面价值4 000-计提减值1 000=3 000（万元）

专利技术=原账面价值1 000-计提减值400=600（万元）

（2）2×22年5月31日停工改造前生产设备Q的账面价值=2×21年12月31日计提减值后账面价值3 000-2×22年1-5月折旧3 000÷4÷12×5=3 000-312.5=2 687.5（万元）

2×22年5月31日开始技术改造，转入在建工程：

借：在建工程　　　　　　　　　　　　　　　　2 687.5
　　累计折旧　　　　　　　　　　（1 000+312.5）1 312.5
　　固定资产减值准备　　　　　　　　　　　　　1 000
　　贷：固定资产　　　　　　　　　　　　　　　　5 000

发生改造支出：

借：在建工程　　　　　　　　　　　　　（500+10）510
　　贷：银行存款　　　　　　　　　　　　　　　　510

报废旧部件：

借：营业外支出（或资产处置损益）　　　　　　　300
　　贷：在建工程　　　　　　　　　　　　　　　　300

完工转入固定资产：

借：固定资产　　　　　　　　　　　　　　　　2 897.5
　　贷：在建工程　　　　　　　　　　　　　　　2 897.5

注：在建工程成本=2 687.5+510-300=2 897.5（万元）

（3）生产设备Q不应作为持有待售资产列报。

理由：虽然生产设备Q已签订出售协议，但尚未完成改造，不符合以当前状况下可立即出售的条件，因此生产设备Q不应作为持有待售资产列报。

厂房应当作为持有待售资产列报。

理由：厂房已签订出售协议，在常规时间内清空厂房不影响其符合可立即出售的状态，且预期能够于1年内完成出售，因此厂房应当作为持有待售资产列报。

思维拓展

本题以固定资产为主线，串联了三大考点：固定资产形成的"资产组减值"、固定资产"更新改造"、固定资产转为"持有待售"，环环紧扣，题目出得挺精彩！在复习中可作如下拓展：

（1）关于资产组减值。资产组减值包括一般资产组减值、总部资产减值和商誉减值，其要点归纳如下表：

各种资产组减值的比较

资产组	计提减值的规定
一般资产组	资产组计提减值准备需要预计资产组的可收回金额和计算资产组的账面价值，并将两者进行比较，如果资产组的可收回金额低于其账面价值，应当确认相应的减值损失。减值损失金额应当按照下列顺序进行分摊：（1）首先抵减分摊至资产组中商誉的账面价值；（2）然后根据资产组中除商誉之外的其他各项资产的账面价值所占比重，按比例抵减其他各项资产的账面价值；（3）以上资产账面价值的抵减，应当作为各单项资产（包括商誉）的减值损失处理，计入当期损益。抵减后的各资产的账面价值不得低于以下三者之中最高者：该资产的公允价值减去处置费用后的净额（如可确定的）、该资产预计未来现金流量的现值（如可确定的）和零。由于抵减后的各资产的账面价值不得低于以下三者之中最高者，因此而导致的未能分摊的减值损失金额，应当按照相关资产组中其他各项资产的账面价值所占比重进行分摊
总部资产	（1）对于相关总部资产能够按照合理和一致的基础分摊至该资产组的部分，应当将该部分总部资产的账面价值分摊至该资产组，再据以比较该资产组的账面价值（包括已分摊的总部资产的账面价值部分）和可收回金额，并按照一般资产组减值测试的顺序和方法处理。 （2）对于相关总部资产中有部分资产难以按照合理和一致的基础分摊至该资产组的，应当按照下列步骤处理：①在不考虑相关总部资产的情况下，估计和比较资产组的账面价值和可收回金额，并按照有关资产组减值测试的顺序和方法处理；②认定由若干个资产组组成的最小的资产组组合，该资产组组合应当包括所测试的资产组与可以按照合理和一致的基础将该部分总部资产的账面价值分摊其上的部分；③比较所认定的资产组组合的账面价值（包括已分摊的总部资产的账面价值部分）和可收回金额，并按照有关一般资产组减值测试的顺序和方法处理
商誉	（1）企业在对包含商誉的相关资产组或者资产组组合进行减值测试时，如与商誉相关的资产组或者资产组组合存在减值迹象的，应当首先对不包含商誉的资产组或者资产组组合进行减值测试，计算可收回金额，并与相关账面价值相比较，确认相应的减值损失。然后再对包含商誉的资产组或者资产组组合进行减值测试，比较这些相关资产组或者资产组组合的账面价值（包括所分摊的商誉的账面价值部分）与其可收回金额，如相关资产组或者资产组组合的可收回金额低于其账面价值的，应当就其差额确认减值损失。减值损失金额应当首先抵减分摊至资产组或者资产组组合中商誉的账面价值；然后根据资产组或者资产组组合中除商誉之外的其他各项资产的账面价值所占比重，按比例抵减其他各项资产的账面价值。

续表

资产组	计提减值的规定
商誉	（2）如果因企业合并所形成的商誉是母公司根据其在子公司所拥有的权益而确认的商誉，在这种情况下，子公司中归属于少数股东权益的商誉并没有在合并财务报表中予以确认。因此，在对与商誉相关的资产组（或者资产组组合，下同）进行减值测试时，由于其可收回金额的预计包括了归属于少数股东权益的商誉价值部分，因此为了使减值测试建立在一致的基础上，企业应当调整资产组的账面价值，将归属于少数股东权益的商誉包括在内，然后根据调整后的资产组账面价值与其可收回金额进行比较，以确定资产组（包括商誉）是否发生了减值

（2）关于固定资产更新改造。更新改造的会计处理分为"三步曲"，详见下表：

固定资产更新改造会计处理"三步曲"

步骤	具体内容
第一步：将固定资产账面价值转入在建工程	企业将固定资产进行更新改造的，应将相关固定资产的原价、已计提的累计折旧和减值准备转销，将固定资产的账面价值转入在建工程，并停止计提折旧。这就涉及固定资产原值的确定、计提折旧和计提减值等问题
第二步：发生改造成本	与固定资产有关的更新改造等后续支出，应当计入固定资产成本，同时将被替换部分的账面价值扣除（看成是提前报废，计入营业外支出）
第三步：完成改造转入固定资产	固定资产发生的后续支出完工并达到预定可使用状态时，再从在建工程转为固定资产，并按重新确定的使用寿命、预计净残值和折旧方法计提折旧。完工之后的固定资产相当于全新固定资产

坑点提示

本题容易踩坑的是要求（3）中判断生产设备Q是否应作为持有待售资产列报，考生认为既然该设备已签订了出售的合同，当然应该属于"持有待售资产"，结果踩中老师挖的坑！实际上，将非流动资产（如生产设备）分类为持有待售类别，应具备两个条件：一是可立即出售；二是极可能出售。本题已签订出售合同，表明极可能出售；但是，题目中说"约定生产设备Q完成技术改造后交付乙公司"，表明该设备并不能"立即出售"，因而不满足分类为持有待售类别的条件，生产设备Q不属于"持有待售资产"！

抢分秘籍

本题虽然考查了三个考点，但不算太难，首先掌握资产组减值中如何确定资产组的账面价值和资产组的可收回金额，当资产组账面价值大于其可收回金额时，其差额就是应计提减值的金额；然后掌握固定资产更新改造的会计处理方法，一般都是用新部件替代原部件；最后掌握持有待售的两个条件，就能准确判断能否将改造中的生产设备和厂房分类为"持有待售资产"了。

历年考情

本题考查资产组减值,与2022年多选题第5题考查资产组减值类似;本题考查更新改造,与2022年单选题第9题、2021年单选题第13题类似;本题考查持有待售,与2022年多选题第4题、2021年单选题第8题、2020年综合题第2题、2019年综合题第2题考点类似,可进行对比复习。

2.(本小题9分。)甲公司无子公司,无需编制合并财务报表。2×22年至2×23年,甲公司发生的有关交易或事项如下:

(1)2×22年6月30日,甲公司通过银行转账5 000万元购买乙公司25%的股权,当日办理股权过户登记手续,能够对乙公司施加重大影响并采用权益法核算。当日,乙公司净资产账面价值为13 000万元,其中股本2 000万元,每股1元。除土地使用权增值5 000万元之外,其他各项可辨认资产和负债的公允价值与账面价值相等。该土地使用权作为无形资产核算,预计剩余使用寿命为25年,预计净残值为零,采用直线法摊销。另外,甲公司为取得该项投资通过银行转账支付了相关税费200万元,且甲公司有权取得乙公司2×22年6月30日前已宣告但尚未发放的现金股利400万元。

(2)2×22年12月31日,乙公司引入新的投资者丙公司。丙公司通过银行转账支付2 200万元认购乙公司新发行的股份200万股。丙公司增资后,甲公

> 📌 **提醒**
> 关键词:持股25%,采取权益法核算。
> 权益法核算包括取得时确认初始投资成本、持有期间确认权益变动、处置时确认处置损益三个步骤。本处提供了确认初始投资成本的买价和税费等。

> 📌 **提醒**
> 关键词:乙公司引入新的投资者。
> 甲公司原持有乙公司25%股权,乙公司增资后,经计算可知,甲公司持股比例下降到22.73%。

司仍能够对乙公司施加重大影响。

乙公司在2×22年7月至12月实现净利润500万元。

（3）2×23年6月20日，**乙公司以每台5万元的价格向甲公司销售了5台自产的商务打印机**，该打印机在乙公司的账面成本为每台3万元。甲公司将打印机作为办公用固定资产，预计使用寿命为5年，预计净残值为零，采用年限平均法计提折旧。

（4）2×23年6月30日，乙公司将其作为存货的房地产转换为投资性房地产，并以公允价值模式进行后续计量，转换日公允价值大于账面价值500万元。

乙公司在2×23年1月至6月实现净利润600万元。

本题不考虑相关税费及其他因素。

要求：

（1）根据资料（1），**计算甲公司取得乙公司投资的初始投资成本**，以及投资成本与应享有的乙公司可辨认净资产公允价值份额之间的差额；编制甲公司2×22年6月30日的相关会计分录。

（2）根据资料（1）和（2），计算**甲公司2×22年度应确认的投资收益**，以及**因被动稀释影响甲公司对乙公司长期股权投资账面价值的金额**，并编制相关会计分录。

（3）根据上述资料，**计算甲公司2×23年1月至6月应确认的投资收益**，并编制该期间与权益法核算相关的会计分录。

【本题答案】

（1）初始投资成本＝购买价款

> ⚠ **提醒**
> 关键词：乙公司向甲公司销售自产的打印机。
> 权益法下逆流交易应抵销未实现内部交易损益。

> ⚠ **提醒**
> 关键词：乙公司实现净利润等。
> 权益法下投资方应确认被投资单位所有者权益的变动，分别确认投资收益、其他综合收益等。

> ✎ **审题要点**
> 考查长期股权投资权益法的初始计量。
> 长期股权投资初始投资成本包括实际支付的购买价款、与取得长期股权投资直接相关的费用、税金及其他必要支出，但实际支付的价款中包含的已宣告但尚未发放的现金股利，应作为应收项目处理。

> ✎ **审题要点**
> 考查权益法的后续计量。
> 权益法下持有期间，投资方应根据被投资单位所有者权益的变动原因，分别确认投资收益、其他综合收益、资本公积（其他资本公积）。这是权益法的核心内容。

> ✎ **审题要点**
> 考查持股比例下降从权益法到权益法。
> 持股比例从25%被动稀释到22.73%，由于是被投资单位接受资本投入导致投资方权益的变动，投资方应计入资本公积（其他资本公积）。

> ✎ **审题要点**
> 考查权益法的后续计量。
> 投资方应确认投资收益等，只不过稀释前是按25%持股比例确认，稀释后是按22.73%确认。本处考点与前面稍有重复，题目出得略有瑕疵。

5 000+交易费用200–已宣告尚未收到的现金股利400=4 800（万元）

投资成本与乙公司可辨认净资产公允价值份额之间的差额=投资成本4 800–取得可辨认净资产公允价值份额（13 000+5 000）×25%=4 800–4 500=300（万元）

借：长期股权投资——投资成本　　　　　　　　　　4 800
　　应收股利　　　　　　　　　　　　　　　　　　　400
　　贷：银行存款　　　　　　　　　　　　　　　　　　　5 200

（2）2×22年确认的投资收益=调整后的净利润（调整前500–无形资产摊销5 000÷25÷2）×25%=400×25%=100（万元）

借：长期股权投资——损益调整　　　　　　　　　　100
　　贷：投资收益　　　　　　　　　　　　　　　　　　　100

被动稀释的影响金额=乙公司接受新增投资中甲公司拥有的权益–被稀释股权失去的权益=乙公司接受投资金额2 200×稀释后甲公司持有股权（2 000×25%÷2 200）–4 900×［25%–（2 000×25%÷2 200）］÷25%=500.06–444.92=55.14（万元）

借：长期股权投资——投资成本　　　　　（55.14+9.08）64.22
　　贷：长期股权投资——损益调整　　　（100–400×22.73%）9.08
　　　　资本公积　　　　　　　　　　　　　　　　　　55.14

注1：稀释前甲公司持有乙公司的股票数量=乙公司总股本2 000×25%=500（万股）；稀释后甲公司持股比例=500/（2 000+200）×100%=22.73%；甲公司被稀释股权=25%–22.73%=2.27%

注2：被动稀释的影响金额相当于丙公司投入2 200万元，甲公司持有22.73%股份，"无偿取得"500.06万元的利益；实际上，是股权由25%被稀释到22.73%，相当于"处置"了2.27%股权而取得的回报。"处置"股权而失去的权益=（原长投账面价值4 900÷原持股比例25%）×［25%–22.73%］=19 600×2.27%=444.92（万元）。

注3：由于被动稀释相当于处置2.27%股权，取得的对价500.06万元，大于付出的代价444.92万元，取得"收益"55.14万元，只能计入资本公积（其他资本公积），因为它是由被投资单位接受资本投资引起的，投资方应将增加的权益计入资本公积；同时，视同增加对被投资单位的投资，增加长期股权投资（投资成本）。

注4：由于前面计算损益调整时是按照25%计算的，现按照22.73%计算，应将损益调整调减9.08万元。

（3）投资收益=上半年调整后净利润［600–无形资产摊销5 000÷25÷2–逆流交易损益（5–3）×5］×22.73%=111.38（万元）

借：长期股权投资——损益调整　　　　　　　　　　111.38
　　贷：投资收益　　　　　　　　　　　　　　　　　　　111.38

借：长期股权投资——其他综合收益　　　　　　　　　　　　113.65
　　贷：其他综合收益　　　　　　　　　　　　（500×22.73%）113.65

注：乙公司房地产由存货转为投资性房地产并采用公允价值模式进行后续计量，转换日公允价值大于账面价值500万元应计入其他综合收益。

思维拓展

长期股权投资权益法是特别重要的考点，经常出大题。权益法的核算分为三个步骤：投资时、持有期间和处置时的核算，下面对三个步骤的要点进行总结归纳：

第一步：投资时的核算。

投资时应先确定初始投资成本，然后调整初始投资成本。

权益法下投资时的会计处理

确定初始投资成本	①以支付现金取得的长期股权投资，应当按照实际支付的购买价款作为初始投资成本。初始投资成本包括与取得长期股权投资直接相关的费用、税金及其他必要支出。但实际支付的价款或对价中包含的已宣告但尚未发放的现金股利或利润，应作为应收项目处理。 ②以发行权益性证券取得的长期股权投资，应当按照发行权益性证券的公允价值作为初始投资成本。与发行权益性证券直接相关的费用，应自权益性证券的溢价发行收入中扣除（冲减股本溢价），权益性证券的溢价收入不足冲减的，应依次冲减盈余公积和未分配利润
调整初始投资成本	①长期股权投资的初始投资成本大于投资时应享有被投资单位可辨认净资产公允价值份额的，不调整长期股权投资的初始投资成本。 ②长期股权投资的初始投资成本小于投资时应享有被投资单位可辨认净资产公允价值份额的，其差额应当计入当期损益（营业外收入），同时调整长期股权投资的成本

第二步：持有期间的核算。

采用权益法核算下，持有期间有两件事：确认权益、计提减值。

①确认权益。

权益法核算的核心是确认权益，就像"人走到哪儿，影子跟到哪儿"，投资方应随着被投资单位权益的变化计算确认拥有的份额。被投资单位权益的变化分为四种情形，投资方应分别确认投资收益、其他综合收益、长期股权投资减少、资本公积，见下表：

权益法下确认权益的会计处理

被投资单位所有者权益变动原因	投资单位处理办法
净损益	→确认投资收益
其他综合收益	→确认其他综合收益
利润分配	→减少长期股权投资
其他因素	→确认所有者权益

②期末计提减值。

采用权益法核算的长期股权投资计提减值，执行《企业会计准则第8号——资产减值》，将长期股权投资账面价值高于其可收回金额的差额，计提减值准备。计提减值的账务处理是：

借：资产减值损失
　　贷：长期股权投资减值准备

<u>第三步：处置时的核算。</u>

处置长期股权投资，关键是确定转让损益：①将长期股权投资账面价值与实际取得价款之间的差额，应当计入投资收益；②采用权益法核算的长期股权投资，原计入其他综合收益（不能结转损益的除外）或资本公积（其他资本公积）中的金额，如处置后因具有重大影响或共同控制仍然采用权益法核算的，在处置时应将与出售股权相对应的部分在处置时自其他综合收益或资本公积转入投资收益；③如处置后对有关投资终止采用权益法的，原计入其他综合收益（不能结转损益的除外）或资本公积（其他资本公积）中的金额应全部转入投资收益。

坑点提示

本题容易踩坑的是要求（3）中，在编制与权益法核算相关的会计分录时，漏掉"其他综合收益"的事项。因为权益法的核算，核心问题是按照被投资企业权益的变动，投资方分别确认投资收益、其他综合收益和资本公积（其他资本公积），而本题并没有直接提供被投资企业其他综合收益的变动，而是给了一个有点莫名其妙的资料："2×23年6月30日，乙公司将其作为存货的房地产转换为投资性房地产，并以公允价值模式进行后续计量，转换日公允价值大于账面价值500万元。"实际上，这是间接告诉考生，被投资企业的其他综合收益为500万元（投资性房地产在采用公允价值模式计量的情况下，转换日房地产的公允价值大于账面价值的差额500万元应计入其他综合收益）。如果考生没有记住投资性房地产的处理细节，就踩坑了！

抢分秘籍

首先掌握权益法核算下投资时和持有期间如何进行会计处理；其次掌握因被动稀释股权但仍是权益法核算的特殊处理方法。客观地说，被动稀释股权的处理是难度很大的考点，考生能够做对的话，业务水平是很高的！

历年考情

本题考查长期股权投资权益法，与2022年计算题第1题考查权益法、2020年计算题第2题考查权益法（分别持股20%和35%）、2019年计算题第1题考查权益法（持股30%）考点类似。

四、综合题（本题型共2小题32分。除每股收益外，答案中的金额单位以万元表示，涉及计算的，要求列出计算步骤。）

1．（本小题16分。）甲公司主营木质家具的加工和销售业务，2×21年至2×22年，甲公司发生的有关交易或事项如下：

（1）2×21年初库存结余的原材料木材为500立方米，账面余额125万元，未计提存货跌价准备。2×21年2月10日，甲公司购入2 000立方米木材，成本为600万元。2×21年10月6日，甲公司购入1 500立方米木材，成本为420万元。2×21年3月和9月，甲公司共领用木材2 000立方米，已投入到家具生产中。甲公司采用移动加权平均法核算原材料发出成本。

> **提醒**
> 关键词：采用移动加权平均法核算原材料发出成本。
> 移动加权平均法计算发出原材料成本要十分小心，很容易出错。

（2）2×21年初甲公司与常年合作的经销商乙公司签订年度商品购销合同，合同约定甲公司向乙公司销售各类家具产品，全年提货总价不得低于900万元。如果全年提货总价达到1 100万元，则额外赠送乙公司100个衣柜，赠品衣柜的单独售价为每件1万元。根据常年合作的经验，甲公司预计乙公司提货总价肯定能达到获得赠品的标准。甲公司合理预计该合同的提货总价为1 200万元，合同范围内家具产品（不含赠品）的单独售价合计也为1 200万元。

> **提醒**
> 关键词：额外赠送衣柜。
> 赠送衣柜是以乙公司购买商品为前提，甲公司应将交易价格分摊到"赠送"衣柜中，确认销售衣柜的收入。

2×21年2月25日，甲公司交付第一批400件家具，已经乙公司验收，家具的控制权转移至乙公司。该批家具的合同售价平均为每件0.9万元，平均单位成本为每件0.7万元。相关合同价

> **提醒**
> 关键词：家具的控制权转移。
> 甲公司销售家具应按控制权转移时点确认收入。

款于一个月后收取。

（3）2×21年10月30日，甲公司与房地产开发公司丙公司签订合同，为丙公司开发建设的某高档精装修商品房项目定制嵌入式衣帽间。合同总价为500万元，预计总成本为380万元。甲公司根据房屋的预留尺寸和开发商的设计要求，将木材运至现场裁剪安装嵌入房屋墙体，已安装的部分如被拆除，木材将严重损毁。甲公司判断该合同的收入应在一段时间内确认，并按已发生成本占预计总成本的比例估计完工进度。截至2×21年12月31日，为完成该合同已消耗木材500立方米，通过银行转账支付发生的人工成本和其他可直接归属于该项目的成本60万元，预计总成本不变。按照合同约定的付款进度安排，截至2×21年12月31日，经丙公司确认应向甲公司支付的部分价款为150万元。

> 🔔 **提醒**
> 关键词：开发建设定制衣帽间。
> 甲公司为客户开发建设定制的衣帽间，客户能够控制企业履约过程中在建的商品，甲公司应按时期法确认收入。

（4）2×21年12月31日，木材的市场价格为每立方米2 000元，相关家具产品的市场价格为每件0.8万元。甲公司根据市场行情估计库存的原材料将全部用于生产家具，共可生产700件家具，预计发生的加工支出和必要的销售费用为150万元。

> 🔔 **提醒**
> 关键词：木材市场价格。
> 该资料用于计提原材料跌价准备。

（5）2×22年2月20日，甲公司与丙公司的工程已全部完工，根据合同约定，丙公司应该支付全部合同价款，但丙公司提出甲公司的嵌入式衣帽间质量存在瑕疵，拒不支付。甲公司经过仔细检查确认只有个别衣帽间的抽屉存在松动，甲公司进行微调后确认质量已全部合格。丙公司已将相关精装修商品房交付给购房人。甲公司认为其已按约定完成了合同，因此按合同价格向丙公司催收全款，但丙公司仍未支付。甲公司了解到，丙公司财务状况在2×22年出现下滑，预计该合同的价款最终很可能只能收回80%。

其他资料：（1）甲公司为增值税一般纳税人，适用的增值税税率为13%，增值税销项税额按照会计确认的收入计算。（2）上述各项合同均通过合同各方管理层批准，满足合同成立的条件。（3）上述资料中的价款均不含增值税额。（4）本题不考虑除增值税以外的其他相关税费及其他因素。

要求：

（1）根据资料（2），说明甲公司承诺赠送乙公司的衣柜应如何处理，并阐述理由；编制与出售第一批家具相关的会计分录。

（2）根据资料（3），说明甲公司嵌入式衣帽间的工程项目合同应在一段时间内确认收入的理由。

（3）根据资料（1）和（3），计算甲公司用于履行与丙公司合同相关的原材料成本；计算甲公司截至2×21年12月31日履行该合同的完工进度；编制2×21年度与该合同相关的会计分录。

（4）根据上述资料，计算截至2×21年12月31日甲公司的库存原材料木材的可变现净值；如需计提存货跌价准备的，计算应计提的存货跌价准备的金额，并编制相关会计分录。

（5）根据资料（5），说明甲公司在与丙公司的交易中可能损失的合同价款应如何处理。

> **提醒**
> 关键词：预计合同价款只能收回80%。
> 该应收账款应计提坏账准备。

> **审题要点**
> 考查收入确认计量中额外购买选择权的处理。
> 额外购买选择权的情况包括销售激励（如多买多赠）、客户奖励积分等。
> 对于附有客户额外购买选择权的销售，企业提供重大权利的，应当作为单项履约义务，将交易价格分摊至该履约义务，在客户未来行使购买选择权取得相关商品控制权时，确认相应的收入。

> **审题要点**
> 考查时期法确认收入。
> 按时期确认收入，关键是确定履约进度。确定履约进度有两种方法：产出法和投入法。

> **审题要点**
> 考查发出存货的计量。
> 企业在确定发出存货成本时，可以采用先进先出法、移动加权平均法、月末一次加权平均法和个别计价法确定发出存货的实际成本，不允许采用后进先出法。

> **审题要点**
> 考查时期法完工进度的计算。
> 完工进度通常采用投入法。投入法是根据企业履行履约义务的投入确定履约进度，通常按照累计实际发生的成本占预计总成本的比例确定履约进度。累计实际发生的成本包括企业向客户转移商品过程中所发生的直接成本和间接成本，如直接人工、直接材料、分包成本以及其他与合同相关的成本。

> **审题要点**
> 考查存货跌价准备。
> 存货应当在期末按成本与可变现净值孰低计量，对存货成本高于可变现净值的差额，计提存货跌价准备。

> **审题要点**
> 考查应收账款减值。
> 在预期信用损失法下，减值准备的计提以未来可能的违约事件造成的损失的期望值来计量资产负债表日应当确认的减值准备。

【本题答案】

（1）甲公司承诺免费赠送给乙公司的衣柜属于重大的客户选择权（或额外购买选择权、重大权利等）。

甲公司判断乙公司能达到提货目标并行使该选择权，因此应将部分交易价款分配至免费赠送的衣柜，待实际交付相关赠品时再确认相应部分的收入。

甲公司估计的合同总价为1 200万元，不含赠品的家具单独售价合计为1 200万元，赠送的衣柜的单独售价合计为100万元。上述重大客户选择权应分摊的合同对价比例为7.69%［100÷（1 200+100）］。

第一批家具出售的总价为360万元，应分配至赠品部分的价款为27.68万元（360×7.69%）。

借：应收账款　　　　　　　　　　　　　　（360×1.13）406.80
　　贷：主营业务收入　　　　　　　　（360–360×7.69%）332.32
　　　　应交税费——应交增值税（销项税额）　（332.32×13%）43.20
　　　　合同负债　　　　　　　　　　　　（360×7.69%）27.68
　　　　应交税费——应交增值税（待转销项税）　（27.68×13%）3.60
借：主营业务成本　　　　　　　　　　　　　　　　　　　　280
　　贷：库存商品　　　　　　　　　　　　　　　　（400×0.7）280

（2）嵌入式衣帽间是按照客户的设计要求，在客户现场裁剪安装嵌入房屋墙体，已安装的部分如被拆除，木材将严重损毁，符合客户能够控制履约过程中在建的商品的条件。

（3）2×21年3月和9月共领用木材2 000立方米，单位成本=总成本（125+600）÷数量（500+2 000）=0.29（万元/立方米）；

9月末结余材料：500立方米，账面成本145万元（125+600–0.29×2 000）；

为丙公司合同领用原料的成本=500×［（145+420）÷（500+1 500）］=141.25（万元）。

原材料明细账（移动加权平均法）　　　金额单位：万元
　　　　　　　　　　　　　　　　　　数量单位：立方米

项目	增加			减少			余额		
	数量	单价	金额	数量	单价	金额	数量	单价	金额
1月1日							500		125
2月10日购入	2 000		600				2 500	0.29	725
3月、9月领用				2 000	0.29	580	500	0.29	145
10月6日购入	1 500		420				2 000	0.2825	565
12月31日				500	0.2825	141.25	1 500	0.2825	423.75

完工进度：已投入成本（木材141.25+人工等60）÷预计总成本380=52.96%

借：应收账款　　　　　　　　　　　　　　　（150×1.13）169.5
　　合同资产　　　　　　　　　　　　［（264.8–150）×1.13］129.72
　　　贷：主营业务收入　　　　　　　　　　　（500×52.96%）264.80
　　　　　应交税费——应交增值税（销项税额）　（264.8×13%）34.42
借：合同履约成本　　　　　　　　　　　　　　　　　　　　　201.25
　　　贷：原材料　　　　　　　　　　　　　　　　　　　　　141.25
　　　　　银行存款　　　　　　　　　　　　　　　　　　　　　60
借：主营业务成本　　　　　　　　　　　　　　　　　　　　　201.25
　　　贷：合同履约成本　　　　　　　　　　　　　　　　　　201.25

注：按照履约进度确认收入264.80万元，其中，已确认付款150万元计入应收账款，未确认付款计入合同资产。

（4）期末原材料的库存数量：1 500立方米；库存成本：423.75万元

可变现净值=预计售价0.8×700–预计加工费用等150=410（万元）

应计提存货跌价准备=原材料成本423.75–可变现净值410=13.75（万元）

借：资产减值损失　　　　　　　　　　　　　　　　　　　　　13.75
　　　贷：存货跌价准备　　　　　　　　　　　　　　　　　　13.75

（5）甲公司认为其已按约定完成合同，向丙公司催收全款，可见甲公司没有意图给予丙公司价格让步。

丙公司出现拖欠货款的情况，甲公司基于对丙公司财务状况的了解预计损失20%的货款应作为对丙公司应收账款的预期信用损失处理。

🗐 思维拓展

本题以销售家具（含衣柜）为主线，巧妙地将收入的确认（时点确认、时期确认）和计量（额外购买选择权）、存货发出的计量和存货期末计量、应收账款计提坏账等考点串联起来，逻辑缜密，层次清晰，是质量较高的综合题。在复习收入内容时，可作如下拓展：

（1）关于收入的总体框架。

收入准则虽然纷繁复杂，但用三个词"一个模型、两种成本、八个规定"就可完整概括。

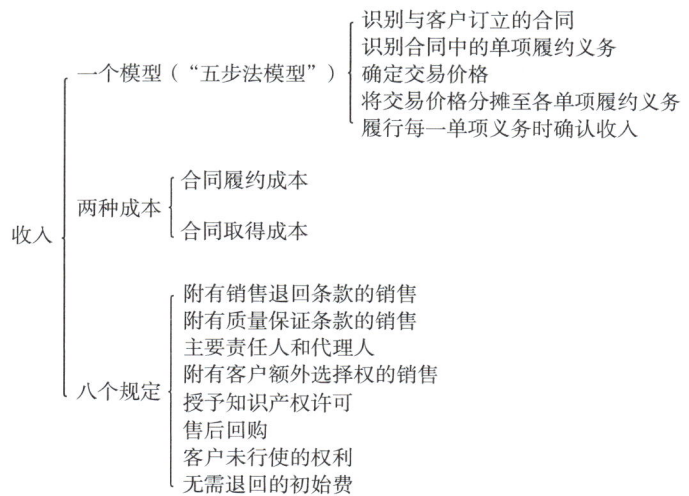

（2）关于"五步法模型"。

2017年修订后的《企业会计准则第14号——收入》发生了两个重大变化：①收入确认的时点由"风险报酬转移"改为"控制权转移"；②设定了统一的收入确认计量的"五步法模型"。"五步法模型"的基本思路见下表：

收入确认计量的"五步法模型"

步骤	要点
第1步：识别与客户订立的合同	合同，是指双方或多方之间订立有法律约束力的权利义务的协议。合同有书面形式、口头形式以及其他形式。收入的确认必须以合同为基础
第2步：识别合同中的单项履约义务	合同开始日，企业应当对合同进行评估，识别该合同所包含的各单项履约义务，并确定各单项履约义务是在某一时段内履行，还是在某一时点履行
第3步：确定交易价格	企业应当根据合同条款，并结合其以往的习惯做法确定交易价格，包括固定对价和可变对价
第4步：将交易价格分摊至各单项履约义务	合同中包含两项或多项履约义务的，企业应当在合同开始日，按照各单项履约义务所承诺商品的单独售价的相对比例，将交易价格分摊至各单项履约义务
第5步：履行每一单项履约义务时确认收入	企业应当在履行了合同中的履约义务，即在客户取得相关商品控制权时确认收入。只要分清了各单项履约义务，每完成一项单独履约义务就确认一项收入

本题考查了第4步将交易价格分摊到各单项履约义务（包括所售商品和赠品）；考查了第5步履行每一单项履约义务时确认收入（销售家具按时点确认收入、定制衣帽间按时期确认收入）。

（3）关于八个规定中的附有客户额外选择权的销售。

额外购买选择权的情况包括销售激励（如多买多送）、客户奖励积分、未来购买商品的折扣券以及合同续约选择权等。对于附有客户额外购买选择权的销售，企业应当评估该选择权是否向客户提供了一项重大权利。企业提供重大权利的，应当作为单项履约义务，按照有关交易价格分摊的要求将交易价格分摊至该履约义务，在客户未来行使购买选择权取得相关商品控制权时，或者该选择权失效时，确认相应的收入。

📋 坑点提示

本题容易踩坑的是要求（1）中免费赠送衣柜，考生误以为销售方免费赠送衣柜，应将衣柜的价值计入销售费用，相当于促销费。实际上，"免费赠送"有两种情况：一是"来就送"；二是"买一赠一"（或"买大赠小"等），其会计处理是完全不同的：

免费赠送 { "来就送"→计入销售费用（促销费）
          { "买一赠一"→赠品应确认收入（可变对价）

来就送，企业并没有经济利益流入，赠品应计入销售费用；而"买一赠一"（或"买大赠小"等），是以顾客购买商品为前提，本质上是将售价摊薄了，应将交易价格总额在所售商品和"赠品"之间进行分配，确认赠品的销售收入。所以，赠品的会计处理是非常容易混淆的地方，考生很容易踩坑！

📋 抢分秘籍

首先，掌握收入确认中按时期、按时点确认收入的一般问题；其次，掌握赠品（附有额外选择权下的销售激励）的特殊处理；最后，掌握与销售相关的存货发出的计量和存货跌价准备的计提，以及赊销产生的应收账款计提减值。

📋 历年考情

本题考查收入+存货减值+应收账款减值。收入在近五年中，出了5次综合题、1次计算题，可以说是全书极为重要的考点！本题考查收入（考查时点法、时期法；附有客户额外购买选择权），与2022年综合题第1题（考查"五步法模型"、附有质量保证条款的销售、主要责任人和代理人、授予知识产权许可）、2021年综合题第1题（考查合同变更、判断单项履约义务、按时点确认收入）、2020年计算题第1题（考查建造合同收入）、2020年综合题第1题（考查附有销售退回条款的销售、附有质量保证条款的销售），2019年综合题第2题（考查建造合同收入）考点类似。

2.（本小题16分。）甲公司为上市公司。乙公司为甲公司的母公司，并拟长期控制甲公司。2×19年至2×22年发生的有关交易或事项如下：

（1）2×19年1月1日，乙公司通过银行转账支付40 000万元，从第三方购买丙公司60%的股权，当日办理了股权过户登记手续并取得控制权。乙公司通过银行转账支付与丙公司股权评估相关的费用150万元。

2×19年1月1日，丙公司净资产账面价值为50 000万元，其中，股本2 000万元，资本公积30 000万元，盈余公积8 000万元，未分配利润10 000万元；可辨认净资产的公允价值为55 000万元。公允价值与账面价值的差额为丙公司原未确认的一项特许经营权，其他可辨认资产和负债的账面价值等于公允价值。该特许经营权的使用期限为10年，预计净残值为零，采用直线法摊销计入管理费用。

2×19年度，丙公司实现净利润2 000万元，除此之外，丙公司净资产无其他变动。

（2）2×20年6月30日，甲公司通过银行转账支付45 000万元，从其母公司（乙公司）处购买丙公司60%的股权，当日办理了股权过户登记手续并取得控制权，甲公司拟长期控制丙公司。

2×20年6月30日，丙公司净资产账面价值为53 500万元，其中，股本2 000万元，资本公积30 000万元，盈余公积8 350万元，未分配利润13 150万元；可辨认净资产的公允价值为

> **提醒**
>
> 关键词：从第三方购买丙公司60%股权，取得控制权。
>
> 本处提供了非同一控制下企业合并计算合并成本、商誉的资料。

> **提醒**
>
> 关键词：从其母公司购买丙公司60%股权，取得控制权。
>
> 本处提供了同一控制下企业合并在合并日并账、并表的资料。

73

58 000万元。公允价值与账面价值的差额除资料（1）中提及的原未确认的特许经营权之外，还有一项在2×19年购入的投资性房地产增值250万元，该投资性房地产预计剩余使用寿命为20年，预计净残值为零，采用年限平均法计提折旧。除上述资产的增值外，其他可辨认资产和负债的账面价值等于公允价值。

甲公司、乙公司及丙公司对于投资性房地产均一贯采用成本模式进行后续计量。2×20年6月30日，丙公司无形资产、递延所得税资产和递延所得税负债的账面价值均为零。

丙公司2×20年1月至6月实现净利润1 500万元，除此之外，丙公司净资产无其他变动。

（3）2×21年10月1日，甲公司宣布实施股权激励方案，并与员工沟通达成一致，对甲公司集团范围内的管理层授予甲公司的股票期权。该激励方案要求被授予的管理人员自授予日起在甲公司集团范围内服务满3年，且甲公司2×21年度、2×22年度和2×23年度合并财务报表中归属于母公司的净利润累计增长达到2×20年度的30%，则可于服务期满时以每股5元的价格认购甲公司增发的股票。被授予的管理人员在集团范围内的公司之间调动工作不影响其符合行权条件。2×21年10月1日，期权的公允价值为每份4元，甲公司有10名管理人员获得期权，每人5万份，丙公司有6名管理人员获得期权，每人5万份。

> ⚠ 提醒
>
> 关键词：甲集团公司范围内的管理层授予甲公司的股票期权。
>
> 这是集团内权益结算的股份支付，应当分别结算企业和接受服务企业进行会计处理。

2×21年度，甲公司合并财务报表中归属于母公司的净利润为3 500万元，相比2×20年度增长了15%，预计未来能够达到行权所需的业绩条件。2×21年10月至12月，甲公司和丙公司均无管理人员离职。甲公司预计剩余等待期内会有1名管理人员离职，丙公司预计剩余等待期内不会有管理人员离职。

2×21年10月1日，甲公司股票的市价为每股8元；2×21年12月31日，甲公司股票的市价为每股10元。甲公司2×21年度发行在外的加权平均普通股股数为50 000万股。

（4）2×22年4月1日，甲公司有1名管理人员调动到丙公司，继续保留相关期权。2×22年度预计的业绩达标及离职情况不变。

> 提醒
> 关键词：甲公司管理人员调动到丙公司。
> 本来是甲公司承担的股权激励费用，改由丙公司承担了！在会计处理时别忘了这事。

（5）出于集团管理人员集中化管理的目的，丙公司的管理人员拟搬到甲公司的办公楼工作，为此，甲公司将其自用的办公楼的其中三层出租给丙公司。2×22年7月1日，双方签订了1年期的租赁合同，前2个月免租金，之后每月租金为100万元，丙公司当日（租赁期开始日）通过银行转账一次性支付了该合同约定的租金。丙公司预计花费500万元对该楼层进行内部装修，甲公司为丙公司承担250万元的装修费，当日通过银行转账支付给丙公司。丙公司预计装修资产的使用寿命为5年，该装修资产对于丙公司而言影响重大。甲公司预计，如果合同到期后丙公司愿意续租，双方会根据市场租金进行友好协商，如达成续租则仍于每年7月1日支付未来

> 提醒
> 关键词：甲公司将办公楼出租给丙公司。
> 甲公司为出租人，丙公司为承租人。

12个月的租金，不再给予免租等额外优惠。集团管理人员集中化管理的安排在未来5年内预计不会改变。丙公司的增量借款年利率为5%，（P/A，5%，4）=3.5460，（P/A，5%，5）=4.3295。

其他资料：（1）甲公司和丙公司均按实现净利润的10%计提法定盈余公积，不计提任意盈余公积。（2）丙公司的各项资产和负债构成业务。（3）甲公司2×20年6月30日的资本公积（股本溢价）账面余额为8 000万元。（4）本题涉及的所有公司适用的企业所得税税率均为25%，除资料（1）和（2）需要考虑企业所得税的影响外，本题不考虑相关税费及其他因素。

要求：

（1）根据资料（1），编制乙公司与长期股权投资相关的会计分录，并计算商誉金额。

> **审题要点**
> 考查非同一控制下企业合并。
> 非同一控制下企业合并应采用"公允价值"并账、并表。

（2）根据资料（1）和（2），计算甲公司取得丙公司控制权时长期股权投资的初始确认金额，并编制相关会计分录。

> **审题要点**
> 考查同一控制下企业合并。
> 同一控制下企业合并应采用"账面价值"并账、并表。

（3）根据资料（1）和（2），分别计算甲公司收购丙公司股权后，在甲公司2×20年6月30日合并资产负债表中包含的经合并调整后丙公司截至2×20年6月30日的无形资产、递延所得税负债、未分配利润和少数股东权益的金额；判断在甲公司2×20年1月至6月合并利润表中是否应包含丙公司2×20年1月至6月的净利润，如应包含，计算合并利润表中包含的经合并调整后丙公司2×20年1月至6月的净

> **审题要点**
> 考查同一控制下企业合并合并日合并资产负债表的编制。

> **审题要点**
> 考查同一控制下企业合并合并日合并利润表的编制。
> 合并日编制合并利润表时，应将合并日前被合并方的收入、费用、利润纳入合并范围，视同该子公司早就被母公司控制一样，重编以前年度的合并报表，目的是可比。

利润。

（4）根据资料（3）和（4），分别计算甲公司2×21年度和2×22年度个别财务报表中应确认的股份支付费用；分别计算丙公司2×21年度和2×22年度个别财务报表中应确认的股份支付费用；编制丙公司2×21年度与股份支付相关的会计分录。

> **审题要点**
> 考查集团内股份支付。
> 结算企业以其本身权益工具结算的，应当将该股份支付交易作为权益结算的股份支付进行会计处理。接受服务企业没有结算义务，应当将该股份支付交易作为权益结算的股份支付进行会计处理。

（5）根据资料（3），计算甲公司合并财务报表2×21年度的基本每股收益，判断股票期权是否有稀释性影响，并说明理由；如有稀释性影响，计算稀释每股收益。

> **审题要点**
> 考查基本每股收益的计算。
> 基本每股收益＝归属于普通股股东的当期净利润/当期实际发行在外普通股的加权平均数

> **审题要点**
> 考查稀释每股收益的计算。
> 对于盈利企业，股份期权的行权价格低于当期普通股平均市场价格时，具有稀释性；对于亏损企业，股份期权的假设行权一般不影响净亏损，但增加普通股股数，从而导致每股亏损金额的减少，实际上产生了反稀释的作用，不应当计算稀释每股收益。

（6）根据资料（5），判断租赁期，并编制丙公司2×22年7月1日与该租赁合同相关的会计分录。

> **审题要点**
> 考查承租人的会计处理。
> 在租赁期开始日，承租人应当对租赁确认使用权资产和租赁负债。使用权资产应当按照成本进行初始计量，该成本包括：①租赁负债的初始计量金额；②在租赁期开始日或之前支付的租赁付款额；③承租人发生的初始直接费用；④承租人为拆卸及移除租赁资产预计将发生的成本。

【本题答案】

（1）乙公司编制会计分录：

借：长期股权投资　　　　40 000
　　管理费用　　　　　　　 150
　　贷：银行存款　　　　　　40 150

商誉=合并成本40 000－取得的可辨认净资产公允价值份额（55 000－5 000×25%）×60%=40 000－32 250=7 750（万元）

注：丙公司可辨认净资产的公允价值，为其账面价值5亿元加上未确认的特许经营权5 000万元考虑税后影响的金额。

（2）长期股权投资的初始确认金额=被合并方所有者权益在最终控制方合并财务报表中的账面价值［55 000－5 000×25%+2 000+1 500－5 000÷10×1.5×（1－25%）］×母公司持股比例60%+账外商誉7 750=56 687.5×60%+7 750=41 762.5

（万元）

  借：长期股权投资   41 762.5
    资本公积——股本溢价   3 237.5
    贷：银行存款   45 000

  注1：被合并方所有者权益在最终控制方合并财务报表中的账面价值=2×19年1月1日购买日丙公司净资产公允价值（55 000–5 000×25%）+2×19年账面净利润2 000+2×20年上半年净利润1 500–特许权摊销［5 000÷10×1.5×（1–25%）］=53 750+2 000+1 500–562.5=56 687.5（万元）

  注2：长期股权投资入账价值=取得被合并方所有者权益在最终控制方合并财务报表中的账面价值的份额=账面净资产56 687.5×60%+账外商誉7 750=34 012.5+7 750=41 762.5（万元）

  注3：长期股权投资的初始投资成本41 762.5与支付的现金45 000账面价值之间的差额3 237.5万元应冲减资本公积（股本溢价），当日甲公司资本公积（股本溢价）的原有余额为8 000万元，足够冲减。

  （3）2×20年6月30日无形资产=原值5 000–累计摊销5 000÷10×1.5=4 250（万元）

  2×20年6月30日递延所得税负债=2×19年1月1日确认5 000×25%–因摊销转回5 000÷10×1.5×25%=1 062.5（万元）

  2×20年6月30日未分配利润=丙公司调整后净利润［2 000+1 500–5 000÷10×1.5×（1–25%）］×60%=1 762.5（万元）

  注：归属于母公司净利润为丙公司调整后净利润×持股比例60%。

  2×20年6月30日少数股东权益=［55 000–5 000×25%+2 000+1 500–5 000÷10×1.5×（1–25%）］×40%=22 675（万元）

  注：少数股东权益为丙公司调整后净利润×持股比例40%。

  应包含丙公司2×20年1—6月的净利润。

  丙公司2×20年1—6月净利润=调整前净利润1 500–特许权摊销5 000÷10×0.5×（1–25%）=1 312.5（万元）

  （4）2×21年甲公司的费用=9人×5万份×4元÷3年÷12月×3月=15（万元）

  2×21年丙公司的费用=6×5×4÷3÷12×3=10（万元）

  丙公司会计分录：

  借：管理费用   10
    贷：资本公积——其他资本公积   10

  2×22年甲公司的费用=8×5×4÷3+1×5×4÷3÷12×3=55（万元）

  2×22年丙公司的费用=6×5×4÷3+1×5×4÷3÷12×9=45（万元）

注：其中一个受益对象1—3月在甲公司上班，4—12月在丙公司上班。

（5）基本每股收益＝合并报表中归母净利润3 500÷发行在外普通股50 000＝0.07（元/股）

没有稀释性影响。

理由：假设2×21年12月31日为股票期权的可行权日，根据2×21年实际情况判断业绩条件是否达标。2×21年合并财务报表中归属于母公司的净利润增长尚未达到2×20年度的30%，即不满足业绩条件，因此无需考虑相关期权的稀释性影响。

注：稀释性潜在普通股，是指假设当期转换为普通股会减少每股收益或增加每股亏损的潜在普通股。股票期权本身属于稀释性潜在普通股，但本处仅是"授予股票期权"，应在满足业绩条件后才取得可行权的权利，才是真正的"股权期权"。故不满足条件时，不考虑稀释性。

（6）租赁期为5年。

注：承租人有续租选择权，即有权选择续租该资产，且合理确定将行使该选择权的，租赁期还应当包含续租选择权涵盖的期间。本处虽然才签订了1年租赁合同，但丙公司已经进行重大装修，可使用5年；再从方便管理等角度，合理判断租赁期为5年。

借：使用权资产　　　　　　　　　　（1 200×3.5460+100×10）5 255.2
　　租赁负债——未确认融资费用　　（4 800–1 200×3.5460）544.8
　贷：租赁负债——租赁付款额　　　　（100×12×4）4 800
　　　银行存款　　　　　　　　　　　（100×10）1 000
借：银行存款　　　　　　　　　　　　250
　贷：使用权资产　　　　　　　　　　　　250

注1：从第2年开始，每年在年末支付租金1 200万元，4年为4 800万元（相当于本息），折为现值4 255.2万元（相当于本金），其差额544.8万元为利息费用。

注2：使用权资产原入账价值5 255.2万元，为已支付租金1 000万元和应付租赁付款额现值4 255.2万元之和；但因母公司代其承担装修费250万元，相当于租金优惠了250万元，应冲减使用权资产。

思维拓展

本题以企业并购为主线，串联了乙公司并购丙公司（非同一控制）和甲公司并购丙公司（同一控制）在合并日的并账、并表；在此基础上，甲公司和丙公司统一进行股权激励（结算企业为甲公司、接受服务的企业为甲公司和丙公司），引出了集团内股份支付如何进行会计处理；因为股权激励工具为股票期权，可能对计算稀释每股收益有影响，又引出了基本每股收益和稀释每股收益的计算；同时，又借口集中管理的需要，要求丙公司租赁甲公司的办公楼一起办公，从而又引出了承租人如何进行会计处理。可以看出，出题思路奇妙，环环紧扣，相当精彩！下面将本题考查主体企业并购中非同一控制和同一控制的会计处理进行对比分析。

非同一控制和同一控制下企业合并会计处理的比较

		非同一控制会计处理	同一控制会计处理	点评
处理原则	并账	（1）企业合并成本是购买方为进行企业合并支付的现金或非现金资产、发行或承担的债务、发行的权益性证券等在购买日的公允价值。 （2）购买方在企业合并中取得的被购买方各项可辨认资产和负债，要作为本企业的资产、负债进行重新确认和重新计量。 （3）购买方对于企业合并成本与确认的可辨认净资产公允价值份额的差额，企业合并成本大于合并中取得的被购买方可辨认净资产公允价值份额的差额应确认为商誉；企业合并成本小于合并中取得的被购买方可辨认净资产公允价值份额的部分，应计入合并当期损益（作为利得计入营业外收入）	（1）合并方在合并中确认取得的被合并方的资产、负债仅限于被合并方账面上原已确认的资产和负债。 （2）合并方在合并中取得的被合并方各项资产、负债应维持其在被合并方的原账面价值不变。 （3）合并方在合并中取得的净资产的入账价值相对于为进行企业合并支付的对价账面价值之间的差额，首先调整资本公积（资本溢价或股本溢价），资本公积（资本溢价或股本溢价）的余额不足冲减的，应依次调整盈余公积和未分配利润。 （4）在同一控制下企业合并中，在被合并方是最终控制方在以前年度从第三方收购来的情况下，合并方在编制财务报表时，应以被合并方的资产、负债（包括最终控制方收购被合并方而形成的商誉）在最终控制方财务报表中的账面价值为基础进行相关的会计处理	（1）非同一控制应采用"公允价值"并账、并表；同一控制应采用"账面价值"并账、并表，这是两者的最大差别；（2）非同一控制在购买日通常产生损益，比如合并成本小于取得净资产公允价值份额的差额计入当期损益，同时购买方支付的对价为非现金资产时，应视同销售确认资产转让损益；而同一控制在合并日不产生损益
	并表	非同一控制下的企业合并中形成母子公司关系的，购买方一般应于购买日编制合并资产负债表	同一控制下的企业合并形成母子公司关系的，合并方一般应在合并日编制合并资产负债表、合并利润表及合并现金流量表	非同一控制在购买日不编制合并利润表和合并现金流量表，而同一控制在合并日需要编制合并利润表和合并现金流量表
控股合并	并账	非同一控制下的控股合并，购买方应当按照确定的企业合并成本作为长期股权投资的初始投资成本，企业合并成本包括购买方付出的资产、发生或承担的负债、发行的权益性证券的公允价值之和	同一控制下企业合并形成的长期股权投资，合并方应当在合并日按照取得被合并方所有者权益在最终控制方合并财务报表中的账面价值的份额作为长期股权投资的初始投资成本	非同一控制下长期股权投资初始投资成本为"付出的对价"，而同一控制下长期股权投资初始投资成本为"取得的净资产"，入账价值的确定完全不同

企业并购是集团公司快速成长的必由之路，企业并购大部分属于非同一控制、小部分属于同一控制。从上表可知，非同一控制和同一控制两者会计处理思路相差巨大，对企业的财务状况和经营成果也影响巨大。作为注册会计师，一定要熟练掌握企业并购的会计处理，并深刻认识非同一控制和同一控制会计处理的区别。

坑点提示

本题容易踩坑的是要求（2）中长期股权投资的初始确认金额的计算，考生有两点容易踩坑：

第一，"取得被合并方所有者权益在最终控制方合并财务报表中的账面价值的份额"，为什么必须是"最终控制方合并财务报表"的角度来计算。那是因为，最终母公司（乙公司）于2×19年1月1日从集团外购入子公司（丙公司）60%股权，作为非同一控制下企业合并，应将丙公司的资产、负债按照"公允价值"并入乙公司的合并报表；而一旦按公允价值并入，该公允价值就成为最终母公司合并报表中的"账面价值"了，此"账面价值"与丙公司原有资产、负债的"账面价值"是不同的。说白了，"最终母公司合并报表中的账面价值"就是"子公司个别报表中资产、负债的公允价值"。2×20年6月30日，甲公司又从最终母公司（乙公司）手中购买丙公司60%股权，属于集团内企业合并，应采用"账面价值"并入甲公司合并报表。为了使得最终母公司（乙公司）编制合并报表时能够前后衔接，甲公司应按照"最终母公司合并报表中的账面价值"进行合并，而不是乙公司本身资产、负债的"账面价值"。所以，集团内的并购，一定要从最终母公司角度看问题。

第二，"取得被合并方所有者权益在最终控制方合并财务报表中的账面价值的份额"，为什么必须加上"商誉"。那是因为，丙公司个别资产负债表中，资产、负债为可辨认资产和负债，净资产也是"可辨认净资产账面价值"。但是，在2×19年1月1日最终母公司（乙公司）从集团外购入子公司（丙公司）60%股权时，产生了归属于母公司的合并商誉7 750万元。所以，从最终控制方合并财务报表角度看，丙公司并入乙公司的资产，不但包括可辨认资产，也应包括不可辨认资产（即商誉），这样才是完整的总资产，从而才是完整的净资产（包含了商誉）。所以，在计算"取得被合并方所有者权益在最终控制方合并财务报表中的账面价值的份额"时，应在丙公司个别资产负债表可辨认净资产份额的基础上，单独加上归属于最终母公司的商誉，就是把丙公司完整的资产、负债、净资产并入甲公司合并财务报表了！

抢分秘籍

首先，掌握非同一控制和同一控制企业合并在合并日如何并账、并表；其次，掌握集团内（甲公司、丙公司）股份支付如何分别结算企业和接受服务的企业进行处理；最后，掌握集团内出于管理需要子公司租赁母公司的办公楼一起办公，承租人如何进行会计处理。

历年考情

并购会计在近五年中，出了5次综合题、1次计算题，属于全书极为重要的考点！本题考查长期股权投资成本法、企业合并（非同一控制、同一控制），可与2022年综合题第2题（考查并购会计）、2021年综合题第2题（考查购买日并账、调整分录与抵销分录）、2020年计算题第2题（考查购买日并账、并表）、2020年综合题第1题（考查存货内部交易抵销和内部租赁抵销）、2019年综合题第2题（考查建造合同收入抵销）进行对比复习，各年争奇斗艳，各有特色。

2022年注册会计师全国统一考试《会计》真题详解

一、单项选择题（本题型共13小题，每小题2分，共26分。每小题只有一个正确答案，请从每小题的备选答案中选出一个你认为正确的答案，用鼠标点击相应的选项。）

1.谨慎性是企业会计信息质量的要求之一，下列各项体现谨慎性信息质量要求的是（　　）。

A.企业不能随意遗漏或者减少应披露的信息

B.企业对售出商品可能发生的保修义务确认预计负债

C.资产负债表中的负债应按流动负债和非流动负债分别列报

D.企业在面临不确定因素的情况下做出的估计应低估资产或收益

【本题答案】B

【本题解析】选项B正确，企业对售出商品可能发生的保修义务确认预计负债体现的是谨慎性质量要求；选项A不正确，企业不能随意遗漏或者减少应披露的信息体现的是重要性原则；选项C不正确，资产负债表中的负债应按流动负债和非流动负债分别列报体现的是相关性原则，因为这种列报可以提高会计信息的预测价值，进而提升会计信息的相关性；选项D不正确，企业在面临不确定因素的情况下做出的估计应低估资产或收益不符合谨慎性的要求，因为谨慎性要求的是不应高估资产或者收益、不应低估负债或者费用。

> **审题要点**
> 考查会计信息八大质量要求中的谨慎性质量要求。
> 谨慎性要求企业对交易或者事项进行会计确认、计量和报告时应当保持应有的谨慎，不应高估资产或者收益、不应低估负债或者费用。
> 谨慎性要求的典型运用有计提资产减值准备、采用快速折旧法、计提保修费等。

思维拓展

会计信息质量要求是对企业财务报告中所提供会计信息质量的基本要求，是使财务报告中所提供会计信息对投资者等使用者决策有用应具备的基本特征，包括可靠性、相关性、可理解性、可比性、实质重于形式、重要性、谨慎性和及时性等。其中，出题频率最高的是谨慎性和实质重于形式这两个质量要求。

目前经济下行，企业的生产经营活动处于高度不确定性，如应收款项的可收回性、固定资产可能因转型提前报废、无形资产的使用寿命因技术更新速度快而缩短、售出存货可能发生退货等。会计信息质量的谨慎性要求，企业在面临不确定性因素情况下作出判断时，应当保持应有的谨慎，充分估计到各种风险和损失，既不高估资产或者收益，也不低估负债或者费用。在实务中，最常见的谨慎性要求的运用包括对售出产品可能发生的保修义务确认预计负债，以便将本期收入和相关费用进行配比；对可能发生的资产损失计提减值准备，计提足额的风险准备金；对因技术进步导致缩短固定资产使用寿命采用快速折旧法，以便快速收回成本等。

坑点提示

本题容易踩坑的是选项D，考生误以为"低估"就是谨慎。谨慎性强调的是"不应高估资产或者收益、不应低估负债或者费用"。通俗地说，就是"好事不应高估，坏事不应低估"，并不是说好事应低估，坏事应高估。如果企业故意低估资产或者收益，或者故意高估负债或者费用，则不符合会计信息的可靠性和相关性要求，损害会计信息质量，扭曲企业实际的财务状况和经营成果，反而对会计信息使用者的决策产生误导。

抢分秘籍

先记住"为了提供有用的信息，应具备八个质量要求"，然后记住"谨慎性的本质含义是不应高估资产或者收益、不应低估负债或者费用"，最后记住"谨慎性在实务中的具体表现形式"，一定得分！

历年考情

本题与2021年多选题第1题、2020年单选题第1题考点类似，基本都是考查会计信息质量要求。

2. 2×16年6月20日，甲公司购置的大型科研设备达到预定可使用状态，实际发生成本900万元，其中300万元以自有资金支付，另外600万元获得政府高新技术研发基金资助。取得该科研设备时，甲公司按其实际成本入账，并将获得的政府补助按总额法进行核算。该设备采用年限平均法计提折旧，预计使用10年，预计净残值为零。2×21年12月31日，甲公司出售该设备，取得价款500万元。不考虑相关税费及其他因素，甲公司2×21年度处置该设备对当期损益的影响金额是（　　）。

A. 95万元 B. 200万元
C. 270万元 D. 365万元

【本题答案】D

审题要点

考查与资产相关的政府补助。

政府补助的会计处理有两种方法：总额法和净额法。总额法下收到政府补助时先计入递延收益，在相关资产使用寿命内按合理、系统方法分期计入损益，相关资产在使用寿命结束时或结束前被处置，尚未分摊的递延收益当月应当一次性转入资产处置当期损益。

【本题解析】 选项D正确，甲公司2×21年度处置该设备对当期损益的影响金额＝出售固定资产价款500－自有资金购入固定资产部分的账面价值（300÷10）×4.5＝500－135＝365（万元）。

注：用900万元购入固定资产，其中600万元用政府补助购入；可使用10年，使用5.5年后处置，剩余4.5年。因此，用政府补助600万元购入的固定资产的账面价值与政府补助形成的递延收益的余额相等，处置时转平相互对冲，对损益没有影响；将出售资产取得的价款500万元，减去自有资金300万元购入固定资产的账面价值135万元，就是对损益的影响额。

思维拓展

本题属于跨章节考题，以政府补助为主线，考查了与固定资产相关的政府补助在总额法下如何进行会计处理。在复习时可进行如下拓展：

（1）企业应当根据与固定资产有关的经济利益的预期消耗方式，合理选择折旧方法。可选用的折旧方法包括年限平均法、工作量法、双倍余额递减法和年数总和法等。其中，考试频率最高的是年限平均法。

（2）政府补助是指企业从政府无偿取得货币性资产或非货币性资产，政府补助的主要形式是对企业的无偿拨款、税收返还、财政贴息，以及无偿给予非货币性资产。政府补助可以分为两类：与资产相关的政府补助和与收益相关的政府补助，本题考查的是与资产相关的政府补助。与资产相关的政府补助在采用总额法核算时，其要点是：收到政府补助时先计入递延收益，在相关资产使用寿命内按合理、系统方法分期计入损益：①与企业日常活动相关的政府补助，应当按照经济业务实质计入"其他收益"；②与企业日常活动无关的政府补助应计入"营业外收入"；③相关资产在使用寿命结束时或结束前被处置，尚未分摊的递延收益当月应当一次性转入当期损益。

坑点提示

本题容易踩坑的是，表面上看政府补助采用总额法核算，该政府补助形成了资产，在资产处置前由政府补助形成的递延收益有余额，在处置资产时应结转到其他收益；但实际上本题采用净额法思维进行处理反而简单明了，即购入固定资产900万元中，600万元用的是政府补助，净额法下固定资产实际成本为300万元，在此基础上计算固定资产折旧和确定处置时点的固定资产账面价值，就能轻易计算出固定资产处置损益了！

📖 抢分秘籍

千万不要去阅读四个选项中的金额，否则把时间浪费掉了，一点用都没有。正确的做法是，审完题干直接计算，得到金额后再进行选定，效率最高。

📖 历年考情

本题与2021年单选题第11题考点类似，都涉及与资产相关的政府补助。

3. 2×20年9月30日，甲公司**授予员工股票期权**，期权的公允价值为每份10元，员工需在甲公司服务至2×23年9月30日，且甲公司盈利目标达标，方可按规定价格行权。2×21年12月31日，期权的公允价值为每份10.5元；同日，甲公司批准通过了对该股权激励计划的修改方案，降低了行权价格，期权的公允价值变为每份11元。对于甲公司实施的上述**股权激励计划**，下列各项会计处理的表述中，正确的是（　　）。

A.确定该股权激励计划授予的期权的公允价值时，应考虑甲公司盈利目标达标的可能性

B.股权激励方案修改日，应根据权益工具公允价值的增加额（即每份0.5元），计算增加的股权激励费用

C.该股权激励属于权益结算的股份支付，应以等待期内的每个资产负债表日期权的公允价值重新计算股权激励费用

D.该股权激励属于权益结算的股份支付，应以授予日期权的公允价值计算股权激励费用，不考虑方案修改产生的公允价值变化

【本题答案】B

【本题解析】选项B正确，如果修改增加了所授予的权益工具的公允价值，企业应按照权益工具公允价值的增加相应地确认取得服务的增加；选项A不正确，确定期权的公允价值时，不应考虑盈利目标达标的可能性，因为企业选择的期权定价模型应考虑熟悉情况和自愿的市场参与者在确定期权价格时会考虑的因素，但不包括那些在确定期权公允价值时不考虑的可行权条件因素；选项C不正确，该股权激励属于权益结算的股份支付，应以授予日期权的公允价值计算股权激励费用；选项D

审题要点

考查股份支付中的权益结算。

股份支付分为权益结算和现金结算，关键是确定公允价值。

企业在确定权益工具在授予日的公允价值时，应考虑股份支付协议中规定的市场条件和非可行权条件的影响，至于非市场条件如股份支付协议中关于达到最低盈利目标才可行权的规定在确定期权公允价值时不予考虑。

如果修改增加了所授予的权益工具的公允价值，企业应按照权益工具公允价值的增加相应地确认取得服务的增加。

对于权益结算的股份支付，应当按照授予日权益工具的公允价值计入成本费用和资本公积（其他资本公积），不确认其后续公允价值变动。

不正确，该股权激励属于权益结算的股份支付，应以授予日期权的公允价值计算股权激励费用，同时应考虑方案修改产生的公允价值变化。

思维拓展

股份支付是一种特殊的职工薪酬，是指企业为获取职工和其他方提供服务而授予权益工具或者承担以权益工具为基础确定的负债的交易。股份支付的会计处理难度大，而且考生一般不太熟悉该业务。在复习中应作如下拓展：

（1）权益结算股份支付的会计处理。

权益结算股份支付的会计处理

项目	相关规定
授予日	除了立即可行权的股份支付外，企业在授予日均不进行会计处理。因为尚未提供服务，企业不确认费用
等待期内每个资产负债表日	企业应当在等待期内的每个资产负债表日，将取得职工提供的服务计入成本费用，同时确认所有者权益（其他资本公积）。 对于权益结算的股份支付，应当按照授予日权益工具的公允价值计入成本费用和资本公积（其他资本公积）
可行权日之后	对于权益结算的股份支付，在可行权日之后不再对已确认的成本费用和所有者权益总额进行调整
行权日	增发新股行权：企业应在行权日根据收到的股款，增加银行存款，确认股本和股本溢价，同时结转等待期内确认的资本公积（其他资本公积）。 回购股份行权：企业回购股份时，应按回购股份的全部支出作为库存股处理（"库存股"是股本的备抵科目，应作为所有者权益的减项，不能作为资产），在职工行权购买本企业股份时，企业应转销交付职工的库存股成本和等待期内资本公积（其他资本公积）累计金额，同时，按照其差额调整资本公积（股本溢价）

（2）现金结算股份支付的会计处理。

现金结算股份支付的会计处理

项目	相关规定
授予日	除了立即可行权的股份支付外，企业在授予日均不进行会计处理
等待期内每个资产负债表日	企业应当在等待期内的每个资产负债表日，以对可行权情况的最佳估计为基础，按照企业承担负债的公允价值，将当期取得的服务计入相关资产成本或当期费用，同时计入负债（应付职工薪酬），并在结算前的每个资产负债日和结算日对负债的公允价值重新计量，将其变动计入损益
可行权日之后	对于现金结算的股份支付，企业在可行权日之后，应当按照每个资产负债表日负债的公允价值重新计量，其公允价值变动计入公允价值变动损益。即等待期内按照受益原则处理，等待期后不按受益原则处理
行权日	在行权日，企业根据支付现金的金额，冲减应付职工薪酬

（3）可行权条件修改的会计处理。

可行权条件修改的会计处理

修改情况	会计处理
条款和条件的有利修改	①如果修改增加了所授予的权益工具的公允价值，企业应按照权益工具公允价值的增加相应地确认取得服务的增加。 ②如果修改增加了所授予的权益工具的数量，企业应将增加的权益工具的公允价值相应地确认为取得服务的增加。 ③如果企业按照有利于职工的方式修改可行权条件，如缩短等待期、变更或取消业绩条件（非市场条件），企业在处理可行权条件时，应当考虑修改后的可行权条件
条款和条件的不利修改	①如果修改减少了授予的权益工具的公允价值（如调高了行权价），企业应当继续以权益工具在授予日的公允价值为基础，确认取得服务的金额，而不应考虑权益工具公允价值的减少。 ②如果修改减少了授予的权益工具的数量，企业应当将减少部分作为已授予的权益工具的取消来进行处理。 ③如果企业以不利于职工的方式修改了可行权条件，如延长等待期、增加或变更业绩条件（非市场条件），企业在处理可行权条件时，不应考虑修改后的可行权条件

> **审题要点**
>
> 考查或有事项的会计处理。或有事项应分为两条线：有利事项和不利事项。根据谨慎性要求，对于或有事项涉及的有利事项（或有资产），不能确认入账，如果很可能导致经济利益流入企业，可以披露。对于不利事项（与或有事项相关的义务），满足负债确认条件确认入账，表内列示（预计负债）；不满足负债确认条件不确认入账，表外披露（或有负债）。预计负债应当按照履行相关现时义务所需支出的最佳估计数进行初始计量，所需支出存在一个连续范围，且该范围内各种结果发生的可能性是相同的，最佳估计数应当按照该范围内的中间值确定。
>
> 企业清偿预计负债所需支出全部或部分预期由第三方补偿的，补偿金额只有在基本确定能够收到时才能作为资产单独确认。

> 📌 **坑点提示**
>
> 本题容易踩坑的是选项C，把权益结算和现金结算的会计处理记混了。权益结算和现金结算会计处理的差别有两个：一是权益结算一定要以授予日权益工具的公允价值进行计量，而现金结算一定要以资产负债表日权益工具的公允价值计量；二是权益结算应计入资本公积，而现金结算应计入应付职工薪酬。记住了这些差别，就不会踩坑了！

> 📌 **抢分秘籍**
>
> 本题以权益结算股份支付作为主线，考查了权益结算下权益工具的公允价值如何确定、以哪天的权益工具的公允价值进行计量、在发生修改可行权情况下权益工具的公允价值如何计量。考点比较分散，考生在复习中应仔细记忆其细节，则答题时准确率高。

4.甲公司因其出售的设备存在质量问题于2×20年11月30日**被乙公司起诉，要求甲公司赔偿损失300万元**。甲公司律师认为，设备质量问题客观存在，甲公司很可能败诉，其赔偿金额很可能介于100万元至150万元之间，该区间内各种结果发生的可能性相同。此外，甲公司认为该设备的质量问题源于其向供应商丙公司采购的主要部件存在质量缺陷，甲公司已向法院提起诉讼，要求丙公司赔偿100万元的损失，甲公司律师认为该追偿有80%的可能性得到支持。2×20年度甲公司财务报告经批准报出时，上述诉讼尚未经法院判决。不考虑其他因素，甲公司在2×20年度财务报表中的会计处理正确的是（　　）。

A.确认预计负债25万元

B.因法院尚未判决，故无需进行会计处理

C.确认预计负债150万元，同时确认其他应收款100万元

D.确认预计负债125万元，并在财务报表附注中披露可能取得的补偿

【本题答案】D

【本题解析】选出D正确，应确认预计负债125万元[（100+150）/2]，同时在附注中披露可能取得的补偿；选项A不正确，2×20年甲公司应确认预计负债=（100+150）/2=125（万元），而不是25万元；选项B不正确，年末形成未决诉讼，应按或有事项准则及时进行会计处理，不能说"无需进行会计处理"；选项C不正确，应确认预计负债125万元，因补偿金额不符合确认条件不能确认其他应收款（只有基本确认能收到，即95%以上才能确认）。

🗐 思维拓展

财务工作每天思考的就是如何平衡风险与报酬。或有事项阐述的就是面向未来不确定性的情况下，如何反映有利事项带来的收益和不利事项带来的损失。在复习中应作如下拓展：

（1）预计负债何时确认。如果与或有事项相关的义务同时符合以下三个条件，企业应将其确认为预计负债：①该义务是企业承担的现时义务；②履行该义务很可能导致经济利益流出企业；③该义务的金额能够可靠地计量。

（2）预计负债如何计量。预计负债应当按照履行相关现时义务所需支出的最佳估计数进行初始计量。最佳估计数按照如下方法确定：

①所需支出存在一个连续范围，且该范围内各种结果发生的可能性是相同的，最佳估计数应当按照该范围内的中间值确定，如本题。

②在其他情况下，最佳估计数应当分别下列情况处理：或有事项涉及单个项目的，按最可能发生金额确定；或有事项涉及多个项目的，按照各种可能结果及相关概率确定。

（3）补偿金额的特殊处理。在确认预计负债的前提下，企业清偿预计负债所需支出全部或部分预期由第三方补偿的，补偿金额只有在基本确定能够收到时才能作为资产单独确认：

①补偿金额只有在"基本确定"能收到时予以确认，即发生的概率在95%以上时才能作账，将补偿金额记入账内。

②补偿金额应单独确认为资产，即应记入"其他应收款"科目，不能直接冲减"预计负债"，相关资产和负债不能对冲。

③确认入账的金额不能超过预计负债的金额，否则就是通过打官司赚钱了，超出"补偿"的含义了。

（4）预计负债和或有资产的披露。

①企业对预计负债，应在资产负债表中单列项目反映，并在附注中披露下列信息：预计负债的种类、形成原因以及经济利益流出不确定性的说明；各类预计负债的期初、期末余额和本期变动情况；与预计负债有关的预期补偿金额和本期已确认的预期补偿金额。

②或有资产很可能会给企业带来经济利益的，应当在附注中披露其形成的原因、预计产生的财务影响等。

坑点提示

本题容易踩坑的是选项C，考生误以为"甲公司律师认为该追偿有80%的可能性得到支持"的情况下就应确认补偿金额。此处应分辨清楚：如果会计主体是"被告"，则在很可能（50%以上）导致经济利益流出企业时确认预计负债；如果会计主体是"原告"，则只有在基本确认（95%以上）能导致经济利益流入企业时确认补偿金额计入其他应收款。现将发生可能性的四个层次图示如下表：

发生可能性的四个层次

可能性	发生的概率区间
基本确定	95%＜发生的可能性＜100%
很可能	50%＜发生的可能性≤95%
可能	5%＜发生的可能性≤50%
极小可能	0＜发生的可能性≤5%

抢分秘籍

先分清或有事项属于有利事项还是不利事项，本处为不利事项（每次考试基本考查的均是不利事项，才体现出本章是对风险的控制和反映）；不利事项满足负债确认的三个条件，就确认预计负债；不满足相关条件就形成或有负债，一般在表外披露（极小可能导致经济利益流出不披露）；在确认预计负债的前提下，如果反诉对方或第三方，则在满足资产确认条件时,确认补偿金额计入其他应收款。

> 📖 **历年考情**

本题与2021年单选题第5题、2020年单选题第4题、2019年多选题第2题考点类似,都涉及或有事项的确认与计量,只不过2022年要求计算金额,其他年份不要求计算金额。

5. 2×20年7月1日,甲公司发行了100万份优先股,每份面值100元,年股息率为6%。该优先股无期限,无赎回机制,但将在10年后强制转换为普通股,该优先股是否发放股息需经甲公司董事会和股东会批准,如果优先股股东不派息,则普通股股东也不能分配股利。甲公司在判断该优先股应划分为权益工具还是金融负债时,下列各项因素中应考虑的是( )。

A. 拟定的未来派息计划
B. 以往类似工具的股利分配情况
C. 将优先股转换为普通股的价格、数量条款
D. 不发放股利对发行方普通股价格可能产生的负面影响

【本题答案】C

【本题解析】金融负债与权益工具的区分依据是金融工具的合同条款,选项A、B、D不是合同条款,在金融工具分类时均不考虑;选项C正确,根据规定,企业发行的某些优先股可能既有权益工具的特征,又有金融负债的特征,企业应当全面细致地分析此类金融工具各组成部分的合同条款,以确定其显示的是金融负债还是权益工具的特征,并进行整体评估,以判定整个工具应划分为金融负债或权益工具。将优先股转换为普通股的价格、数量条款,如果合同条款体现的是"固定换固定",则应分类为权益工具。

> **审题要点**
> 考查金融负债与权益工具的区分。
> 企业应当按照金融工具准则的规定,根据所发行金融工具的合同条款及其所反映的经济实质而非仅以法律形式,结合金融资产、金融负债和权益工具的定义,在初始确认时将该金融工具分类为金融资产、金融负债或权益工具。

> 💡 **思维拓展**

本题考查金融负债与权益工具区分的依据,在实务中属于非常重要的问题,因为从资金来源看,有权益融资和债务融资,只有恰当区分金融负债和权益工具,才能准确反映企业的财务风险。在一般情况下,区分金融负债和权益工具并不难,比如短期借款属于金融负债,发行股票融资属于权益工具。但是,通过夹层工具融资,比如发行优先股、永续债、可转债,如何区分难度就很大了。在复习中可作如下拓展:

(1)金融负债和权益工具区分的依据,是发行金融工具的合同条

款、经济实质、金融负债定义和权益工具定义。

（2）金融负债，是指企业符合下列条件之一的负债：①向其他方交付现金或其他金融资产的合同义务；②在潜在不利条件下，与其他方交换金融资产或金融负债的合同义务；③将来须用或可用企业自身权益工具进行结算的非衍生工具合同，且企业根据该合同将交付可变数量的自身权益工具；④将来须用或可用企业自身权益工具进行结算的衍生工具合同，但以固定数量的自身权益工具交换固定金额的现金或其他金融资产的衍生工具合同除外。

（3）权益工具，是指能证明拥有某个企业在扣除所有负债后的资产中剩余权益的合同。同时满足下列条件的，发行方应当将发行的金融工具分类为权益工具：①该金融工具不包括交付现金或其他金融资产给其他方，或在潜在不利条件下与其他方交换金融资产或金融负债的合同义务；②将来须用或可用企业自身权益工具结算该金融工具的，如该金融工具为非衍生工具，不包括交付可变数量的自身权益工具进行结算的合同义务；如为衍生工具，企业只能通过以固定数量的自身权益工具交换固定金额的现金或其他金融资产结算该金融工具。

坑点提示

本题容易踩坑的是，考生误以为是回答某项经济业务应该划分为金融负债，还是划分为权益工具，而本题恰恰考查的是划分依据，而不是考查划分的结果，这种考法比较少见。

抢分秘籍

首先，明确划分金融负债还是权益工具的依据主要是根据合同条款，即如果融资后，以后期间存在还本付息的合同义务，则应划分为金融负债，如果融资后不存在合同义务，则划分为权益工具；其次，分析各选项中哪些属于"合同条款"，属于合同条款的就是在划分金融负债和权益工具时应考虑的因素。有了这个思路，分数手到擒来。

> **审题要点**
> 考查债务重组会计处理中以资产清偿债务、将债务转为权益工具和修改其他债务条款。
> 以资产抵偿债务不属于企业的日常活动，不能按照收入准则确认营业收入，而应将债务重组利得计入其他收益。

6.下列各项有关企业债务重组会计处理的表述中，正确的是（　　）。

A.债务人以自产产品清偿负债的，应根据收入准则确认收入

B.以修改合同条款进行债务重组的，债权人应当按照修改后的条款以公允价值计量新的金融资产

C.债权人同时受让交易性金融资产和固定资产，相关资产应基于各项资产公允价值占放弃债权公允价值的比例进行分配的金额计量

D.采用债务转为权益工具方式进行债务重组的，债务人在对权益工具进行初始计量时，应当采用权益工具的公允价值，权益工具公允价值不能可靠计量的，则采用清偿债务的公允价值

【本题答案】D

【本题解析】选项 A 不正确，只要债权人和债务人就债务条款重新达成了协议，比如债权人同意债务人用等值库存商品抵偿到期债务，就符合债务重组的定义，属于债务重组，不应根据收入准则确认收入。选项 B 不正确，采用修改其他条款方式进行债务重组的，分两种情况处理：①如果修改其他条款导致债务终止确认，债务人应当按照公允价值计量重组债务；②如果修改其他条款未导致债务终止确认，或者仅导致部分债务终止确认，对于未终止确认的部分债务，债务人应当根据其分类，继续以摊余成本、以公允价值计量且其变动计入当期损益或其他方法进行后续计量。选项 C 不正确，债权人受让包括金融资产、非金融资产在内的多项资产的，应当按照金融工具确认和计量准则的规定确认和计量受让的金融资产，按照受让的金融资产以外的各项资产在债务重组合同生效日的公允价值比例，对放弃债权在合同生效日的公允价值扣除受让金融资产当日公允价值后的净额进行分配，并以此为基础分别确定各项资产的成本。选项 D 的表述正确。

思维拓展

本题考查债务重组中债务人的处理和债权人的处理，应注意如下问题：

（1）最常见的以资产清偿债务的会计处理。以资产清偿债务，可以是金融资产清偿或非金融资产清偿。

以资产清偿债务的会计处理

业务		相关规定
债权人	确认	以资产清偿债务方式进行债务重组的，债权人应当在相关资产符合其定义和确认条件时予以确认。由于债权人收到抵债资产，通常其收取债权现金流量的合同权利也同时终止，债权人一般可以终止确认该债权
	计量	（1）以资产清偿债务方式进行债务重组的，债权人初始确认受让的金融资产以外的资产时，应当按照下列原则以成本计量： ①存货的成本，包括放弃债权的公允价值和使该资产达到当前位置和状态所发生的可直接归属于该资产的税金、运输费、装卸费、保险费等其他成本。 ②对联营企业或合营企业投资的成本，包括放弃债权的公允价值和可直接归属于该资产的税金等其他成本。

续表

业务		相关规定
债权人	计量	③投资性房地产的成本，包括放弃债权的公允价值和可直接归属于该资产的税金等其他成本。 ④固定资产的成本，包括放弃债权的公允价值和使该资产达到预定可使用状态前所发生的可直接归属于该资产的税金、运输费、装卸费、安装费、专业人员服务费等其他成本。 ⑤生物资产的成本，包括放弃债权的公允价值和可直接归属于该资产的税金、运输费、保险费等其他成本。 ⑥无形资产的成本，包括放弃债权的公允价值和可直接归属于使该资产达到预定用途所发生的税金等其他成本。 （2）放弃债权的公允价值与账面价值之间的差额，应当计入投资收益
债务人	终止确认	以资产清偿债务方式进行债务重组的，债务人应当在相关资产和所清偿债务符合终止确认条件时予以终止确认，所清偿债务账面价值与转让资产账面价值之间的差额计入当期损益；债务人仅用金融资产清偿时，差额计入投资收益；债务人以非金融资产清偿债务，或者以包括金融资产或非金融资产在内的多项资产清偿债务的，差额计入其他收益

（2）较为复杂的债务转为权益工具的会计处理。债务转为权益工具时，债权人将应收账款转入长期股权投资（权益法），债务人将应付账款转入股本、资本公积等权益工具。

债务转为权益工具的会计处理

业务		相关规定
债权人	确认	将债务转为权益工具方式进行债务重组的，债权人应当在相关资产符合其定义和确认条件时予以确认
	计量	（1）将债务转为权益工具方式进行债务重组导致债权人将债权转为对联营企业或合营企业的权益性投资的，债权人应当按照放弃债权的公允价值和可直接归属于该资产的税金等其他成本，作为长期股权投资初始投资成本。 （2）放弃债权的公允价值与账面价值之间的差额，应当计入投资收益
债务人	终止确认	将债务转为权益工具方式进行债务重组的，债务人应当在所清偿债务符合终止确认条件时予以终止确认。债务人初始确认权益工具时应当按照权益工具的公允价值计量，权益工具的公允价值不能可靠计量的，应当按照所清偿债务的公允价值计量。所清偿债务账面价值与权益工具确认金额之间的差额，应当计入投资收益。债务人因发行权益工具而支付的相关税费等，应当依次冲减资本溢价、盈余公积、未分配利润等

📝 坑点提示

本题容易踩坑的是选项A，考生误以为将存货抵债，就是将存货出售了，应按收入准则确认营业收入。其实不然，收入是指企业在日常活动中形成的、会导致所有者权益增加的、与所有者投入资本无关的经济利益的总流入，而债务重组不属于企业的日常活动。

抢分秘籍

首先，判断本业务是否属于债务重组，只要不改变交易对手方的情况下，经债权人和债务人协定，就清偿债务的时间、金额和方式等重新达成协议，就属于债务重组；其次，债务重组有不同方式，比如最常见的以资产抵偿债务，以及不太常见的将债务转为权益工具、修改其他条款等，应熟悉每种处理方式的会计处理特点，这样本题就做对了。

7.甲公司2×20年1月1日发行在外的普通股股数为5 000万股。2×20年3月1日吸收外部投资者的现金增资，新增600万股普通股。2×20年12月1日授予员工限制性股票60万股，如果无法达到行权条件，该限制性股票将由甲公司按原授予价格回购。不考虑其他因素，甲公司**在计算2×20年度基本每股收益时，分母即普通股股数**是（　　）。

A．5 500万股　　　　　　B．5 505万股
C．5 600万股　　　　　　D．5 605万股

【本题答案】A
【本题解析】选项A正确，计算基本每股收益时，分母为当期发行在外普通股的加权平均数（限制性股票属于发行在外的普通股无需调整），即期初发行在外普通股股数根据当期新发行或回购的普通股股数与相应时间权数的乘积进行调整后的股数，本题普通股股数=年初发行在外的普通股股数5 000+新增普通股（600/12×10）=5 500（万股）。

> **审题要点**
> 考查基本每股收益中分母即发行在外普通股股数的计算。
> 每股收益包括基本每股收益和稀释每股收益两类。
> 基本每股收益是按照归属于普通股股东的当期净利润除以发行在外的普通股的加权平均数计算的每股收益。
> 发行在外普通股加权平均数=期初发行在外普通股股数+当期新发行普通股股数×已发行时间÷报告期时间－当期回购普通股股数×已回购时间÷报告期时间

思维拓展

每股收益的计算几乎是每年必考的考点，本题只要求计算基本每股收益的分母，即计算发行在外普通股加权平均数，可以说非常简单了。在复习时应作如下拓展：

（1）计算基本每股收益的分子为归属于普通股股东的当期净利润，应将净利润扣除优先股股利。因为优先股股利是按约定股息率或定额支付的股利，不反映盈利水平。

（2）以合并财务报表为基础计算的每股收益，分子应当是归属于母公司普通股股东的当期合并净利润，即扣减少数股东损益后的余额。因为分母是发行在外的母公司普通股股东的加权平均数，这样分子、分母的口径才一致。

（3）计算基本每股收益的分母为当期发行在外普通股的加权平均数：

①公司库存股不属于发行在外的普通股，应当在计算分母时扣除。

②新发行普通股股数应当根据发行合同的具体条款，从应收或实收对价之日起计算确定。一般情况下，应收或实收对价之日即为股票发行日，例如企业发行新股；但在一些特定发行情况下，如定向增发，两个日期可能并不一致，企业应当以应收或实收对价之日为准。例如，企业购买一项资产，并以未来将发行的一定普通股股份作为支付对价，那么这部分普通股股数应当自资产确认之日起计入发行在外普通股加权平均数。

坑点提示

本题容易踩坑的是选项B［普通股股数5 505＝年初发行在外的普通股股数5 000+3月1日新增普通股（600/12×10）+12月1日新增普通股（60/12×1）］，考生误以为在计算发行在外普通股加权平均数时，应加上授予员工限制性股票，这是出题老师故意挖的陷阱。从题意来看，应该是甲公司2×20年12月1日用公司资金为股权激励对象购入市场上流动的自身普通股，如果无法达到行权条件，将由甲公司按授予价格回购。甲公司替受益对象购买本公司流通在外股票，甲公司流通在外的股票没有发生变化，在计算发行在外普通股加权平均数时，无需考虑。所以，该限制性股票属于"无用"资料，实际上是出题老师设置的"干扰项"。

抢分秘籍

把计算基本每股收益的公式搞清楚，把库存股与限制性股票的区别搞清楚，分子分母相匹配，肯定能计算正确。

历年考情

本题与2021年计算题第1题、2020年单选题第11题、2019年综合题第1题考点类似，都涉及基本每股收益的计算。

8.乙公司和丙公司均为甲公司的境外子公司。甲公司的记账本位币和列报货币均为人民币，乙公司的记账本位币和列报货币均为美元，丙公司的记账本位币和列报货币均为港币。下列各项有关外币折算会计处理的表述中，正确的是（　　）。

A.乙公司个别财务报表中，以美元计价的购销、投资和借款交易均应以美元计量和列报

审题要点

考查外币折算中的外币交易折算和外币报表折算。

企业收到投资者以外币投入的资本，无论是否有合同约定汇率，均不采用合同约定汇率和即期汇率的近似汇率折算，而是采用交易日即期汇率折算。

在编制合并财务报表时，产生的外币财务报表折算差额，在合并利润表中，应将外币报表折算差额本期发生额并入"其他综合收益"项目列示；外币财务报表折算差额的期末余额，应在合并资产负债表中"其他综合收益"项目列示。

B.丙公司个别财务报表中，以港币购入的某香港公司的股票应折算为人民币进行计量和列报

C.甲公司个别财务报表中，收到境外投资者的英镑投资款，应将按合同约定汇率与按交易日汇率折算的差额计入当期损益

D.甲公司在编制合并财务报表时，应将乙公司和丙公司的财务报表各项目折算为人民币，产生的折算差额计入当期损益

【本题答案】A

【本题解析】选项A正确，乙公司的记账本位币为美元，乙公司个别财务报表中，以美元计价的购销、投资和借款交易均应以美元计量和列报；选项B不正确，丙公司个别财务报表中，以港币购入的某香港公司的股票应以其记账本位币港币进行计量和列报；选项C不正确，甲公司个别财务报表中，收到境外投资者的英镑投资款，应按当日即期汇率折算，不产生外币资本折算差额；选项D不正确，甲公司在编制合并财务报表时，应将乙公司和丙公司的财务报表各项目折算为人民币，产生的折算差额计入其他综合收益。

思维拓展

本题拓展内容请参见2023年真题单选题第5题。

坑点提示

本题容易踩坑的是选项D，考生以为折算差额应计入当期损益。实际上，由于甲公司编制合并报表时，将乙公司和丙公司纳入合并范围，而甲公司的财务报表以人民币列报，乙公司财务报表以美元列报，丙公司财务报表以港币列报，必须将乙公司和丙公司财务报表折算为人民币列报才能汇总。乙公司和丙公司外币报表在折算中，资产和负债采用资产负债表日即期汇率折算，股本、资本公积、盈余公积采用发生时的汇率折算，这就产生了外币财务报表折算差额，属于浮盈、浮亏，应计入其他综合收益，而不应计入当期损益。

9.下列各项关于企业固定资产会计处理的表述中，正确的是（　　）。

A.进行更新改造转入在建工程的固定资产，应停止计提折旧

B.生产企业在季节性停工期间，生产用固定资产应停止计提折旧

C.固定资产更新改造时，被替换部分的账面价值仍保留在改造后固定资产账面价值中

D.对固定资产进行更新改造并转入在建工程时，原计提的固定资

> **审题要点**
>
> 考查固定资产更新改造与折旧。固定资产会计处理包括取得时、使用期间和处置时，更新改造与折旧属于使用期间的会计处理。
>
> 与固定资产有关的更新改造等后续支出，符合固定资产确认条件的，应当计入固定资产成本，同时将被替换部分的账面价值扣除（看成是提前报废）。企业将固定资产进行更新改造的，应将相关固定资产的原价、已计提的累计折旧和减值准备转销，将固定资产的账面价值转入在建工程，并停止计提折旧。

产减值准备不应转出

【本题答案】A

【本题解析】选项A正确，企业进行更新改造转入在建工程的固定资产，应停止计提折旧；选项B不正确，生产企业在季节性停工期间，生产用固定资产应继续计提折旧；选项C不正确，固定资产更新改造时，被替换部分的账面价值应扣除，不应保留在改造后固定资产账面价值中；选项D不正确，固定资产发生可资本化的后续支出时，企业一般应将该固定资产的原价、已计提的累计折旧和减值准备转销，将固定资产的账面价值转入在建工程。

思维拓展

固定资产折旧是非常重要的考点，几乎每年都会在不同的题目中涉及，学习固定资产折旧应从以下方面拓展：

（1）固定资产折旧方法的变更，属于会计估计变更，应将折旧与会计估计变更相结合。

（2）固定资产计提折旧时，会计上采用快速折旧法（年数总和法、双倍余额递减法），税法上采用年限平均法（直线法），产生了暂时性差异，应将折旧与所得税相结合。

（3）固定资产计提折旧时，如果该固定资产是从母公司购入，则在编制合并报表时，应将内部购入固定资产折旧抵销，应将折旧与合并报表编制相结合。

（4）固定资产折旧与无形资产摊销存在许多相同之处，对比复习效果好。

固定资产折旧与无形资产摊销的比较

项目	固定资产折旧	无形资产摊销
影响因素	原值、使用年限、净残值	原值、使用年限、净残值
采用方法	年限平均法、工作量法、双倍余额递减法、年数总和法	年限平均法、产量法
会计科目	"累计折旧"	"累计摊销"
列支渠道	管理费用、制造费用、销售费用、其他业务成本	管理费用、制造费用、其他业务成本

坑点提示

本题容易踩坑的是选项B，考生误以为未使用固定资产不计提折旧。应注意分辨下列情况：

（1）"生产企业季节性停工"不属于一般意义上的停工，实际上应视同正常生产，生产企业在季节性停工期间，生产用固定资产应继续计提折旧，计提的折旧计入制造费用，不计入管理费用。

（2）生产车间厂房无论是否停工均一律计提折旧。

（3）进行更新改造的固定资产应转入在建工程，在建工程不属于固定资产，当然不计提折旧。所以，选项A"进行更新改造转入在建工程的固定资产，应停止计提折旧"是正确的。

抢分秘籍

分清楚"更新改造停工"和"季节性停工"会计处理的区别。

历年考情

本题与2021年单选题第13题考查点类似，都涉及更新改造，可进行对比复习。

10. 企业发生的下列各项交易或事项应作为政府补助进行会计处理的是（   ）。

A. 取得即征即退的增值税款
B. 免交当期应交企业所得税的20%
C. 政府为享有企业所有者权益份额，以所有者身份向企业投入资金
D. 企业将其拥有的土地使用权交还给政府而按公允价值取得的补偿款

【本题答案】A

【本题解析】选项A正确，取得即征即退的增值税款属于政府补助；通常情况下，直接减征、免征、增加计税抵扣额、抵免部分税额等不涉及资产直接转移的经济资源，不适用政府补助准则，选项B不正确；政府以企业所有者身份向企业投入资本，享有相应的所有权权益，政府与企业之间是投资者与被投资者的关系，属于互惠交易，不属于政府补助，选项C不正确；企业将其拥有的土地使用权交还给政府而按公允价值取得的补偿款不是无偿的，属于互惠性交易，不属于政府补助，选项D不正确。

> **审题要点**
> 考查政府补助的概念。政府补助是指企业从政府无偿取得货币性资产或非货币性资产，政府补助的主要形式是对企业的无偿拨款、税收返还、财政贴息，以及无偿给予非货币性资产。

思维拓展

本题考查政府补助的界定。政府补助的最主要特征就是"无偿性"，因此，接受政府作为资本投入的资金，政府是要"回报"的，不

能作为政府补助；企业将土地使用权交还政府取得补偿款，也不是无偿的，不属于政府补助。此外，政府补助在一般情况下还应有现金流入，取得即征即退的增值税款，有现金流入属于政府补助；而免交当期应交所得税的20%，没有现金流入，就不属于政府补助了。

> **坑点提示**
>
> 本题容易踩坑的是"**免交**当期应交企业所得税的20%"和"企业将其拥有的土地使用权交还给政府而按公允价值**取得的补偿款**"，考生看到"免交""企业从政府取得补偿款"容易误认为是政府补助。其实，企业会计准则中的政府补助是特定意义上的补助，首先政府补助具有以下特征：政府补助是来源于政府的经济资源、政府补助是无偿的，选项C政府为享有企业所有者权益份额以所有者身份向企业投入资金，以及选项D企业将其拥有的土地使用权交还给政府而按公允价值取得的补偿款，均为有偿，不属于政府补助；其次，政府补助还涉及经济资源的转移，直接免征、增加计税抵扣额、抵免部分税额等不涉及资产直接转移的经济资源，不适用政府补助准则。

11. 2×20年5月1日，甲公司从独立第三方**收购了乙公司60%的股权并取得控制权**，确认商誉800万元。购买日，乙公司存在历史期间尚可在税前抵扣的未弥补亏损500万元，因不符合确认条件而未确认递延所得税资产。2×21年2月1日，在甲公司的支持下，乙公司开展了新的业务，乙公司基于调整后的新业务预计未来期间能够产生足够的应纳税所得额用以抵减可抵扣暂时性差异，因此，乙公司于2×21年2月末确认了递延所得税资产，同时冲减所得税费用。甲公司在2×21年度**合并乙公司财务报表时，下列各项有关所得税的抵销或调整的表述中，正确的是**（   ）。

A. 无需抵销或调整
B. 调整所得税费用和商誉
C. 调整所得税费用和资本公积
D. 调整所得税费用和年初未分配利润

【本题答案】A

【本题解析】在企业合并中，购买方取得的可抵扣暂时性差异，比如，购买日取得的被购买方在以前期间发生的未弥补亏损等可抵扣暂时性差异，按照税法规定可以用于抵减以后年度应纳税所得额，但在购买日不符合递延所得税资产确认条件而不予以确认。购买日后12个月内，

审题要点

考查所得税中与企业合并相关的递延所得税。

资产、负债账面价值与其计税基础之间的差额产生了可抵扣暂时性差异和应纳税暂时性差异，应分别确认递延所得税资产和递延所得税负债，同时调整所得税费用、其他综合收益或商誉等。

企业合并中产生的可抵扣暂时性差异在购买日未确认递延所得税资产，期后随着条件的满足予以确认，应以购买日12个月为分界，分别调整商誉和所得税费用。

如取得新的或进一步的信息表明购买日的相关情况已经存在，预期被购买方在购买日可抵扣暂时性差异带来的经济利益能够实现的，应当确认相关的递延所得税资产，同时减少商誉，商誉不足冲减的，差额部分确认为当期损益；除上述情况以外，确认与企业合并相关的递延所得税资产，应当计入当期损益。本处甲公司根据新的事实预计能够产生足够的应纳税所得额用以抵扣企业合并时产生的可抵扣暂时性差异，且该新的事实于购买日并不存在，在确认递延所得税资产的同时，应调减所得税费用，选项A正确，即确认递延所得税资产的同时，调减所得税费用，在编制合并报表时无需抵销或调整；选项B、C、D均不正确。

思维拓展

本题考查企业合并中的所得税处理，属于难题。要求既要熟悉所得税处理的基本原理，同时又要掌握企业合并日合并报表的编制原理。在复习中应作如下拓展：

（1）可抵扣暂时性差异，是指在确定未来收回资产或清偿负债期间的应纳税所得额时，将导致产生可抵扣金额的暂时性差异。资产的账面价值小于其计税基础或负债的账面价值大于其计税基础时，会产生可抵扣暂时性差异。按照税法规定可以结转以后年度的未弥补亏损及税款抵减，产生可抵扣暂时性差异。

（2）应纳税暂时性差异，是指在确定未来收回资产或清偿负债期间的应纳税所得额时，将导致产生应税金额的暂时性差异。资产的账面价值大于其计税基础或是负债的账面价值小于其计税基础时，会产生应纳税暂时性差异。

（3）在资产负债表债务法下，对于可抵扣暂时性差异的影响额一般应确认为递延所得税资产（特殊情况不确认递延所得税资产）；对于应纳税暂时性差异的影响额一般应确认为递延所得税负债（特殊情况不确认递延所得税负债）。有关过程图示如下：

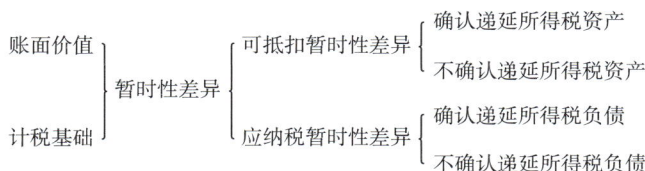

坑点提示

本题容易踩坑的是，考生误以为选项A"无需抵销或调整"肯定不正确。因为考生很容易记得在购买日未弥补亏损产生的可抵扣暂时性差异，由于当时未满足确认条件从而未确认递延所得税资产，随后满足确认条件确认了递延所得税资产，是应该调整商誉或所得税费用的，所以一看到"无需调整"就认定是错误的。实际上，本题应首先从乙公司（被购买方）个表的角度考虑，乙公司确认递延所得税资产的同时，调整所得税费用是正确的；然后再从合表的角度考虑，因为这是购买日之后乙公司基于新业务才导致确认递延所得税，不存在调整商誉的问题，应调整所得税费用，这样"个表"和"合表"是一致的，"无需调整"是正确的！

抢分秘籍

分别从"个表"角度和"合表"角度考虑所得税的处理，如果存在差异，就应站在"合表"的角度进行调整，有了这个思路就容易得分了。

审题要点

考查资产负债表日后事项的分类。资产负债表日后事项分为两类：调整事项和非调整事项。
资产负债表日后调整事项，是指对资产负债表日已经存在的情况提供了新的或进一步证据的事项。
常见的调整事项包括：①资产负债表日后诉讼案件结案，法院判决证实了企业在资产负债表日已经存在现时义务，需要调整原先确认的与该诉讼案件相关的预计负债，或确认一项新负债；②资产负债表日后取得确凿证据，表明某项资产在资产负债表日发生了减值或者需要调整该项资产原先确认的减值金额；③资产负债表日后进一步确定了资产负债表日前购入资产的成本或售出资产的收入；④资产负债表日后发现了财务报表舞弊或差错。
本题的关键是，首先该事项必须是资产负债表日后事项，然后属于调整事项。

历年考情

本题与2019年单选题第11题考点类似，都涉及所得税费用的确定，只不过2022年是与企业合并相联系，2019年是与环保设备相联系。

12.甲公司2×20年度财务报告于2×21年4月15日经批准报出。下列各项属于甲公司资产负债表日后调整事项的是（　　）。

A. 2×21年3月经董事会审议批准宣告分配2×20年度的利润

B. 2×21年3月发生火灾，2×20年末的库存商品损失金额达账面价值的30%

C. 2×21年3月接到客户通知，要求其在原2×20年开始建造的项目中增加建设一座仓库，客户同意增加合同价款对新增仓库的建造成本给予补偿

D. 2×20年末对乙公司的应收账款计提了20%的坏账准备。2×21年3月甲公司得知乙公司2×20年末已资不抵债，该应收账款收回的可能性极低

【本题答案】D

【本题解析】选项D正确，资产负债表日后取得确凿证据，表明某项资产在资产负债表日发生了减值或者需要调整该项资产原先确认的减值金额，属于调整事项；选项A不正确，资产负债表日后，企业利润分配方案中拟分配的以及经审议批准宣告发放的现金股利或利润属于非调

整事项；选项B不正确，资产负债表日后因自然灾害导致资产发生重大损失属于非调整事项；选项C不正确，资产负债表日后增加新合同，属于合同变更，不属于日后事项。

思维拓展

本题拓展内容请参见2023年真题单选题第8题。

坑点提示

本题容易踩坑的是选项C"2×21年3月接到客户通知，要求其在原2×20年开始建造的项目中增加建设一座仓库，客户同意增加合同价款对新增仓库的建造成本给予补偿"，因为在资产负债表日后调整了合同，考生容易误以为是调整事项。

资产负债表日后发生的某一事项究竟是调整事项还是非调整事项，取决于该事项表明的情况在资产负债表日或资产负债表日以前是否已经存在。若该情况在资产负债表日或之前已经存在，则属于调整事项，反之，属于非调整事项。选项C的本质是日后增加了新合同，属于非调整事项。

抢分秘籍

本题得分的关键是严格区分资产负债表日是否已经发生，同时记住教材中常见的日后事项的4个例子和非调整事项的8个例子。

历年考情

本题与2021年综合题第2题、2019年单选题第8题考点基本相同，都涉及调整事项的判断，可进行对比复习。值得提醒的是，在近5年试题中，调整事项的判断竟然考了3次，可见出题频率之高！

13. 依照我国法律法规成立的民间基金会甲，收到乙公司捐助的一辆已使用两年的汽车，该汽车原购买时增值税专用发票上注明的价款为30万元，捐赠前该汽车在乙公司的账面价值为10万元，捐赠协议确定的价格为20万元，类似二手汽车的市场价格为15万元。不考虑相关税费及其他因素，基金会甲对于收到上述捐赠资产应入账的金额是（　　）。

  A. 10万元　　　　　　　B. 15万元

  C. 20万元　　　　　　　D. 30万元

> **审题要点**
> 考查民间非营利组织会计中接受非现金资产捐赠入账价值的确定。
> 接受捐赠的现金资产，按实际收到的金额入账。
> 接受捐赠的非现金资产，捐赠方提供了凭据的，按凭据入账；否则按公允价值入账。但如果凭据与公允价值相差很大，明显不可信，则按公允价值入账。

【本题答案】B

【本题解析】选项B正确，捐赠方在捐赠协议中确定了二手汽车的价格为20万元，本来应该视同提供了凭据，应该按照20万元作为汽车的入账价值。但是因为该汽车的市场价格只有15万元，与凭据相差较大，按照规定，应按其公允价值（市场价格）15万元入账；选项A、C、D均不正确。

思维拓展

本题拓展内容请参见2023年真题多选题第8题。

坑点提示

本题容易踩坑的是，考生误以为协议中确定了汽车价格为20万元，当然应该按照20万元入账，实际错了。因为民间非营利组织会计中有一个特殊之处，就是规定"如果凭据上标明的金额与受赠资产公允价值相差较大，应当以其公允价值作为入账价值"。这个特殊规定可能是由于捐赠方好面子，受赠方又气短，所以在捐赠协议中故意虚增捐赠资产价值，导致捐赠协议标明的金额无法反映"公允价值"。

抢分秘籍

记住民间非营利组织会计处理的特殊之处，这个分就跑不了啦。

二、多项选择题（本题型共12小题，每小题2分，共24分。每小题均有多个正确答案，请从每小题的备选答案中选出你认为正确的答案，用鼠标点击相应的选项。每小题所有答案选择正确的得分，不答、错答、漏答均不得分。）

> **审题要点**
> 考查内部研发形成无形资产的成本的确定。
> 答题的关键是将内部研发分为研究阶段和开发阶段，只有开发阶段的支出在满足资本化的5个条件后才能形成无形资产成本。

1.下列各项企业内部开发活动在满足资本化条件的时点至开发项目达到预定用途前发生的费用或支出中，构成无形资产成本的有（　　）。

A.使用其他专利权发生的摊销额

B.为使用该无形资产所发生的培训支出

C.按照借款费用处理原则计算的资本化利息

D.同时支持多项开发活动但无法明确分配到各项目的支出

【本题答案】AC

【本题解析】选项A、C正确，内部研发活动形成的无形资产成本，由可直接归属于该资产的创造、生产并使该资产能够以管理层预定的方式运作的所有必要支出组成，包括开发该无形资产时耗费的材料、劳务成本、注册费，在开发该无形资产过程中使用的其他专利权和特许权的摊销，以及按照借款费用的处理原则可资本化的利息支出；选项B不正确，在开发无形资产过程中发生的除可直接归属于无形资产开发活动的其他销售费用、管理费用等间接费用、无形资产达到预定用途前发生的可辨认的无效和初始运作损失、为运行该无形资产发生的培训支出等不构成无形资产的开发成本；选项D不正确，在企业同时从事多项开发活动的情况下，所发生的支出同时用于支持多项开发活动的，应按一定的标准在各项开发活动之间进行分配，无法明确分配的，应予费用化计入当期损益，不计入开发活动成本。

思维拓展

由于国际环境的恶化，近年来高层格外重视内部研发，希望在关键核心技术上不受制于人。在此背景下，内部研发形成的无形资产如何核算就成为考试的重点。在复习内部研发形成的无形资产成本时，应注意：

（1）按"资产确认条件"和"受益原则"来记忆成本内容。

根据"资产确认条件"，内部研发分为研究阶段和开发阶段，研究阶段发生的支出全部费用化（因为此时带来的经济利益高度不确定，不符合资产的确认条件）。开发阶段的支出同时满足五个条件时才能资本化，形成无形资产成本：①完成该无形资产以使其能够使用或出售在技术上具有可行性；②具有完成该无形资产并使用或出售的意图；③无形资产产生经济利益的方式，包括能够证明运用该无形资产生产的产品存在市场或无形资产自身存在市场，无形资产将在内部使用的，应当证明其有用性；④有足够的技术、财务资源和其他资源支持，以完成该无形资产的开发，并有能力使用或出售该无形资产；⑤归属于该无形资产开发阶段的支出能够可靠地计量。这五个条件实际上就是资产确认三个条件的进一步具体化。

根据"受益原则"，内部研发形成的无形资产成本由可直接归属于该资产的创造、生产并使用该资产能够以管理层预定的方式运作的所有必要支出组成，具体包括开发该无形资产时耗费的材料、劳务成本、注册费，在开发该无形资产过程中使用的其他专利权和特许权的摊销，以及按照借款费用的处理原则可资本化的利息支出。在开发无形资产过程中发生的除上述可直接归属于无形资产开发活动的其他销售费用、管理费用等间接费用、无形资产达到预定用途前发生的可辨认的无效和初始运作损失、为运行该无形资产发生的培训费支出等不构成无形资产的开发成本。

（2）内部研发的会计与税法处理不同，形成了会计与税收差异，应将无形资产与所得税结合复习。

税法规定：内部研发支出满足税法规定的条件，可以享受加成抵扣的税收优惠政策。例如，税法规定制造业企业开展研发活动中实际发生的研发费用，未形成无形资产计入当期损益的，在按规定据实扣除的基础上，自2021年1月1日起，再按照实际发生额的100%在税前加计扣除；形成无形资产的，自2021年1月1日起，按照无形资产成本的200%在税前摊销。

会计规定：研究开发费用化部分由于加计扣除，将形成永久性差异，应调减应纳税所得额，将导致应交所得税和所得税费用减少；研究开发资本化形成无形资产部分由于加计扣除，将形成暂时性差异，按照《企业会计准则第18号——所得税》，不确认递延所得税资产。

坑点提示

本题容易踩坑的是选项B和选项D，好像都因为无形资产而发生，容易选为无形资产成本。实际上，培训支出是因为**使用**该无形资产发生，并**不是研发**无形资产发生，按照受益原则，不构成无形资产成本；选项D，虽然是为开发活动而发生，但无法明确分配到各项目，因为不能可靠计量，只能直接计入当期损益。

抢分秘籍

根据"资产确认条件"和"受益原则"所阐明的基本原理，举一反三，找出无形资产、存货、固定资产、长期股权投资、金融资产等成本构成的共同点，快速记忆。

历年考情

本题与2019年多选题第9题考点类似，都涉及研究开发成本的确定。

2.下列各项关于企业**确定存货可变现净值及存货跌价准备会计处理**的表述中，正确的有（　　）。

A.在确定存货可变现净值时应考虑持有存货的目的

B.以资产负债表日取得最可靠的证据估计的售价作为确定可变现净值的基础

审题要点

考查存货跌价准备会计处理中的关键因素即如何确定存货可变现净值。

可变现净值是指企业在正常经营过程中，以存货的估计售价减去估计完工成本及销售直接费用和相关税费后的价值。

企业在确定存货的可变现净值时，应当以取得的确凿证据为基础，并且考虑持有存货的目的、资产负债表日后事项的影响等因素。

C.持有的存货数量小于相关销售合同中的订购数量，应以销售合同的价格作为可变现净值的计量基础

D.在确定存货可变现净值时，应考虑资产负债表日至财务报告批准报出日之间发生市场行情变化导致的存货价格波动

【本题答案】ABC

【本题解析】选项A、B正确，确定存货可变现净值时，应当以资产负债表日取得最可靠的证据估计的售价为基础并考虑持有存货的目的；选项C正确，如果企业持有存货的数量少于销售合同订购数量，实际持有与该销售合同相关的存货应以销售合同所规定的价格作为可变现净值的计量基础；选项D不正确，资产负债表日至财务报告批准报出日之间存货售价发生波动的，如有确凿证据表明其对资产负债表日存货已经存在的情况提供了新的或进一步的证据，则在确定存货可变现净值时应当予以考虑，否则，不应予以考虑。

思维拓展

本题考查了可变现净值确定中应考虑的因素，属于很小的考点。在复习中可作如下拓展：

（1）存货应当在期末按成本与可变现净值孰低计量，对存货成本高于可变现净值的差额，计提存货跌价准备。在计提存货跌价准备中，关键是确定可变现净值。

（2）可变现净值有三个基本特征：①确定存货可变现净值的前提是企业在进行日常活动；②可变现净值为存货的预计未来净现金流入；③不同用途存货（自用、外售）可变现净值的构成不同。其中，外售存货可变现净值=存货的估计售价－估计的销售费用及相关税费；自用存货可变现净值=存货的估计售价－至完工估计将要发生的成本－估计的销售费用及相关税费。

（3）估计售价有三种确定方法：①为执行销售合同而持有的存货，通常应当以产成品或者商品的合同价格作为其可变现净值的计量基础；②如果企业持有存货的数量多于销售合同订购数量，超出部分的存货可变现净值，应当以产成品或商品的一般销售价格作为计量基础，没超出部分仍按合同价；③没有销售合同约定的存货，其可变现净值应当以产成品或商品的一般销售价格或原材料的市场价格作为计量基础。

（4）将存货跌价准备、金融资产减值准备与固定资产减值准备进行比较。

存货跌价准备、金融资产减值准备与固定资产减值准备比较

准备	计提减值的内涵	关键参数
存货跌价准备	存货成本高于可变现净值的差额，应当计提存货跌价准备	可变现净值是指企业在正常经营过程中，以存货的估计售价减去估计完工成本及销售直接费用和相关税费后的价值
金融资产减值准备	企业应收取的合同现金流量与预期收取的现金流量之间差额的现值（即预期信用损失），应当计提金融资产减值准备	企业应当以概率加权平均为基础对预期信用损失进行计量
固定资产减值准备	固定资产账面价值高于其可收回金额的，应当计提固定资产减值准备	资产可收回金额是指资产的公允价值减去处置费用后的净额与资产预计未来现金流量的现值两者之间较高者

从上表可知，资产减值的本质含义是，资产的未来经济利益跌破了资产的账面价值，根据谨慎性要求，应计提减值。

📖 坑点提示

本题容易踩坑的是选项D，似乎资产负债表日后事项应该加以考虑。事实上，资产负债表日后事项分为调整事项和非调整事项，调整事项是资产负债表日以前已经存在；对资产负债表日已经存在的情况提供了新的或进一步证据的事项，则在确定存货可变现净值时应当予以考虑，调整资产负债表日存货的可变现净值。但如果日后才发生的事项，比如原油价格在年后受国际油价的影响提高了价格，则属于非调整事项，在资产负债表日并不存在，不能调整资产负债表日的可变现净值。题干中蕴含了"一律应考虑"之意，不严谨，当然错了。

📖 抢分秘籍

准确理解存货可变现净值的内在含义，就是外售后能回来多少"净值"，应合理确定预计售价和预计销售相关税费。

📖 历年考情

本题与2019年多选题第3题考点类似，都涉及可变现净值确定中应考虑哪些因素。

3.企业<u>采用公允价值计量相关资产或负债</u>时，下列各项表述正确的有（　　）。

A.企业应当以相关资产或负债最有利市场的价格为基础计量公允价值

📝 审题要点

考查如何确定相关资产和负债的公允价值。

公允价值是指市场参与者在计量日发生的有序交易中，出售一项资产所能收到或者转移一项负债所需支付的价格。

公允价值确定中应考虑"主要市场""有序交易""市场参与者"等基本因素。

B.企业在以公允价值计量相关资产时,不应考虑仅针对特定资产持有者的限制

C.企业应假定市场参与者在计量日出售资产或转移负债的交易,是当前市场情况下的有序交易

D.企业应当充分考虑市场参与者之间可能的交易,包括熟悉或不熟悉资产情况的、有意愿或者无意愿进行资产交易的买方或卖方之间的交易

【本题答案】BC

【本题解析】选项B正确,企业以公允价值计量相关资产,应当考虑出售或使用该资产所存在的限制因素,但如果该限制是针对资产持有者的,则此类限制并不是该资产的特征,只会影响当前持有该资产的企业,而其他企业可能不会受到该限制的影响,市场参与者在计量日对该资产进行定价时不会考虑该限制因素,企业以公允价值计量该资产时,也不应考虑针对该资产持有者的限制因素;选项C正确,企业应假定市场参与者在计量日出售资产或转移负债的交易,是当前市场情况下的有序交易;选项A不正确,企业以公允价值计量相关资产或负债,应当假定出售资产或者转移负债的有序交易在该资产或负债的主要市场进行,不存在主要市场的,企业应当假定该交易在相关资产或负债的最有利市场进行;选项D不正确,企业以公允价值计量相关资产或负债,应当充分考虑市场参与者之间的交易,而市场参与者是指在相关资产或负债的主要市场(或者在不存在主要市场情况下的最有利市场)中,相互独立的、熟悉资产或负债情况的、能够且愿意进行资产或负债交易的买方和卖方。

思维拓展

公允价值计量是非常特殊的一章,不是规定哪些资产、负债应采用公允价值计量,而是在其他会计准则规定某项资产、负债应采用公允价值计量的前提下,如何确定公允价值。会计准则兴师动众专门用一个具体准则来规范如何确定公允价值,但每年考试基本都是考一道客观题。本题在复习中可作如下拓展:

(1)在实务中,采用公允价值计量的资产主要有交易性金融资产、其他债权投资、其他权益工具投资、衍生金融工具(远期合约、期货、期权、互换)、投资性房地产(采用公允价值模式部分);采用公允价值计量的负债主要有交易性金融负债、涉及股份支付的应付职工薪酬等。

（2）企业以公允价值计量相关资产或负债，应当考虑该资产或负债所具有的特征，例如资产的状况（使用功能、结构、新旧程度、可使用状况等）及所在位置、出售或使用资产的限制等。如果市场参与者在计量相关资产或负债公允价值时会考虑这些资产或负债的特征，企业在计量该资产或负债公允价值时，也应当考虑这些特征因素。

（3）企业以公允价值计量相关资产或负债，应当假定市场参与者在计量日出售资产或者转移负债的交易，是当前市场情况下的有序交易。企业应用于相关资产或负债公允价值计量的有序交易，是在计量日前一段时期内该资产或负债具有惯常市场活动的交易，不包括被迫清算和抛售。

（4）企业以公允价值计量相关资产或负债，应当假定出售资产或者转移负债的有序交易在该资产或负债的主要市场进行。不存在主要市场的，企业应当假定该交易在相关资产或负债的最有利市场进行。

坑点提示

本题容易踩坑的是选项 A，因为理性人都是趋利避害的，按照最有利市场的价格来确定公允价值应该是合理的。事实上，在市场经济环境下，资产交易往往是在"主要市场"中进行的，比如，证券交易有沪深股市等。因此，公允价值的确定应该以"主要市场"为基础确定。只有在不存在主要市场的情况下，企业才假定交易在相关资产或负债的最有利市场进行。

抢分秘籍

首先，明确公允价值的本质含义，如何做到"公开、公正、公平"，能够为市场参与者普遍接受；然后，明确为了做到"公允"服众，应该考虑"市场参与者"的感受，交易应该在"主要市场"中进行，交易应该在"有序交易"中进行。有了这些理念，确定公允价值就有了理论基础，水到渠成！

4.甲公司持有乙公司80%的股权，能够控制乙公司。2×20年10月10日，甲公司与丙公司签订的有关出售乙公司50%股权的协议约定，双方应于2×21年3月31日办理完成股权过户登记手续。合同签订日，丙公司预付了购买价款的20%。甲公司出售上述50%股权后，将丧失对乙公司的控制权，但会继续长期持有乙公司剩余30%的股权，并能够对乙公司施加重大影响。上述出售安排满足持有待售的条件，下列各项

审题要点

考查持有待售中企业出售子公司部分股权的特殊情形。企业因出售对子公司的投资等原因导致其丧失对子公司控制权的，无论出售后企业是否保留部分权益性投资，应当在拟出售的对子公司投资满足持有待售类别划分条件时，在母公司个别财务报表中将对子公司投资**整体划分为持有待售**类别，在合并财务报表中将子公司**所有资产和负债划分为持有待售**类别。

关于甲公司2×20年度财务报表列报的表述中，正确的有（　　）。

A.个别资产负债表中将所持乙公司80%的股权在持有待售资产项目列示

B.个别资产负债表中将拟出售乙公司50%股权对应的长期股权投资在持有待售资产项目列示

C.合并资产负债表中将乙公司的资产总额在持有待售资产项目列示，负债总额在持有待售负债项目列示

D.合并资产负债表中将乙公司的资产总额与负债总额相抵后的净额在持有待售资产或持有待售负债项目列示

【本题答案】AC

【本题解析】选项A正确，选项B不正确：企业因出售对子公司的投资等原因导致其丧失对子公司的控制权，出售后企业可能保留对原子公司的部分权益性投资，在母公司个别财务报表中应将对子公司投资整体划分为持有待售类别；选项C正确，选项D不正确：在合并资产负债表中，应将企业持有待售子公司的全部资产和负债分别作为持有待售资产和持有待售负债项目列示。

思维拓展

持有待售作为企业经济业务中的小众业务，其主要目的是在非流动资产在满足特定条件下，由非流动资产转入"持有待售"，将其重分类为流动资产，以充分揭示资产的流动性。资产流动性提高了，则财务风险降低了；财务风险降低了，融资成本就降低了。所以，整个持有待售准则最核心的就是如何将满足特定条件的非流动资产在资产负债表中进行列报的问题。在复习中可作如下拓展：

（1）满足持有待售的两个条件。非流动资产或处置组划分为持有待售类别，应当同时满足下列条件：①可立即出售，根据类似交易中出售此类资产或处置组的惯例，在当前状况下即可立即出售；②出售极可能发生，即企业已经就一项出售计划作出决议且获得确定的购买承诺，预计出售将在一年内完成。

（2）持有待售子公司的列报。企业因出售对子公司的投资等原因导致其丧失对子公司控制权的，无论出售后企业是否保留部分权益性投资，应当在拟出售的对子公司投资满足持有待售类别划分条件时，在母公司个别财务报表中将对子公司投资"整体"划分为持有待售类别，在合并财务报表中将子公司"所有"资产和负债划分为持有待售类别。

（3）非流动资产转为持有待售时的计量。如果持有待售的非流动资产或处置组整体账面价值低于其公允价值减去出售费用后的净额，企业不需要对账面价值进行调整；如果账面价值高于公允价值减去出售费用后的净额的，应当将账面价值减记至公允价值减去出售费用后的净额，减记的金额确认为资产减值损失，计入当期损益，同时计提持有待售资产减值准备。归纳起来就是：只调低不调高，相当于存货的"孰低"计量；如果是既调高，又调低，那就相当于按"公允价值"计量了。

（4）持有待售资产和持有待售负债的列报。持有待售资产和负债不应当相互抵销，"持有待售资产"和"持有待售负债"应当分别作为流动资产和流动负债列示在资产负债表中。

📋 坑点提示

本题容易踩坑的是选项B，考生误以为甲公司持有乙公司80%股权而仅出售50%股权，则"个别资产负债表中将拟出售乙公司50%股权对应的长期股权投资在持有待售资产项目列示"是正确的。事实上，企业因出售对子公司的投资等原因导致其丧失对子公司控制权的，无论出售后企业是否保留部分权益性投资，均应在个别报表层面将长期股权投资"整体"划分为持有待售类别，而不是出售部分本身；在合并报表层面，将子公司"所有"的资产和负债划分为持有待售类别，而不是资产减去负债后的净资产。

📋 抢分秘籍

首先，明确将长期资产划分为持有待售类别的目的，是为了恰当区分流动资产和非流动资产、区分流动负债和非流动负债，以便准确计算流动比率，反映财务风险；其次，记住划分为持有待售类别应该满足的2个条件以及特殊事项（如本题处置子公司部分股权丧失控制权）的处理。

5.甲公司的某类产品由于技术落后出现亏损，用于生产该产品的长期资产也出现了减值迹象，2×20年12月31日，甲公司对用于生产该产品的长期资产进行减值测试。相关资产包括厂房、设备M和设备N，甲公司将其作为一个资产组，账面价值合计为800万元，其中，厂房的账面价值为400万元，设备M的账面价值为100万元，设备N的账面价值为300万元。厂房的公允价值减处置费用后的净额为360万元，设备M

和设备 N 的公允价值或未来现金流量现值无法合理估计。整个资产组的可收回金额为 600 万元。下列各项关于资产减值损失在该资产组内各项资产分配的表述中，正确的有（　　）。

A.厂房应确认减值损失 100 万元
B.设备 M 应确认减值损失 25 万元
C.设备 N 应确认减值损失 120 万元
D.资产组应确认减值损失 200 万元

【本题答案】CD

【本题解析】选项 D 正确，资产组应确认减值损失 = 资产组账面价值 800 - 资产组可收回金额 600 = 200（万元）；选项 A 不正确，厂房的公允价值减处置费用后的净额为 360 万元（即可收回金额），而厂房账面价值为 400 万元，厂房应确认减值损失 40 万元（400 - 360）；剩余减值损失 160 万元（200 - 40）应按设备 M 和 N 的账面价值的比例分配，设备 M 应确认减值损失 = 160 × [100/（100+300）] = 160 × 25% = 40（万元），选项 B 不正确；设备 N 应确认减值损失 = 160 × [300/（100+300）] = 160 × 75% = 120（万元），选项 C 正确。

> **审题要点**
>
> 考查资产组减值。
> 计提资产组减值，应先确定资产组账面价值，再确定资产组可收回金额。如果资产组账面价值高于其可收回金额，则应计提资产组减值准备。
> 在计算出资产组应计提减值准备金额后，按照资产组内各项资产账面价值所占比例，分别确定各项资产应计提的减值准备（该项资产可单独确定可收回金额的除外）。

思维拓展

2006 年我国建立了会计准则体系，会计信息质量有了极大提高。其中的一个标志就是，严格按照会计准则计提资产减值，使得资产质量大大提高。此前在会计报表中，由于没有完善的资产减值准则，存在大量的"虚资产"，搞得企业很苦恼。因此，"资产减值"曾经是会计准则体系建立后很长一阵子考试的重点。在复习中，可作如下拓展：

（1）单项资产计提减值。固定资产等资产账面价值高于其可收回金额的，应当计提减值准备，关键是确定资产的可收回金额。资产可收回金额是指资产的公允价值减去处置费用后的净额与资产预计未来现金流量的现值两者之间较高者。

（2）资产组计提减值。本知识点拓展内容请参见 2023 年真题计算分析题第 1 题。

坑点提示

本题容易踩坑的是选项 A，考生误以为厂房也应按账面价值所占比例分配减值的金额。事实上，存在一个可以不参与减值分配的例外情况，即资产组内某项资产可单独确定可收回金额，该项资产应单独计提减值。由于厂房能够确定公允价值减去处置费用后的净额，所以选项A厂房计提减值时，不能按账面价值的比例分配减值的金额。如果考生采用比例分配就踩坑了！

抢分秘籍

在熟悉单项资产减值基本原理的基础上，计算出资产组应计提的减值总额，然后将减值总额按照单独或统一标准分配到各单项资产，确定各项资产应计提的减值金额。有了这个思路，就容易做对。

6. 2×20年1月1日，甲公司与乙公司签订合同，**将一批闲置设备出售给乙公司**，已办理了设备移交手续。该批设备的账面原价为1 000万元，已计提折旧700万元，出售价格400万元已收存银行，用于补充甲公司流动资金；同时，合同约定，乙公司有权要求甲公司于2×22年1月1日以440万元的价格**回购该批设备**。甲公司预计回购时点该批设备的市场价格将远低于440万元。不考虑相关税费及其他因素，下列各项关于甲公司会计处理的表述中，正确的有（   ）。

A. 该交易应作为租赁交易进行会计处理

B. 收到的出售设备款项400万元应确认为负债

C. 2×20年1月1日应确认出售设备的资产处置损益

D. 回购价格与出售价格的差额，应在2×20年1月1日至2×22年1月1日期间分期确认利息费用

【本题答案】BD

【本题解析】企业因存在与客户的远期安排而负有回购义务的，表明客户在销售时点并未取得相关商品控制权，企业应当作为租赁交易或融资交易进行相应的会计处理。其中，回购价格不低于原售价的，应当视为融资交易，在收到客户款项时确认金融负债，并将该款项和回购价格的差额在回购期间内确认为利息费用等，因此本题售后回购属于融资交易，选项A不正确；收到的价款确认为负债，选项B正确；不能确认资产处置损益，选项C不正确；回购价格与出售价格的差额应确认为利息费用，选项D正确。

思维拓展

销售中的售后回购是实务中不常见的一种特殊销售行为，其本质是打着销售的合法外衣，经济实质是租赁或者融资，目的是回避法律风险（尤其是融资，相当于以设备作抵押取得借款，到期后归还本息，收

> **审题要点**
> 考查收入中的售后回购。售后回购因未转移控制权，不能确认资产转让损益。该业务有两种可能：如果回购价低于原售价，则属于租赁业务；如果回购价不低于原售价，则属于融资业务。

回抵押的设备）。在复习中可作如下拓展：

（1）收入的确认。企业应当在履行了合同中的履约义务，即在客户**取得**相关商品**控制权**时确认收入。取得相关商品控制权，是指能够主导该商品的使用并从中获得几乎全部的经济利益，也包括有能力阻止其他方主导该商品的使用并从中获得经济利益。取得商品控制权包括以下三个要素：①能力，即客户必须拥有现时权利，能够主导该商品的使用并从中获得几乎全部经济利益；②主导该商品的使用，客户有能力主导该商品的使用，是指客户有权使用该商品，或者能够允许或阻止其他方使用该商品；③能够获得几乎全部的经济利益。

（2）售后回购的处理。对于售后回购，企业应当区分下列两种情形分别进行会计处理：

①企业因存在与客户的远期安排而负有回购义务或企业享有回购权利的，表明客户在销售时点并未取得相关商品控制权，企业应当作为租赁交易或融资交易进行相应的会计处理：回购价格低于原售价的，应当视为租赁交易，按照租赁准则进行会计处理。回购价格不低于原售价的，应当视为融资交易，在收到客户款项时确认金融负债，并将该款项和回购价格的差额在回购期间内确认为利息费用等。企业到期未行使回购权利的，应当在该回购权利到期时终止确认金融负债，同时确认收入。

②企业负有应客户要求回购商品义务的，应当在合同开始日评估客户是否具有行使该要求权的重大经济动因，客户具有行使该要求权重大经济动因的，企业应当将售后回购作为租赁交易或融资交易（即本题考查点，回购价440万元远高于回购时资产的实际价值，客户将会要求销售方回购）；否则，企业应当将其作为附有销售退回条款的销售交易进行会计处理。

坑点提示

本题容易踩坑的是选项C，考生误以为甲公司出售设备，已办理了设备移交手续，"应确认出售设备的资产处置损益"。事实上，甲公司因存在与客户的远期安排而负有回购义务的，表明客户在销售时点并未取得相关商品控制权，不能确认资产转让损益。

抢分秘籍

记住收入准则中按照"五步法模型"进行一般处理外，还应该单

> **审题要点**
>
> 考查非货币性资产交换中商业实质的判断。
>
> 符合下列条件之一的，视为具有商业实质：①换入资产的未来现金流量在风险、时间分布或金额方面与换出资产显著不同。②使用换入资产所产生的预计未来现金流量现值与继续使用换出资产所产生的预计未来现金流量现值不同，且其差额与换入资产和换出资产的公允价值相比是重大的。

独记住八个特定业务的会计处理，包括：附有销售退回条款的销售、附有质量保证条款的销售、主要责任人和代理人、附有客户额外购买选择权的销售、授予知识产权许可、售后回购、客户未行使的权利、无需退回的初始费等。把八项业务处理的特殊性记住了，得分率就非常高了。比如，本题销售中的售后回购，就应记住三句话：售后回购不确认收入、可能是租赁（回购价低于原售价）、可能是融资（回购价不低于原售价）。

7.不考虑其他因素，下列各项关于企业**非货币性资产交换的交易中，具有商业实质**的有（　　）。

A.甲公司将其用于出租的公寓楼与乙公司的一栋办公楼进行交换

B.甲公司将其拥有的专利权作价投入丙公司，取得丙公司25%的股权

C.甲公司将其拥有的一辆运输货物的卡车与丁公司的两辆小轿车进行交换

D.甲公司将其用于出租的公寓楼与戊公司用于出租的公寓楼进行交换，两栋楼的租金总额相同，但租户的财务及信用状况存在明显差异

【本题答案】ABCD

【本题解析】企业发生的非货币性资产交换，满足下列条件之一的，视为具有商业实质：换入资产的未来现金流量在风险、时间分布或金额方面与换出资产显著不同；使用换入资产所产生的预计未来现金流量现值与继续使用换出资产所产生的预计未来现金流量现值不同，且其差额与换入资产和换出资产的公允价值相比是重大的。选项A、B、C、D中，用投资性房地产换入固定资产、用无形资产投资取得长期股权投资、用卡车换小客车、用不同租户的投资性房地产相交换，均满足商业实质的判断条件，均具有商业实质。

思维拓展

非货币性资产交换是实务中比较少见的业务，因为最简单的交易就是"一手钱一手货"，不到万不得已，不会去以货易货。非货币性资产交换会计处理的关键是确定换入资产的入账价值，即何时采用"公允价值"入账，何时采用"账面价值"入账。在复习中可作如下拓展：

（1）换入资产按"公允价值"入账。非货币性资产交换同时满足下列条件的，应当以公允价值为基础计量：①该项交换具有商业实质；②换入资产或换出资产的公允价值能够可靠地计量。在此前提下，不存

在补价时，对于换入资产，应当以换出资产的公允价值和应支付的相关税费作为换入资产的成本进行初始计量；对于换出资产，应当在终止确认时，将换出资产的公允价值与其账面价值之间的差额计入当期损益，即视同销售，如果换出的是固定资产、无形资产或使用权资产，则计入资产处置损益；换出的是投资类资产，则计入投资收益；换出投资性房地产计入其他业务收入。

（2）换入资产按"账面价值"入账。非货币性资产交换不具有商业实质，或者虽然具有商业实质但换入资产和换出资产的公允价值均不能可靠计量的，应当以账面价值为基础计量。在此前提下，不涉及补价时，对于换入资产，企业应当以换出资产的账面价值和应支付的相关税费作为换入资产的初始计量金额；对于换出资产，终止确认时不确认损益。

📋 坑点提示

本题容易踩坑的是选项D，考生容易误以为换入和换出的均是"用于出租的公寓楼"，而且"两栋楼的租金总额相同"，就认定该交换不具有商业实质。事实上，商业实质应从换入资产和换出资产的未来现金流量在风险、时间分布、金额等方面去综合判断，而不能只看金额本身。

📋 抢分秘籍

明确商业实质的本质是交易带来了经济利益的变化，从未来现金流的风险、时间分布和金额三个方面进行判断。本题选项D表面看换入和换出的均是用于出租的公寓楼，而且租金总额相同，但"租户的财务及信用状况存在明显差异"，其实就表示未来现金流的"风险"不同、"时间分布"不同，该交易具有商业实质。

8.下列各项企业发生的<u>其他综合收益</u>中，以后期间可以重分类进损益的有（　　）。

A.境外子公司的外币报表折算差额

B.现金流量套期工具产生的利得或损失中的有效套期部分

C.按持股比例计算应享有联营企业因重新计量设定受益计划产生的其他综合收益

D.以公允价值计量且其变动计入其他综合收益的债务工具投资在持有期间内发生的公允价值变动

> 📋 **审题要点**
>
> 考查其他综合收益的分类。其他综合收益可分为两类：可以重分类进损益和不能重分类进损益。
>
> 以后会计期间在满足规定条件时将重分类进损益的其他综合收益项目，主要包括：
>
> ①其他债权投资公允价值变动损益计入其他综合收益，处置时将其他综合收益转入当期损益。
>
> ②将以公允价值计量且其变动计入其他综合收益的债务工具投资重分类为以摊余成本计量的金融资产的，或重分类为以公允价值计量且其变动计入当期损益的金融资产的，按规定可以将原计入其他综合收益的利得或损失转入当期损益。
>
> ③按照权益法核算的在被投资单位可重分类进损益的其他综合收益变动中所享有的份额。
>
> ④存货或自用房地产转换为以公允价值模式计量的投资性房地产，在转换日公允价值大于账面价值部分计入其他综合收益；待该投资性房地产处置时，将该部分转入当期损益。
>
> ⑤现金流量套期工具产生的利得或损失中属于有效套期的部分（现金流量套期储备）。
>
> ⑥外币财务报表折算差额。

【本题答案】ABD

【本题解析】选项A、B、D正确，因为：以后会计期间满足规定条件时将重分类进损益的其他综合收益项目，包括境外子公司的外币报表折算差额、现金流量套期工具产生的利得或损失中的有效套期部分、以公允价值计量且其变动计入其他综合收益的债务工具投资在持有期间内发生的公允价值变动等；选项C不正确，按持股比例计算应享有联营企业因重新计量设定受益计划产生的其他综合收益，属于以后会计期间不能重分类进损益的其他综合收益项目。

🗐 思维拓展

其他综合收益的分类，是特别重要的考点，在2019—2023年的近5年中，竟然考了3次（2022年、2021年、2019年），出题频率相当高了！为了深刻理解本考点，可作如下拓展：

（1）其他综合收益的本质。其他综合收益，是指企业根据其他会计准则规定未在当期损益中确认的各项利得和损失。简单地说，其他综合收益就是经济事项产生的"浮盈""浮亏"。

（2）从国际视野看其他综合收益的产生。国际上于2006年开始出现"其他综合收益"，中国在2009年1月1日起正式引入利润表。利润表反映经营者的总业绩，中国在2008年末前采用的是"经营收益观"，利润表中经营者的总业绩为"净利润"；2009年1月1日起，为了全面反映经营者的总业绩，与国际上一致，采用了"综合收益观"，经营者的总业绩改为"综合收益总额"。综合收益总额由两部分组成：一是已计入损益的业绩，即净利润；二是未计入损益的业绩，即其他综合收益。图示如下：

$$\text{综合收益总额}\begin{cases}\text{已计入损益的业绩}\rightarrow\text{净利润}\\\text{未计入损益的业绩}\rightarrow\text{其他综合收益}\end{cases}$$

国际上为何产生"其他综合收益"呢？是因为，企业持有资产、负债发生了价值变动，为了全面反映企业财务状况、经营成果，采用公允价值计量。假如公允价值变动全部计入当期损益，则会造成企业巨盈巨亏，有损公司形象，不利于财务管理；更为不利的是，如果是巨额浮盈计入损益，则可能导致"超额利润分配"。为了克服这些缺陷，国际上增加"其他综合收益"，将这些没有现金流的浮盈、浮亏计入"其他综合收益"，不计入当期利润，以避免巨盈巨亏和超额利润分配。

（3）其他综合收益为何分为两类。那么，其他综合收益为何分为"以后会计期间不能重分类进损益的其他综合收益"和"以后会计期间在满足规定条件时将重分类进损益的其他综合收益"两类呢？

从理论上来说，当一项资产完成处置之后，与资产相关的价值已经实现，该资产产生的其他综合收益（浮盈浮亏）应该转入当期损益，这属于正常情况；但是，基于某些特殊原因，部分资产产生的其他综合收益，只能转入留存收益，不能转入损益。这些"以后会计期间不能重分类进损益的其他综合收益"主要包括：①重新计量设定受益计划净负债或净资产导致的变动；②按照权益法核算因被投资单位重新计量设定受益计划净负债或净资产变动导致的权益变动，投资企业按持股比例计算确认的该部分其他综合收益；③在初始确认时，企业可以将非交易性权益工具指定为以公允价值计量且其变动计入其他综合收益的金融资产，该资产终止确认时原计入其他综合收益的公允价值变动损益应转入留存收益。

至于"特殊原因"，以②为例：为何"按照权益法核算因被投资单位重新计量设定受益计划净负债或净资产变动导致的权益变动，投资企业按持股比例计算确认的该部分其他综合收益"在处置长期股权投资时不能转损益呢？

第一，"因重新计量设定受益计划产生的其他综合收益"不能转损益，是因为：在设定受益计划养老模式下，企业支付的养老金，如果因为外部环境的变化需要"重新计量"而产生的应付职工薪酬的变化，不应该计入当期损益或资产成本，因为不符合收入与费用的配比原则（已退休不会为企业创造价值，企业没有收入），而应计入"其他综合收益"。这样一来，多年累积下来"其他综合收益"就有一个大余额（一般是借方余额），如果其他综合收益最终转入损益，那么结转的当月就会造成费用暴增，这样评价经营者业绩是不恰当的。所以国际准则规定，将"因重新计量设定受益计划产生的其他综合收益"转入留存收益，不能转入损益。

第二，因为被投资单位"因重新计量设定受益计划产生的其他综合收益"不能转损益，使得投资方不可能从被投资单位分回现金股利；投资方没有现金流入，也就不能转损益，否则就会造成"超额利润分配"。所以，"按照权益法核算因被投资单位重新计量设定受益计划净负债或净资产变动导致的权益变动，投资企业按持股比例计算确认的该部分其他综合收益"在处置长期股权投资时不能转损益！

抢分秘籍

在理解"其他综合收益"产生背景和本质含义的基础上，记忆其他综合收益的分类就简单多了。值得说明的是，学习知识不但要"知其然"，而且要"知其所以然"。做到了，专业素养就非常高，显得博学多才！

历年考情

本题与2021年单选题第10题、2019年多选题第6题考查点完全一致，均考查其他综合收益哪些项目可以重分类进损益。

9. 2×20年6月，甲公司向其全资子公司（乙公司）销售商品1 000件，销售价格为100元/件，成本为90元/件，货款已结清。截至2×20年12月31日，乙公司已将上述商品中的700件对外出售，销售价格为105元/件。2×20年12月31日，乙公司从甲公司购入尚未对外出售的商品的可变现净值为85元/件，乙公司共计提了存货跌价准备0.45万元。不考虑相关税费及其他因素，下列各项关于甲公司编制2×20年度合并财务报表的抵销或调整中，正确的有（   ）。

> **审题要点**
> 考查合并报表编制中存货内部交易的抵销。
> 按照一体性原则，母公司与子公司、子公司相互之间销售商品所产生的营业收入和营业成本应当抵销。

A. 存货应抵销7万元
B. 营业收入应抵销10万元
C. 营业成本应抵销9.7万元
D. 资产减值损失应抵销0.3万元

【本题答案】BCD

【本题解析】在编制2×20年度合并财务报表时，针对上述内部交易应作如下抵销分录：

借：营业收入　　　　　　　　　　　（1 000×100）10
　　贷：营业成本　　　　　　　　　　　　　　　　9.7
　　　　存货　　　　　　　　　　[（100−90）×300件] 0.3
借：存货——存货跌价准备　　　　　　　　　　　　0.3
　　贷：资产减值损失　　　　　　　　　　　　　　0.3

因此，选项A不正确，选项B、C正确；从集团公司角度看，成本为90元/件，年末可变现净值为85元/件，合并报表中应计提存货跌价准备=300×（90−85）=0.15（万元）；而子公司实际计提了0.45万元，故应抵销资产减值损失0.3万元（0.45−0.15），选项D正确。

思维拓展

在实务中，编制合并报表是一项水平比较高的会计处理业务。在复习中可作如下拓展：

（1）确定合并范围。合并财务报表的合并范围应当以控制为基础予以确定。控制，是指投资方拥有对被投资方的权力，通过参与被投资方的相关活动而享有可变回报，并且有能力运用对被投资方的权力影响其回报金额。

（2）用好编制原则。编制合并报表有三个原则：以个别财务报表为基础编制、一体性原则、重要性原则。

（3）编制调整分录和抵销分录。编制合并报表的关键是先编制调整分录，再编制抵销分录。调整分录先调整子公司报表，再调整母公司报表；按照"一体性原则"，需要编制抵销分录，将重复因素抵销。抵销分录可分为三类：内部交易的抵销、内部债权债务的抵销和内部股权投资的抵销。

（4）存货内部交易抵销。按照"一体性原则"，母公司与子公司、子公司相互之间销售商品所产生的营业收入和营业成本应当抵销，因抵销未实现内部销售损益导致合并资产负债表中资产、负债的账面价值与其在所属纳税主体的计税基础之间产生暂时性差异的，在合并资产负债表中应当确认递延所得税资产或递延所得税负债，同时调整合并利润表中的所得税费用，但与直接计入所有者权益的交易或事项及企业合并相关的递延所得税除外。

坑点提示

本题容易踩坑的是选项D，因为从存货持有方乙公司的角度，应计提存货跌价准备0.45万元［300件×（成本100−可变现净值85）］。事实上，编制合并报表一定应从企业集团角度看问题，从集团公司角度，不存在内部交易，该存货的真正成本为90元/件，应计提存货跌价准备0.15万元［300件×（成本90−可变现净值85）］，因此应冲回乙公司多计提的存货跌价准备0.3万元。

抢分秘籍

熟练掌握合并报表抵销分录编制的基本原理，分为存货内部交易抵销、固定资产内部交易抵销、租赁内部交易抵销等分别记忆，准确率就上去了。

10.甲公司拥有乙公司和丙公司两家子公司，丁公司是乙公司的联营企业，戊公司是丙公司的联营企业。不考虑其他因素，下列各公司之

审题要点

考查关联方关系的确定。关联方关系的存在是以控制、共同控制或重大影响为前提条件的。关联方关系可以表现为企业与企业之间的关系、企业与个人之间的关系。

间**构成关联方**的有（　　）。

A. 甲公司与丁公司　　B. 乙公司与丙公司

C. 丙公司与丁公司　　D. 丁公司与戊公司

【本题答案】ABC

【本题解析】选项A正确，关联方关系的存在是以控制、共同控制或重大影响为前提条件的，甲公司通过乙公司，对丁公司有重大影响，为联营企业，构成关联方；选项B正确，乙公司与丙公司同为甲公司的子公司，构成关联方；选项C正确，丙公司与丁公司之间，通过甲公司和乙公司具有重大影响，构成关联方；选项D不正确，丁公司与戊公司之间，属于两方或两方以上受同一方重大影响的企业之间，不构成关联方。

思维拓展

为什么要确定上市公司的关联方？因为上市公司要调节利润、发生不公平的交易，很容易通过关联方交易来实现。为了全社会一起监督上市公司不做"坏事"，要求上市公司披露与哪些公司和个人存在关联方关系，并在此基础上披露发生的关联方交易。在复习中可作如下拓展：

①本企业与本企业的母公司之间，为关联方。

②本企业与本企业的子公司之间，为关联方。

③与本企业受同一母公司控制的其他企业，即子公司与子公司之间为关联方。

④对本企业实施共同控制的投资方，为关联方。

⑤对本企业施加重大影响的投资方，为关联方。

⑥本企业与本企业的合营企业之间，为关联方。

⑦本企业与本企业的联营企业之间，为关联方。

⑧本企业与本企业的主要投资者个人及与其关系密切的家庭成员之间，为关联方。主要投资者个人，是指能够控制、共同控制一个企业或者对一个企业施加重大影响的个人投资者。

⑨本企业与本企业的关键管理人员及与其关系密切的家庭成员之间，为关联方；本企业与本企业的母公司的关键管理人员及与其关系密切的家庭成员之间，也为关联方。

关键管理人员，是指有权力并负责计划、指挥和控制企业活动的人员，如董事、总经理、总会计师、财务总监、主管各项事务副总经理，以及行使类似政策职能的人员。

与主要投资者个人或关键管理人员关系密切的家庭成员，是指在处理与企业的交易时可能影响该个人或受该个人影响的家庭成员（包括上有父母、中有配偶和兄弟姐妹、下有子女）。

⑩本企业与本企业主要投资者个人、关键管理人员或与其关系密切的家庭成员控制、共同控制或施加重大影响的其他企业之间，为关联方。

⑪根据《企业会计准则解释第12号——关于关键管理人员服务的提供方与接受方是否为关联方》的规定，服务提供方向服务接受方提供关键管理人员服务的，服务接受方在编制财务报表时，应当将服务提供方作为关联方进行相关披露；服务提供方在编制财务报表时，不应仅仅因为向服务接受方提供了关键管理人员服务就将其认定为关联方，而应当按照关联方关系准则判断双方是否构成关联方并进行相应的会计处理。服务接受方可以不披露服务提供方所支付或应支付给服务提供方有关员工的报酬，但应当披露其接受服务而应支付的金额。

⑫根据《企业会计准则解释第13号》规定，"企业与其所属企业集团的其他成员单位（包括母公司和子公司）的合营企业或联营企业"属于关联方。"企业的合营企业与企业的其他合营企业或联营企业"属于关联方。但"除第36号准则第五条和第六条规定外，两方或两方以上同受一方重大影响的，不构成关联方"。

📖 坑点提示

本题容易踩坑的是选项D，考生误以为"丁公司与戊公司"存在关联方关系。因为所有这些企业之间，至少都有重大影响。事实上，根据解释第13号规定：除第36号准则第五条和第六条规定外，两方或两方以上同受一方重大影响的，不构成关联方。本题的股权结构如下：

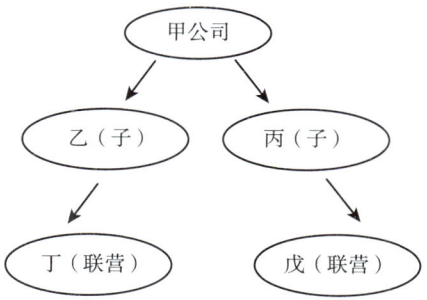

丁公司与戊公司之间，属于两方同受一方重大影响，不构成关联方。

> **抢分秘籍**
>
> 首先画出本题的股权关系图，然后对照关联方关系的相关规定，立马一目了然！

> **审题要点**
>
> 考查所得税的列报。自会计利润到所得税费用之间的调整包括两个方面：一是未包括在利润总额的计算中，但包含在当期或递延所得税计算中的项目；二是未包括在当期或递延所得税计算中，但包含在利润总额中的项目。

11.企业在财务报表附注中披露自会计利润到所得税费用的调整过程，下列各项中，属于应调整的项目有（　　）。

A.税法规定的非应税收入

B.子公司适用不同税率的影响

C.税法规定的不可抵扣的成本、费用或损失

D.使用前期未确认递延所得税资产的可抵扣亏损的影响

【本题答案】ABCD

【本题解析】会计准则要求企业在会计报表附注中就所得税费用与会计利润的关系进行说明，该说明意在于在利润表中已列示所得税费用的基础上，对当期以会计利润为起点，考虑会计与税收规定之间的差异，计算得到所得税费用的调节过程。自会计利润到所得税费用之间的调整具体调整项目一般包括：（1）与税率相关的调整，选项B正确；（2）税法规定的非应税收入、不得税前扣除的成本费用和损失，或者可加计扣除的费用（如直接计入当期损益的研发费用按税法规定可加计扣除的金额）等永久性差异，选项A、C正确；（3）本期未确认递延所得税资产的可抵扣暂时性差异或可抵扣亏损的影响、使用前期未确认递延所得税资产的可抵扣亏损影响，选项D正确；（4）对以前期间所得税进行汇算清缴的结果与以前期间确认金额不同调整报告期间所得税费用等。

> **思维拓展**

本题考查了极为冷僻的所得税的列报，以后再考的可能性非常小。递延所得税资产和递延所得税负债一般应当分别作为非流动资产和非流动负债在资产负债表中列示，所得税费用应当在利润表中单独列示，同时还应在附注中披露与所得税有关的信息。

本题拓展内容请参见2023年真题单选题第6题。

> **坑点提示**

本题容易踩坑的是选项D，考生误以为"使用前期未确认递延所得税资产的可抵扣亏损的影响"产生的所得税费用应该是调整"以前年度损益调整"，而不会影响本期所得税费用。事实上，这是误解。比如，

2023年甲公司亏损1 000万元，预计未来五年还将持续亏损，该1 000万元亏损产生的可抵扣暂时性差异不能确认递延所得税资产；但2024年经营状况改善，预计未来能够取得盈利，该1 000万元可在所得税前弥补，则2024年末对2023年未确认递延所得税资产应加以确认，借记"递延所得税资产"250万元（1 000×25%），贷记"所得税费用"250万元。因此，"使用前期未确认递延所得税资产的可抵扣亏损的影响"将调整本期所得税费用。

抢分秘籍

首先明确披露的目的，就所得税费用与会计利润的关系进行说明；然后记住具体的调节内容。

12. 企业在采用间接法反映经营活动产生的现金流量时，下列各调节项目中，应在净利润基础上作为调整增加的项目有（　　）。

A. 公允价值变动损失　　　　B. 递延所得税资产减少
C. 经营性应付项目的减少　　D. 计入财务费用的利息支出

【本题答案】ABD

【本题解析】选项A正确，采用间接法反映经营活动产生的现金流量，是假定净利润增加1元经营活动的现金也会增加1元；但净利润与经营活动现金流量是有差异的，归纳起来有四大类项目需要进行调整。公允价值变动损失使净利润减少，但不会导致经营活动现金流量减少，故应调增。选项B正确，递延所得税资产减少就意味所得税费用增加，但并没有经营活动现金流量减少，故应调增。选项C不正确，经营性应付项目的减少，意味着经营活动现金流量减少，应调减经营活动现金流量。选项D正确，计入财务费用的利息支出会减少净利润，根据假设使经营活动现金流量减少，但不影响经营活动现金流量，故应调增。

> **审题要点**
> 考查现金流量表编制中的间接法。
> 采用间接法列报经营活动产生的现金流量时，需要对四大类项目进行调整：①实际没有支付现金的费用；②实际没有收到现金的收益；③不属于经营活动的损益；④经营性应收应付项目的增减变动。

思维拓展

企业会计采用权责发生制计算出净利润，反映经营者业绩；但是在财务管理中，有时净利润很大但没有收到钱，连工资都发不出。因此，有必要反映"净利润与经营活动现金流量"之间的关系。对于如何反映两者关系，会计上有两种办法：①在现金流量表正表中采用"直接法"，直接反映现金从哪里来，又用到哪里去了，简单明了；②在附注中采用"间接法"，在净利润基础上调整出经营活动现金流量，这样正表和附表就可以相互印证。本题考查的是"间接法"。

坑点提示

本题容易踩坑的是选项C，认为"经营性应付项目的增减变化"应作为调整项目。殊不知踩了大坑！因为"经营性应付项目的减少"，即借记"应付账款"科目，贷记"银行存款"科目，意味着经营活动现金流量减少；而题干要求是选出"作为调整增加的项目"，考生一不注意就选错了！

抢分秘籍

首先搞清楚从净利润调整到经营活动现金流量的基本原理，即需要进行四大内容的调整；然后分别记忆具体调整内容；最后理解是调增或者是调减。这样就万无一失了！

三、计算分析题（本题型共2小题18分。除每股收益外，答案中的金额单位以万元表示，涉及计算的，要求列出计算步骤。）

1.（本小题9分）2×19年至2×21年，甲公司发生的有关交易或事项如下：

（1）2×19年6月10日，甲公司以每股10.8元的价格从A股市场购入乙公司500万股普通股股票，持有乙公司5%的股权，甲公司另支付交易费用100万元，甲公司拟长期持有该股权，并将其指定为以公允价值计量且其变动计入其他综合收益的金融资产。

2×19年12月31日，该股票的市场价格为每股12元。

（2）因调整经营战略，2×20年6月8日，甲公司与丁公司签订股权转让协议，约定甲公司以26 000万元购入丁公司持有的乙公司20%股权。甲公司于2×20年7月1日通过银行转账支付了购买乙公司20%股权的款项，同时办理完成股份过户登记手续；当日，乙公司股票的市场价格为每股13元。甲公司拟长期持有对乙公司的股权投资，能够对乙公司施加重大影响，采用权益法核算。

2×20年7月1日，乙公司净资产账面价值为120 000万元，除一项乙公司账面未确认的无形资产外，其他资产、负债的账面价值与公允价值相同。该项无形资产的公允价值为2 000万元，预计使用8年，预计净残值为零，采用直线法摊销。

> 🔵 **提醒**
> 关键词：指定为以公允价值计量且其变动计入其他综合收益的金融资产。考查其他权益工具投资。
> 其他权益工具投资会计处理分为三个步骤：
> 取得时：应当按照公允价值和相关交易费用之和作为初始入账金额，实际支付的价款中包含的已宣告尚未领取的现金股利，应单独确认为应收项目。
> 持有期间有两件事：收到现金股利计入投资收益；期末按公允价值计量，将公允价值变动计入其他综合收益。
> 处置时：应将所取得价款与金融资产账面价值之间的差额，以及之前计入其他综合收益的累计利得或损失从其他综合收益中转出，计入留存收益，不得计入当期损益。

> 🔵 **提醒**
> 关键词：权益法核算。考查由公允价值计量转权益法。
> 投资方因追加投资等原因能够对被投资单位施加重大影响或实施共同控制但不构成控制的，应当按照原持有的股权投资的公允价值加上新增投资成本之和，作为改按权益法核算的初始投资成本。原持有的股权投资分类为以公允价值计量且其变动计入其他综合收益的金融资产的，其公允价值与账面价值之间的差额，以及原计入其他综合收益的累计公允价值变动应当转入留存收益；原持有的股权投资分类为以公允价值计量且其变动计入当期损益的金融资产的，其公允价值与账面价值之间的差额，应当计入投资收益。

（3）2×20年度，乙公司实现净利润6 600万元，其中，2×20年7至12月实现净利润4 000万元；拟长期持有的非交易性权益工具投资公允价值变动扣除相关所得税影响后增加其他综合收益500万元，其中，2×20年7至12月增加200万元。

（4）2×21年5月20日，甲公司以每股7.8元的价格从A股市场购入丙公司150万股普通股股票，持有丙公司2%的股权，甲公司另支付交易费用25万元。甲公司并非长期持有对丙公司的股权投资，当甲公司需要补充现金流量或者股价上涨时将随时出售。2×21年12月31日，该股票市场价格为每股10元。

其他资料：（1）甲公司和乙公司适用的企业所得税税率均为25%。（2）甲公司按实现净利润的10%计提法定盈余公积，不计提任意盈余公积。（3）除企业所得税外，本题不考虑其他相关税费及其他因素。

要求：
（1）根据资料（1），编制甲公司对乙公司股权投资相关的会计分录。
（2）根据资料（1）至（3），编制甲公司对乙公司增持股份及增持后相关的会计分录。
（3）根据资料（4），编制甲公司对丙公司股权投资相关的会计分录。

【本题答案】
（1）2×19年6月10日：
借：其他权益工具投资——成本
　　　（500×10.8+100）5 500
　　贷：银行存款　　　　　5 500

> **提醒**
> 关键词：持股2%，随时出售。考查交易性金融资产。
> 交易性金融资产会计处理分为三个步骤：取得时确定成本（成本为买价，如果买价中包含了已宣告但尚未领取的现金股利则应减去）；持有期间期末按公允价值计量，公允价值变动计入当期损益（公允价值变动损益）；处置时将处置损益计入投资收益。

> **审题要点**
> 考查股权投资。
> 股权投资分为两类：如果对被投资单位具有控制、共同控制和重大影响，则形成长期股权投资；如果对被投资单位不具有重大影响，则形成金融资产。要通过题干细节才能确定考查的是长期股权投资还是金融资产。

> **审题要点**
> 考查股权投资增持股份。
> 增持股份有三种可能：由公允价值计量转权益法（如5%+20%=25%），由公允价值计量转成本法（如5%+50%=55%），由权益法转成本法（如20%+40%=60%）。
> 要通过题干细节才能确定是哪种情形。

> **审题要点**
> 考查股权投资。
> 股权投资有两种可能：考查长期股权投资或考查金融资产。

2×19年12月31日：

借：其他权益工具投资——公允价值变动　　　（500×12-5 500）500
　　贷：其他综合收益　　　　　　　　　　　　　　（500-125）375
　　　　递延所得税负债　　　　　　　　　　　　　（500×25%）125

注：由于股票价格上涨，导致资产价值增加，产生应纳税暂时性差异，应确认递延所得税负债；其他综合收益375万元为考虑所得税影响后的税后净额。

（2）2×20年7月1日，增持股权：

借：长期股权投资——投资成本　　　　　　（500×13+26 000）32 500
　　贷：其他权益工具投资　　　　　　　　　　　　　　　　6 000
　　　　银行存款　　　　　　　　　　　　　　　　　　　　26 000
　　　　其他综合收益　　　　　　　　　　　　［500×（13-12）］500

注：持股25%采取权益法核算，其初始入账成本为5%股权的公允价值6 500万元和20%新增投资成本26 000万元之和32 500万元。

借：递延所得税负债　　　　　　　　　　　　　　　　　　　125
　　贷：其他综合收益　　　　　　　　　　　　　　　　　　　125

注：冲回原确认的递延所得税负债。

借：其他综合收益　　　　　　　　　　　　　　　　　　　1 000
　　贷：盈余公积　　　　　　　　　　　　　　　　（1 000×10%）100
　　　　利润分配——未分配利润　　　　　　　　　　　　　　900

注：将股票增值增加的其他综合收益1 000万元转入留存收益。

2×20年7月1日，增持后至年末采用权益法核算：

借：长期股权投资——损益调整　　　　　　　　　　　　976.56
　　贷：投资收益　　　　［（4 000-2 000÷8÷2×75%）×25%］976.56

注：2×20年下半年调整后的账面净利润=调整前净利润4 000-无形资产摊销影响净利润2 000÷8÷2×75%=4 000-93.75=3 906.25（万元）；投资收益=3 906.25×25%=976.56（万元）。

借：长期股权投资——其他综合收益　　　　　　　　　　　50
　　贷：其他综合收益　　　　　　　　　　　　　　（200×25%）50

（3）2×21年5月20日：

借：交易性金融资产　　　　　　　　　　　　　（150×7.8）1 170
　　投资收益　　　　　　　　　　　　　　　　　　　　　　25
　　贷：银行存款　　　　　　　　　　　　　（150×7.8+25）1 195

2×21年12月31日：

借：交易性金融资产　　　　　　　　　　　　　　　　　　330

贷：公允价值变动损益　　　　　　　　　　（150×10-1 170）330
　借：所得税费用　　　　　　　　　　　　　　　　　　　　　82.5
　　贷：递延所得税负债　　　　　　　　　　　　（330×25%）82.5

注：由于股票价格上涨导致金融资产账面价值增加330万元，而其计税基础是原购入成本，从而产生应纳税暂时性差异330万元，应确认递延所得税负债。

📖 思维拓展

本题以股权投资为主线，考查了金融资产（其他权益工具投资和交易性金融资产）、考查了由于增持股份由公允价值计量转为权益法、考查了增持后按权益法核算，考点众多，逻辑结构合理，题目质量较高。下面就本题涉及知识点总结归纳如下：

（1）股权投资时交易费用的处理。股权投资时发生的交易费用有两个去向：资本化计入资产成本、费用化计入当期损益。从会计理论上说，根据受益原则计入资产成本属于正常情况，而计入当期损益属于简化处理。

股权投资根据对被投资单位的影响程度分别执行《企业会计准则第2号——长期股权投资》和《企业会计准则第22号——金融工具确认与计量》，交易费用的处理是不同的，见下图。

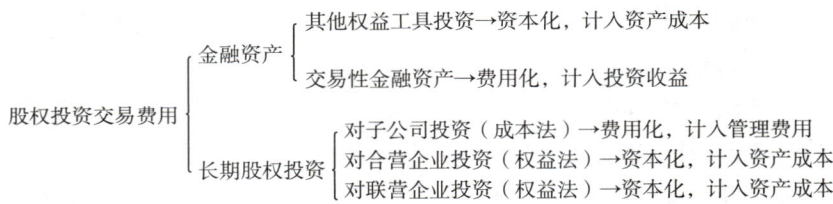

从上图可知，交易费用进行简化处理有两种情况：一是交易性金融资产，之所以简化处理将交易费用计入当期损益，是因为随时出售、短期持有。二是对子公司投资进行简化处理，原因有三：①因为从公司并购角度看，投资时间跨度很长（有可能1年以上），在发生评估费、审计费时，还没有取得长期股权投资，如果资本化，会计处理很麻烦；②企业并购中发生的评估费、审计费，相对于并购对价来说，并不重要；③发生评估费、审计费后，企业并购的成功率很低，如果并购失败了，这些交易费用最终还是费用化，计入损益。基于这些原因，成本法核算下的交易费用进行简化处理，将企业并购中发生的评估费、审计费直接计入当期管理费用。

（2）股权投资增持股份的会计处理。增持股份的会计处理分为三种情况：公允价值计量转权益法、公允价值计量转成本法、权益法转成本法，其会计处理情况见下表：

追加投资引起核算方法的转换总结

核算方法转换	相关规定
公允价值计量转为权益法（如5%+20%=25%）	投资方因追加投资等原因能够对被投资单位施加重大影响或实施共同控制但不构成控制的，应当按照《企业会计准则第22号——金融工具确认和计量》确定的原持有的股权投资的公允价值加上新增投资成本之和，作为改按权益法核算的初始投资成本。原持有的股权投资分类为以公允价值计量且其变动计入其他综合收益的金融资产的，其公允价值与账面价值之间的差额，以及原计入其他综合收益的累计公允价值变动应当转入留存收益；原持有的股权投资分类为以公允价值计量且其变动计入当期损益的金融资产的，其公允价值与账面价值之间的差额，应当计入投资收益
公允价值计量转成本法（如5%+50%=55%）	投资方因追加投资等原因能够对非同一控制下的被投资单位实施控制的，购买日之前持有的股权采用金融工具确认和计量准则进行会计处理的，应当将按照该准则确定的股权投资的公允价值加上新增投资成本之和，作为改按成本法核算的初始投资成本。原持有的股权投资分类为以公允价值计量且其变动计入其他综合收益的金融资产的，其公允价值与账面价值之间的差额，以及原计入其他综合收益的累计公允价值变动应当转入留存收益；原持有的股权投资分类为以公允价值计量且其变动计入当期损益的金融资产的，其公允价值与账面价值之间的差额，应当计入投资收益
权益法转成本法（如20%+40%=60%）	投资方因追加投资等原因能够对非同一控制下的被投资单位实施控制的，在编制个别财务报表时，应当按照原持有的股权投资账面价值加上新增投资成本之和，作为改按成本法核算的初始投资成本。购买日之前持有的股权投资因采用权益法核算而确认的其他综合收益，应当在处置该项投资时采用与被投资单位直接处置相关资产或负债相同的基础进行会计处理

（3）长期股权投资权益法。本知识点拓展内容请参见2023年真题计算分析题第2题。

坑点提示

本题容易踩坑的是，在资料（4）中仅提供持股2%并且随时出售，考生应准确判断对该投资应分类为交易性金融资产，并进行相关的会计处理。如果分错了类别，则属于方向性错误，后面一堆分都丢光了。

抢分秘籍

本题要取得较好成绩，首先应厘清股权投资核算思路，即将股权投资分为两条线：一是对被投资单位不具有重大影响的，相当于"被动投资、用脚投票"，形成金融资产，承担价格波动风险，期末按公允价值计量，公允价值变动分别计入其他综合收益或当期损益；二是对被投资单位具有控制、共同控制或重大影响，相当于"主动投资、用手投票"，形成长期股权投资，分别采用成本法或权益法。有了总体核算思路，再分别记忆权益法下三个步骤（取得时、持有期间、处置时）的会计处理细节。

2. 2×19年至2×22年，甲公司发生的有关交易或事项如下：

（1）2×19年1月1日，甲公司与乙公司签订设备租赁协议，甲公司向乙公司租入一台生产设备，该设备尚可使用10年，租赁期限为2×19年1月1日至2×21年12月31日，年租金以10万元和按照10元/吨乘以甲公司使用该设备的产出量计算的租金两者孰高确定，于每年年末收取。甲公司预计租赁期内每年使用该设备的产出量分别为1万吨、1.2万吨和1.3万吨。设备租赁到期时，甲公司可选择按照当时的市场价格续租，或选择以50万元的价格购买该设备。甲公司租入该设备用于生产，且当年生产的产品于当年全部实现销售。甲公司管理层能够合理确定租赁到期时将行使购买选择权。

2×19年1月1日，乙公司出租设备的内含报酬率为5%。

2×22年1月1日，甲公司行使了购买选择权，以50万元的价格购买该设备。

（2）2×22年12月31日，由于资金需求，甲公司出售并租回该设备，出售价款40万元已收存银行，设备租回3年，租赁期内每年支付租金16万元，租赁期结束后设备归甲公司所有。该交易中设备的转让不满足收入准则中控制权转移的条件。

其他资料：（1）（P/F,5%,3）=0.8638；（P/A,5%,3）=2.7232。（2）本题不考虑租赁资产减值、净残值、相关税费及其他因素。

> **提醒**
>
> 关键词：甲公司向乙公司租入一台设备。
> 甲公司为承租人。每次考试基本都是考查承租人。

> **提醒**
>
> 关键词：转让不满足控制权转移。
> 售后租回交易中的资产转让不属于销售，承租人应当继续确认被转让资产，同时确认一项与转让收入等额的金融负债，作为融资进行处理，即相当于以设备作抵押取得借款。

要求：

（1）根据资料（1），说明甲公司租赁负债应如何计量；计算租赁负债的初始入账金额、2×19年度应计提的折旧金额；编制相关会计分录。

（2）根据资料（1），计算甲公司2×19年12月31日租赁负债的账面价值；计算甲公司租赁设备对2×19年度利润总额的影响金额。

（3）根据资料（2），说明甲公司设备售后租回的会计处理方法；编制甲公司2×22年12月31日与售后租回相关的会计分录。

【本题答案】

（1）年租金安排中，实质固定的付款额为10万元/年，应包含在租赁负债中。

根据预计产量计算超过10万元的部分无需计入租赁负债。

合理确定将行使购买选择权的行权价格应包含在租赁负债中。

租赁负债的初始入账金额=10×2.7232+50×0.8638=70.42（万元）

注：根据孰高原则，至少应付10万元租金，如果按照产量计算的租金高，则超过10万元部分为可变租赁付款额。

2×19年使用权资产应计提的折旧金额=70.42÷10=7.04（万元）

借：使用权资产　　　　　70.42
　　租赁负债——未确认融资费用
　　　　　　（80-70.42）9.58
　贷：租赁负债——租赁付款额
　　　　　　（10×3+50）80

> 审题要点
>
> 考查租赁中承租人租赁负债和使用权资产的初始计量、使用权资产折旧的计算。
> 考查租赁先分清楚考查承租人还是出租人，本题考查承租人；承租人最核心的是确定租赁负债和使用权资产。

> 审题要点
>
> 考查租赁负债的后续计量。
> 租赁负债按摊余成本进行后续计量，计算利息费用。承租人对使用权资产计提折旧和对租赁负债确认利息费用，对利润总额均有影响。

> 审题要点
>
> 考查售后租回。
> 售后租回最关键的是按照收入准则判断其转让的资产是否属于销售：如果属于销售，则确认损益；如果不属于销售（控制权未转移），则属于融资。

| 借：制造费用 | 7.04 |
| 贷：使用权资产累计折旧 | 7.04 |

（2）2×19年12月31日甲公司租赁负债的账面价值＝年初租赁负债70.42+未确认融资费用摊销70.42×5%−支付租金10=63.94（万元）

对利润总额的影响＝使用权资产折旧7.04+利息费用70.42×5%=7.04+3.52=10.56（万元）

注：年末确认利息费用和支付租金：

借：财务费用	（70.42×5%）3.52
贷：租赁负债——未确认融资费用	3.52
借：租赁负债——租赁付款额	10
贷：银行存款	10

（3）售后租回作为融资业务，设备不应终止确认，收到的现金应作为金融负债处理。

| 借：银行存款 | 40 |
| 贷：长期应付款 | 40 |

📖 思维拓展

租赁是企业常见的经济业务，但是租赁准则在2018年修改之前从来没有考过大题，2018年进行重大修改后好不容易出了本次大题，估计以后再出大题的可能性很小了。在复习中可作如下拓展：

（1）承租人应确定租赁负债和使用权资产的初始计量金额。凡是起租时可以确定的未来付款额应计入租赁付款额，不可确定的可变租赁付款额（如与业绩、使用强度相关的租赁付款额）不能计入租赁付款额（因为不能可靠计量）。这是第一章总论中负债确认条件的运用。

租赁负债应当按照租赁期开始日尚未支付的租赁付款额的现值进行初始计量。租赁付款额是指承租人向出租人支付的与在租赁期内使用租赁资产的权利相关的款项，具体包括五项内容：①固定付款额；②可变租赁付款额；③购买选择权的行权价格；④行使终止租赁选择权需支付的款项；⑤根据承租人提供的担保余值预计应支付的款项等。除了取决于指数或比率的可变租赁付款额计入租赁付款额之外，其他可变租赁付款额均不纳入租赁负债的初始计量中，而是在发生时直接计入当期损益或计入资产成本（因为不能可靠计量）。

使用权资产成本包括：①租赁负债的初始计量金额；②在租赁期开始日或之前支付的租赁付款额；③承租人发生的初始直接费用；④承租人为拆卸及移除租赁资产预计将发生的成本。

（2）租赁负债初始计量入账后，其后应采用"摊余成本"进行后续计量，计算利息费用，这里与"金融工具"章相联系。

（3）使用权资产初始计量入账后，其后续计量涉及计提折旧和计提减值，又与"固定资产"章和"资产减值"章相联系。承租人应当参照固定资产准则有关折旧规定，自租赁期开始日起对使用权资产计提折旧：①使用权资产通常应自租赁期开始的当月计提折旧；②计提的折旧金额应根据使用权资产的用途，计入相关资产的成本或者当期损益；③承租人按直线法或其他折旧方法对使用权资产计提折旧；④承租人能够合理确定租赁期届满时取得租赁资产所有权的，应当在租赁资产剩余使用寿命内计提折旧；承租人无法合理确定租赁期届满时能够取得租赁资产所有权的，应当在租赁期与租赁资产剩余使用寿命两者孰短的期间内计提折旧。如果使用权资产的剩余使用寿命短于前两者，则应在使用权资产的剩余使用寿命内计提折旧。

坑点提示

本题容易踩坑的是可变租赁付款额的处理，题干中说"年租金以10万元和按照10元/吨乘以甲公司使用该设备的产出量计算的租金两者孰高确定"，因为表面看"租金两者孰高确定"，好像全部都是可变租金，没有固定租金；而没有固定租金，租赁负债就计算错了，从而使用权资产也计算错了，满盘皆输！实际上，仔细分析才发现"固定租金为10万元"，因为按照产出量计算的租金低于10万元，则年租金为10万元；按照产出量计算的租金高于10万元，则高于10万元的部分就是可变租金。这个题出得巧妙，既接地气又挖了大陷阱，考生容易踩坑！

抢分秘籍

本题的抢分技巧是，记住承租人在签订复杂条款的租赁合同情况下的处理细节，比如涉及可变租赁付款额、附有续租选择权、附有购买选择权等。

四、综合题（本题型共2小题32分。答案中的金额单位以万元表示，涉及计算的，要求列出计算步骤。）

1. 甲公司为增值税一般纳税人，主营医疗设备的销售和相关服务，销售商品适用的增值税税率为13%，相关服务适用的增值税税率为6%。2×20年甲公司发生的有关交易或事项如下：

（1）2×20年1月1日，甲公司与经销商乙公司签订为期1年的框架协议，该协议约定，甲公司向乙公司出售医疗设备，协议中约定了设备型号、付款方式、质保及相关服务，但协议未对采购数量或价格作出承诺。具体数量和价格由后续双方认可的每季度销售订单确定。

该医疗设备在使用前需要安装，安装过程比较简单，不涉及对设备的修改或整合，甲公司或市场上其他安装公司都可以提供相关安装服务。但出于维持

> **提醒**
> 关键词：签订协议（年、季）。
> 合同，是指双方或多方之间订立有法律约束力的权利义务的协议。合同应明确合同各方与所转让的商品相关的权利和义务、有明确的与所转让的商品相关的支付条款等，合同才具有法律约束力。

> **提醒**
> 关键词：出售医疗设备。
> 企业向客户转让可明确区分商品的承诺，应作为单项履约义务。企业向客户承诺的商品同时满足下列条件的，应当作为可明确区分商品：①客户能够从该商品本身或者从该商品与其他易于获得的资源一起使用中受益；②企业向客户转让该商品的承诺与合同中其他承诺可单独区分。
> 企业确定了商品本身能够明确区分后，还应当在合同层面继续评估转让该商品的承诺是否与合同中其他承诺彼此之间可明确区分。下列情形通常表明企业向客户转让该商品的承诺与合同中的其他承诺不可明确区分，不作为单项履约义务：①企业需提供重大的服务以将该商品与合同中承诺的其他商品进行整合，形成合同约定的某个或某些组合产出转让给客户；②该商品将对合同中承诺的其他商品予以重大修改或定制；③该商品与合同中承诺的其他商品具有高度关联性。
> 出售医疗设备属于单项履约义务。

客户关系的考虑，甲公司承诺为乙公司的终端用户提供免费安装服务，并且对相关设备提供法定质保范围内的免费维修。

根据甲公司对外公布的销售政策，如果乙公司全年从甲公司提货的数量达到1万台，乙公司能够获得全年销售总额10%的折扣，折扣将抵减乙公司应付甲公司的货款。

（2）2×20年度，甲公司对乙公司销售医疗设备的情况为：第1季度实际销售2 000台，每台销售价格为5 000元，甲公司预计乙公司全年提货量很可能无法达到1万台；第2季度实际销售2 000台，每台销售价格为5 000元，甲公司预计乙公司全年提货量很可能仍无法达到1万台；第3季度实际销售4 000台，每台销售价格为4 500元，甲公司预计乙公司全年提货量能够达到1万台；第4季度实际销售4 000台，每台销售价格为4 500元。上述销售价格为折扣前的合同原价。根据历史经验，计提质保费用的比例为当期确认的销售收入金额的1%。

2×20年12月31日，甲公司一次性收到乙公司货款3 000万元已存入银行，其余货款尚未收到；当年甲公司未实际发生质保支出。

（3）2×20年1月1日，丙医院从经销商处购买甲公司生产的上述医疗设备用于医学检测。甲公司授权丙医院使用其云端软件，进行为期3年的检测数据分析和存储。丙医院与甲公司签订的协议约定，甲公司除每年固定收取120

> **提醒**
> 关键词：提供安装、维修。
> 提供安装属于单项履约义务，因为安装可以使客户受益。
> 不要被"免费"干扰，这是营销策略。
> 提供免费维修不属于单独履约义务，因为法定维修并非为客户提供一项单独的质量保证服务，维修费应计入销售费用。

> **提醒**
> 关键词：第3季度、第4季度销售设备。
> 企业应当在客户取得相关商品控制权时确认收入，包括时点确认和时期确认。
> 确定交易价格，包括固定对价和可变对价。可变对价包括折扣、价格折让、返利、退款、奖励积分、激励措施、业绩奖金、索赔等。合同中存在可变对价的，企业应当对计入交易价格的可变对价进行估计。
> 销售设备按时点确认收入、存在销售折扣的可变对价。

> **提醒**
> 关键词：授权使用软件（授予知识产权许可）。
> 对于授予知识产权许可构成单项履约义务的，应当确定其是在某一时段内履行还是在某一时点履行。同时满足下列条件时，应当作为在某一时段内履行的履约义务确认相关收入：①合同要求或客户能够合理预期企业将从事对该项知识产权有重大影响的活动；②该活动对客户将产生有利或不利影响；③该活动不会导致向客户转让商品。
> 本题认定在某一时间段确认收入。

万元服务费之外，还按照每份检测单加收1元服务费。甲公司的该云端软件由其自行开发并搭建服务器进行维护。

2×20年度，甲公司经与丙医院核对，确认丙医院实际完成了10万份检测；截至12月31日，甲公司尚未收到服务费相关的价款。

（4）丙医院在使用上述医疗设备进行检测的过程中还需配套耗材，丙医院指定甲公司从供应商丁公司采购耗材，耗材价格由丙医院与丁公司协商确定，丙医院同意甲公司在耗材价格基础上加价1%服务费向其出售耗材。丙医院根据各月的实际需求向甲公司提出采购的数量需求，甲公司向丁公司下单后，丁公司将耗材直接发送到丙医院，耗材的质量由丁公司负责，耗材价款由丙医院与丁公司直接结算。甲公司与丁公司之间不存在其他交易安排。

2×20年度，甲公司实际向丙医院提供耗材20万件，每件耗材价格为10元；截至12月31日，甲公司尚未收到与耗材供应相关的服务费。

其他资料：（1）本题所涉及的销售商品的销售价格或提供服务的服务费价格均为公允的市场价格，且不含增值税。（2）增值税按照扣除销售折扣后的价格计算。（3）本题所涉及的各公司之间不存在关联方关系。（4）本题除增值税以外，不考虑其他相关税费及其他因素。

要求：

（1）根据资料（1），判断甲公司销售医疗设备的合同是1年的框架协议

> 🔔 **提醒**
>
> 关键词：销售耗材时仅收取服务费。
>
> 企业在向客户转让商品前能够控制该商品的，该企业为主要责任人，应当按照已收或应收对价总额确认收入。
>
> 企业在向客户转让商品前未能够控制该商品的，该企业为代理人，应当按照预期有权收取的佣金或手续费的金额确认收入，该金额应当按照已收或应收对价总额扣除应支付给其他相关方的价款后的净额，或者按照既定的佣金金额或比例等确定。
>
> 本题为代理人。

> ✏️ **审题要点**
>
> 考查合同成立的条件。
> 合同成立应有明确的权利义务。

还是每季度销售订单,说明理由;判断该销售合同中包含几项履约义务,说明理由。

(2)根据资料(2),编制甲公司第3季度、第4季度与销售医疗设备业务相关的会计分录(不考虑履约义务的拆分)。

(3)根据资料(3),判断甲公司授权丙医院使用其云端软件的交易应在一段时间内还是某一时点确认收入,说明理由;说明甲公司授权丙医院使用其云端软件所收取的服务费的收入确认方法;编制甲公司2×20年相关的会计分录。

(4)根据资料(4),判断甲公司在向丙医院供应耗材的交易中是主要责任人还是代理人,说明理由;编制甲公司收入确认相关的会计分录。

【本题答案】

(1)合同是每季度销售订单。

理由:甲公司与乙公司签订的框架协议中未约定购买的数量和价格,合同权利义务不清晰,不具有法律约束力。

每季度的订单中有明确数量和价格条款,结合框架协议中的其他约定,例如付款方式、产品型号等信息,符合合同成立的条件。

合同中包含两项履约义务:设备销售、设备安装。

理由:设备销售和安装本身均可让客户单独受益;从合同层面上看,安装与设备销售不存在重大修改、整合或高度关联,各自可明确区分。

✏️ **审题要点**

考查识别单项履约义务。
企业向客户转让可明确区分商品的承诺应作为单项履约义务,通常包括销售不同商品、提供不同劳务。

✏️ **审题要点**

考查销售商品收入的确认与计量。
按照"五步法模型",应识别合同、识别单项履约义务、确定交易价格、分摊交易价格、履行每一单项履约义务时确认收入。

✏️ **审题要点**

考查授予知识产权许可的确认与计量。
应判断授予知识产权许可是否构成单项履约义务;构成单项履约义务的是时点确认收入还是时间段确认收入;时间段确认收入是平均分摊还是"孰晚"确认。

✏️ **审题要点**

考查授予知识产权许可收入确认方法。
企业向客户授予知识产权许可,并约定按客户实际销售或使用情况收取特许权使用费的,应当在下列两项孰晚的时点确认收入:①客户后续销售或使用行为实际发生;②企业履行相关履约义务。

✏️ **审题要点**

考查主要责任人和代理人。
判断企业在转让商品前能否控制该商品,如果控制则属于主要责任人,否则属于代理人。

（2）第3季度会计分录：

借：应收账款　　　　　　　　　　　　　　　　　　　1 604.6
　　贷：主营业务收入　　　　　　　　　　　　　　　　　　1 420
　　　　应交税费——应交增值税（销项税额）（1 420×13%）184.6

注：第3季度销售额=（第1季度销售额1 000+第2季度销售额1 000+第3季度销售额4 000×0.45）×(1−10%)−2 000=1 420（万元）

借：销售费用　　　　　　　　　　　　　　　　　　　14.2
　　贷：预计负债　　　　　　　　　　　　　　　　（1 420×1%）14.2

第4季度会计分录：

借：应收账款　　　　　　　　　　　　　　　　　　　1 830.6
　　贷：主营业务收入　　　　　　　　　　　　　　　　　　1 620
　　　　应交税费——应交增值税（销项税额）　　　　　　　　210.6

注：第4季度销售额=4 000×0.45×(1−10%)=1 620（万元）

借：银行存款　　　　　　　　　　　　　　　　　　　3 000
　　贷：应收账款　　　　　　　　　　　　　　　　　　　3 000

借：销售费用　　　　　　　　　　　　　　　　　　　16.2
　　贷：预计负债　　　　　　　　　　　　　　　　（1 620×1%）16.2

（3）该知识产权许可应在一段时间内确认收入。

理由：由于该软件搭建在云端，由甲公司搭建服务器进行维护，可以合理预期甲公司的后续维护将对医院正常使用软件产生重大影响。

收取服务费的收入确认方法：

收取的价款中：固定年费120万应在一年内按时间分摊确认收入；每单1元的收费属于根据实际使用情况收取的可变对价，应在实际使用发生和履行相关义务孰晚的时点确认收入。

借：应收账款　　　　　　　　　　　　　　　　　　　137.8
　　贷：主营业务收入　　　　　　　　　　　　　　（120+1×10）130
　　　　应交税费——应交增值税（销项税额）　　　　（130×6%）7.8

（4）甲公司在该业务中是代理人。

理由：甲公司在将耗材销售给丙医院之前，并未取得耗材的控制权。在耗材供应中，丙医院指定供应商丁公司，甲公司只能根据丙医院的指令向供应商丁公司下单，并收取固定比例的服务费（或甲公司不承担存货风险）。

借：应收账款　　　　　　　　　　　　　　　　　　　2.12
　　贷：主营业务收入　　　　　　　　　　　　（20万件×10×1%）2
　　　　应交税费——应交增值税（销项税额）　　　　（2×6%）0.12

思维拓展

（1）收入是每年必考的大题（综合题或计算题），是特别重要的考点。关于收入考点的拓展内容请见2023年真题综合题第1题。本题考查了"一个模型"五个步骤中的四个步骤，即识别与客户订立的合同、识别合同中的单项履约义务、确定交易价格、履行每一单项义务时确认收入；考查了"八个规定"中的三项，即附有质量保证条款的销售、主要责任人和代理人、授予知识产权许可。

（2）关于附有质量保证条款的销售。

质量保证分为服务型质量保证和保障型质量保证，处理方法完全不同，见下表：

附有质量保证条款的销售的会计处理

项目	相关规定
服务型保证	对于附有质量保证条款的销售，企业应当评估该质量保证是否在向客户保证所销售商品符合既定标准之外提供了一项单独的服务，企业提供额外服务的，应当作为单项履约义务，在履行义务后确认收入。无法合理区分是否存在单独履约义务的，应当将这两类质量保证一起作为单项履约义务进行会计处理
保障型保证	如果企业符合既定标准之外未提供额外服务，质量保证责任应当按照或有事项的要求进行会计处理，即在销售商品时预计产品保证费用，借记销售费用科目，贷记预计负债科目；实际发生保修费时，借记预计负债科目，贷记银行存款等科目

（3）关于主要责任人和代理人的会计处理。

主要责任人和代理人的处理

项目	相关规定
主要责任人	企业在向客户转让商品前能够控制该商品的，该企业为主要责任人，应当按照已收或应收对价总额确认收入
代理人	企业在向客户转让商品前未能够控制该商品的，该企业为代理人，应当按照预期有权收取的佣金或手续费的金额确认收入，该金额应当按照已收或应收对价总额扣除应支付给其他相关方的价款后的净额，或者按照既定的佣金金额或比例等确定

（4）关于授予知识产权许可的会计处理。

企业向客户授予的知识产权，常见的包括软件和技术、影视和音乐等的版权、特许经营权以及专利权、商标权和其他版权等，在会计处理时首先应评估是否属于单项履约义务；如果是，再判断是时期确认收入还是时点确认收入。

授予知识产权许可的会计处理

项目	相关规定
不存在单项履约义务	对于不构成单项履约义务的，企业应当将该知识产权许可和其他商品一起作为一项履约义务进行会计处理
存在单项履约义务	（1）对于构成单项履约义务的，应当确定其是在某一时段内履行还是在某一时点履行。同时满足下列条件时，应当作为在某一时段内履行的履约义务确认相关收入：①合同要求或客户能够合理预期企业将从事对该项知识产权有重大影响的活动；②该活动对客户将产生有利或不利影响；③该活动不会导致向客户转让商品。 （2）企业向客户授予知识产权许可不能同时满足上述条件的，则属于在某一时点履行的履约义务，并在该时点确认收入。在客户能够使用某项知识产权许可并开始从中获益之前，企业不能对此类知识产权许可确认收入。 （3）企业向客户授予知识产权许可，并约定按客户实际销售或使用情况收取特许权使用费的，应当在下列两项孰晚的时点确认收入：①客户后续销售或使用行为实际发生；②企业履行相关履约义务

坑点提示

本题容易踩坑的是"提供免费安装""提供免费维修"是否属于单项履约义务。如果判断失误，则后面一系列收入确认与计量均错了，属于方向性错误。

（1）提供免费安装属于单项履约义务。千万不要被"免费"迷惑，这是实务中常用的营销策略。因为提供安装劳务可使客户能够从该商品本身或者从该商品与其他易于获得的资源一起使用中受益，属于企业向客户转让可明确区分商品的承诺，应作为单项履约义务。由此可见，识别陷阱的有效办法是准确理解"单项履约义务"的含义。

（2）提供免费维修不属于单项履约义务。很多考生困惑，为什么提供免费安装属于单项履约义务，而提供免费维修不属于单项履约义务？这是因为对于附有质量保证条款的销售，企业应当评估该质量保证是否存在向客户保证所销售商品符合既定标准之外提供了一项单独的服务，企业提供额外服务的，应当作为单项履约义务。显然，销售方"对相关设备提供法定质保范围内的免费维修"是在法定范围内对发生质量问题的设备进行维修，是消除质量瑕疵，并非提供额外服务，不属于单项履约义务。

2.甲公司于2×20年至2×21年发生的有关交易或事项如下：

（1）2×20年7月1日，甲公司以银行存款1 000万元购买丙公司持有的乙公司25%的股权，并支付相关交易费用50万元，双方办理了乙公司股权过户登记手续。

甲公司能够对乙公司施加重大影响，采用权益法核算；当日，乙公司净资产账面价值为3 700万元，可辨认净资产公允价值为4 600万元，差额900万元是乙公司账面土地使用权增值。该土地使用权尚可使用30年，预计净残值为零，采用直线法摊销。

（2）2×20年10月1日，甲公司从乙公司购入其生产的产品作为库存商品，购买价格为1 200万元（等于公允价值）。乙公司销售该产品的销售成本为800万元。

该库存商品于2×21年3月1日一次性全部对外出售。

（3）2×20年度，乙公司实现净利润2 500万元，其中，7至12月实现净利润1 500万元。7至12月，乙公司实施股权激励增加资本公积（其他资本公积）200万元，指定为以公允价值计量且其变动计入其他综合收益的金融资产公允价值增加400万元，除此之外无其他所有者权益变动事项。

（4）2×21年7月1日，甲公司以溢价发行750万股股票为对价，从丙公司进一步购买乙公司75%的股权，双方办理了乙公司股权过户登记手续，自此甲公司持有乙公司100%股权，能够控制乙公司；当日，甲公司股票的市场价格为10元/股。为购买乙公司的75%股权，甲公司另以银行存款支付相关税费700万元、支付与发行股票相关的证券公司佣金800万元。

收购协议同时约定，甲公司购买乙公司75%股权后，如果乙公司自2×21

> **提醒**
> 关键词：采用权益法核算。
> 权益法核算分为三个步骤：取得时、持有期间、处置时。

> **提醒**
> 关键词：甲公司从乙公司购入存货。
> 母公司从联营企业购入存货，属于逆流交易，在甲公司编制合并报表时，应调整母公司与联营企业之间未实现内部交易损益，逆流交易调整资产。

> **提醒**
> 关键词：乙公司实现净利润。
> 权益法持有期间投资方应确认被投资方所有者权益的变动。

> **提醒**
> 关键词：进一步购入75%股权。
> 多次投资实现控制，即25%+75%=100%，从个表看为权益法转成本法。

> **提醒**
> 关键词：甲公司能够控制乙公司。
> 这是企业合并，购买日为2×21年7月1日。
> 甲公司为母公司，乙公司为子公司。

年7月1日至2×23年12月31日累计实现的净利润达不到7 000万元的目标利润，丙公司应给予甲公司补偿。补偿方法是：乙公司实际净利润低于7 000万元目标利润的差额，按原股票发行价格计算的股份数量由丙公司退还甲公司。

2×21年7月1日，乙公司净资产的账面价值为6 400万元（其中，股本为1 000万元，资本公积为1 400万元，其他综合收益500万元，盈余公积为1 500万元，未分配利润为2 000万元），可辨认净资产的公允价值为8 670万元，除一项土地使用权增值870万元、一项专利权增值1 400万元外，其他各项资产、负债的账面价值与公允价值相等。该土地使用权尚可使用29年，预计净残值为零，采用直线法摊销；该专利权尚可使用5年，预计净残值为零，采用直线法摊销。当日，甲公司原持有乙公司25%股权的公允价值为2 500万元。

甲公司购买乙公司75%股权时，预计乙公司2×21年7月1日至2×23年12月31日累计实现的净利润能够超过7 000万元，或有补偿的公允价值为零。

（5）乙公司2×21年1至6月实现净利润500万元，指定为以公允价值计量且其变动计入其他综合收益的金融资产公允价值增加100万元，除此之外无其他所有者权益变动事项。2×21年7至12月实现净利润1 000万元，除此之外无其他所有者权益变动事项。

（6）2×21年12月31日，由于乙公司业务所在的市场行情呈下行趋势，预计短期内难以好转，甲公司重新评估认

> **提醒**
> 关键词：丙公司给予甲公司补偿。
> 这是附有对赌协议的并购，即存在或有对价。

> **提醒**
> 关键词：子公司可辨认净资产的公允价值。
> 非同一控制下企业合并应当采用"公允价值"并账和并表。

> **提醒**
> 关键词：或有补偿的公允价值。
> 或有对价为资产或负债性质的，如果属于会计准则规定的金融工具，应当采用公允价值计量，公允价值变动计入当期损益。

> **提醒**
> 关键词：乙公司2×21年1至6月实现净利润。
> 甲公司对乙公司的投资，2×21年上半年采用权益法核算，7月1日后采用成本法核算。上半年实现净利润等资料，用于权益法核算。

为乙公司未来两年利润很可能不达标，预期利润与目标利润的差额为500万元，根据利润补偿方案折算预计收回股票数量为50万股。2×21年12月31日，甲公司股票的市场价格为11元/股。

其他资料：（1）甲公司对乙公司投资前，与乙公司和丙公司不存在关联关系。（2）乙公司的各项资产和负债构成业务。（3）甲公司按实现净利润的10%计提法定盈余公积，不计提任意盈余公积。（4）本题不考虑相关税费及其他因素。

要求：

（1）根据资料（1），计算甲公司对乙公司投资经调整后的初始投资成本；编制甲公司投资相关的会计分录。

（2）根据资料（1）至（3），计算甲公司2×20年度个别财务报表中应确认的投资收益；编制与持有乙公司25%股权相关的会计分录；编制甲公司2×20年度合并财务报表中与从乙公司购入产品相关的抵销或调整分录。

（3）根据上述资料，计算甲公司2×21年1至6月个别财务报表中应确认的投资收益；编制与持有乙公司25%股权相关的会计分录；计算甲公司购买乙公司75%股权时，个别财务报表中原持有乙公司25%股权的账面价值；编制甲公司个别财务报表中进一步购买乙公司75%股权相关的会计分录。

（4）根据上述资料，计算甲公司购买乙公司的合并成本、所产生的商誉金额，以及购买日合并财务报表中重新计量甲公司原持有乙公司股权对利润总额

🔔 **提醒**

关键词：预期利润与目标利润的差额。
对赌协议中规定完不成利润，转让方应给予购买方补偿。

🔔 **提醒**

关键词：不存在关联关系。
考查企业合并最关键的是判断同一控制下企业合并，还是非同一控制下企业合并。毫无例外，每次考大题一定考的是非同一控制。而非同一控制最经典的表述就是并购各方"不存在关联关系"。这句话通常漫不经心地出现在题干中的某个位置，实际上非常重要！同一控制下企业合并采用"账面价值"并账并表，非同一控制下企业合并采用"公允价值"并账并表，天差地别。

✏️ **审题要点**

考查长期股权投资权益法。
权益法下投资时有两件事：确定初始投资成本和调整初始投资成本。

✏️ **审题要点**

考查权益法持有期间的处理和编制合并报表情况下母公司与联营企业未实现内部交易损益的调整。

✏️ **审题要点**

考查权益法、权益法转成本法。

✏️ **审题要点**

考查购买日的会计处理。
非同一控制下企业合并，企业合并成本是购买方为进行企业合并支付的现金或非现金资产、发行或承担的债务、发行的权益性证券等在购买日的公允价值。
企业合并成本大于合并中取得的被购买方可辨认净资产公允价值份额的差额应确认为商誉。

的影响金额。

（5）根据上述资料，编制甲公司2×21年度合并财务报表相关的抵销或调整分录。

（6）根据资料（6），判断甲公司对预期丙公司给予的补偿是否应调整合并成本，说明理由；编制相关会计分录。

> 📝 审题要点
>
> 考查合并报表编制时的调整分录和抵销分录。
> 调整分录包括对子公司报表的调整和对母公司报表的调整。
> 抵销分录包括内部股权投资抵销、内部交易抵销、内部债权债务抵销。

> 📝 审题要点
>
> 考查企业合并中或有对价的会计处理。

【本题答案】

（1）甲公司对乙公司投资调整后初始投资成本=1 000+50+（4 600×25%-1 050）=1 150（万元）

借：长期股权投资——乙公司（投
   资成本）   1 150
  贷：银行存款
     （1 000+50）1 050
   营业外收入
    （4 600×25%-1 050）100

（2）甲公司对乙公司投资应确认的投资收益=[1 500-（900÷30÷2）-400]×25%=271.25（万元）

注：2×20年下半年乙公司调整后净利润=调整前1 500-无形资产摊销（900÷30÷2）-未实现内部交易利润（1 200-800）×100%=1 085（万元）

甲公司个别财务报表对乙公司投资采取权益法：

借：长期股权投资——乙公司（损
   益调整）   271.25
  贷：投资收益   271.25
借：长期股权投资——乙公司（其
   他权益变动）   50
  贷：资本公积（其他资本公积）
     （200×25%）50

借：长期股权投资——乙公司（其他综合收益） 100
　　贷：其他综合收益 （400×25%）100

甲公司编制2×20年度合并财务报表时，编制与存货相关的调整分录：

借：长期股权投资——乙公司（损益调整） 100
　　贷：存货 （未实现利润400×25%）100

注：逆流交易调整资产，调整的是甲公司拥有的份额。

（3）2×21年1—6月应确认的投资收益=[500-900÷30÷2+400]×25%=221.25（万元）

注：2×21年1—6月乙公司调整后净利润=调整前500-无形资产摊销15+已实现内部交易利润400=885（万元）

借：长期股权投资——乙公司（损益调整） 221.25
　　贷：投资收益 221.25
借：长期股权投资——乙公司（其他综合收益） 25
　　贷：其他综合收益 （100×25%）25

2×21年7月1日购买日甲公司原持有乙公司25%股权的长期股权投资的账面价值=1 150+271.25+50+100+221.25+25=1 817.5（万元）

注：编制合并报表时对存货内部交易的调整，对长期股权投资调增100万元千万不要加进来，因为它是编制合并报表的"调整分录"，而不是甲公司个别报表记账的"会计分录"。

2×21年7月1日甲公司再购买75%股权：

借：长期股权投资——乙公司（投资成本） （750×10）7 500
　　贷：股本 （750×1）750
　　　　资本公积——股本溢价 （7 500-750）6 750
借：管理费用 700
　　资本公积——股本溢价 800
　　贷：银行存款 1 500

注：取得75%支付的相关税费计入管理费用；发行股票支付的佣金计入所有者权益，冲减资本公积（股本溢价）。

（4）甲公司购买乙公司的合并成本=2 500+750×10=10 000（万元）

注：2×21年7月1日取得100%股权的合并成本=原25%股权的公允价值2 500+新增投资成本750×10=10 000（万元）

商誉=合并成本10 000-取得的被购买方可辨认净资产公允价值份额（8 670×100%）=1 330（万元）

重新计量甲公司原持有乙公司25%股权对利润总额的影响金额=原25%股权公

允价值2 500–原25%账面价值1 817.5=682.5（万元）

注：将原25%股权视同先卖后买。

（5）①将子公司资产、负债调整为购买日公允价值为基础计量（调整分录）：

借：无形资产　　　　　　　　　　　　　　（870+1 400）2 270
　　贷：资本公积　　　　　　　　　　　　　　　　　　2 270
借：管理费用　　　　　　　　　　　　　　　　　　　　155
　　贷：无形资产——累计摊销　　　　　　　　　　　　155

注：2×21年下半年无形资产摊销=870÷29÷2+1 400÷5÷2=15+140=155（万元）。

②将母公司对子公司的投资调整为权益法（调整分录）：

将购买日长期股权投资由账面价值调整为公允价值，原25%股权视同先卖后买：

借：长期股权投资——乙公司（投资成本）　　　　　　682.5
　　贷：投资收益　　　　　　　　　　　　（2 500–1 817.5）682.5
借：长期股权投资——乙公司（损益调整）　　　　　　845
　　贷：投资收益　　　　　　　　　　　　　　（845×100%）845

注：2×21年下半年子公司调整后净利润=调整前1 000–土地使用权摊销（870÷29÷2）–专利权摊销（1 400÷5÷2）=1 000–15–140=845（万元）。

③将母公司长期股权投资与子公司所有者权益抵销（抵销分录）：

借：股本　　　　　　　　　　　　　　　　　　　　　1 000
　　资本公积　　　　　　　　　　　　（1 400+870+1 400）3 670
　　盈余公积　　　　　　　　　　　　（1 500+1 500×10%）1 650
　　其他综合收益　　　　　　　　　　　　　　　　　　500
　　年末未分配利润　　　　　　　　　　　　　　　　　2 695
　　商誉　　　　　　　　　　　　　　　　　　　　　　1 330
　　贷：长期股权投资　　　　　　　　　　　　　　　　10 845

注：2×21年末未分配利润=2×21年7月1日未分配利润2 000+2×21年下半年子公司调整后净利润845–提取盈余公积150=2 695（万元）。

注：2×21年末长期股权投资账面价值（权益法）=2×21年7月1日原25%股权的长期股权投资1 817.5+原25%股权调整为公允价值以确定100%股权的初始投资成本682.5+增持75%成本7 500+权益法确认投资收益845=10 845（万元）。

④将母公司投资收益与子公司利润分配抵销（抵销分录）：

借：投资收益　　　　　　　　　　　　　　　　　　　845
　　年初未分配利润　　　　　　　　　　　　　　　　2 000
　　贷：提取盈余公积　　　　　　　　　　　　（1 500×10%）150

年末未分配利润   2 695

注：本处的年初未分配利润为购买日的数字。

（6）不应调整合并成本。

理由：甲公司预计补偿款发生变化是由于收购之后发生的市场情况改变。

2×21年12月31日确认利润未达标产生的补偿，作为交易性金融资产入账：

借：交易性金融资产   （50万股×11）550
    贷：公允价值变动损益   550

思维拓展

本题以甲公司投资于乙公司为主线，通过第一次投资持股25%，考查长期股权投资权益法的核算；通过第二次投资增持75%达到持股100%，实现企业合并，考查长期股权投资权益法转成本法，以及考查购买日的核算（附对赌协议）和购买日后合并报表的编制。本题的题量很大，考点众多，属于难题。在复习中可作如下拓展：

（1）注册会计师的重要业务，就是每年春天到企业集团进行年度审计。企业集团以投资为纽带，编制合并报表以反映企业集团的财务状况和经营成果。所以，注册会计师必须熟练掌握长期股权投资的核算以及合并报表的编制，才能出高质量的审计报告。

（2）在实务中，随着经济形势变得越来越不确定，企业并购的风险很大。笔者曾经读过一本并购方面的专著，该书作者参与了许多并购实战，是经验丰富的并购参与者，他认为在现今不确定性增加的情况下，为了降低并购风险，有意投资部分股权派个董事过去了解实际情况（权益法核算）；如果该企业真不错，就增持股份把它拿下，即多次投资实现企业并购。这个思路很好，笔者深以为然！这正是本题出题的背景和思路。

长期股权投资拓展内容请参见2023年真题计算分析题第2题、2022年真题计算分析题第1题。

坑点提示

本题容易踩坑的是要求（4）中，要求"计算购买日合并财务报表中重新计量甲公司原持有乙公司25%股权对利润总额的影响金额"，因为通常认为由持有25%股份、增持75%到全资控股，怎么会产生损益呢？殊不知，根据"跨越重大经济界限"理论，由"重大影响"转成"控制"时，合并报表中应改变计量属性，由"账面价值"计量改为"公允价值"计量，对原持有25%的股份应"视同先卖后买"，账面价值与公允价值的差额计入合并报表当期损益，这样就会影响当期利润总额了！

2021年注册会计师全国统一考试《会计》真题详解

审题要点

考查金融资产三分类中以摊余成本计量的金融资产。金融资产同时符合下列条件的，分类为以摊余成本计量的金融资产：①企业管理该金融资产的业务模式是以收取合同现金流量为目标；②该金融资产的合同条款规定，在特定日期产生的现金流量，仅为对本金和以未偿付本金金额为基础的利息的支付。

一、单项选择题（本题型共13小题，每小题2分，共26分。每小题只有一个正确答案，请从每小题的备选答案中选出一个你认为正确的答案，用鼠标点击相应的选项。）

1.下列各项金融资产中，不能以**摊余成本计量**的是（　　）。

A.现金

B.与黄金价格挂钩的结构性存款

C.保本固定收益的银行理财产品

D.随时可以支取的银行定期存款

【本题答案】B

【本题解析】选项B正确，与黄金价格挂钩的结构性存款，其特定日期产生的现金流量，不是仅为对本金和以未偿付本金金额为基础的利息的支付，不能以摊余成本计量；选项A、B、C均满足分类为以摊余成本计量的金融资产的两个条件，可以以摊余成本计量。

思维拓展

根据企业管理金融资产的业务模式和金融资产的合同现金流量特征，将金融资产划分为以下三类：①以摊余成本计量的金融资产（简称第Ⅰ类）；②以公允价值计量且其变动计入其他综合收益的金融资产（简称第Ⅱ类）；③以公允价值计量且其变动计入当期损益的金融资产（简称第Ⅲ类）。金融资产三分类显得怪怪的，是学习中的难点，并且属于考试中的重点。复习中应作如下拓展：

（1）为何分类。金融资产分类的目的，是为了揭示金融资产的风险和报酬，以便进行决策。比如，以交易为目的持有的股票分类为第Ⅲ类"交易性金融资产"，风险大报酬高；而第Ⅰ类"以摊余成本计量的金融资产"拟持有至到期的债券等，属于债权类金融资产，相对于持有股票、持有期权等，风险小报酬低。

（2）如何分类。金融资产分类的基础采用了复合分类标准，即同时考虑管理金融资产的业务模式和合同现金流量特征，将金融资产分为三类：第Ⅰ类以"摊余成本"计量，第Ⅱ类和第Ⅲ类均以"公允价值"计量，其中，第Ⅱ类将公允价值变动计入其他综合收益，第Ⅲ类将公允价值变动计入当期损益。所以，分类的最终结果表现为资金资产的计量属性，要么按照"摊余成本"计量，要么按照"公允价值"计量。那么，这两种计量属性分别表示什么意思呢？从企业持有资产的目的来看，一是使用，二是交易，为了提供有用的信息便于决策，分别采用"历史成本"计量和"公允价值"计量。

$$持有资产\begin{cases}使用\to历史成本计量（摊余成本）\\交易\to公允价值计量\end{cases}$$

例如，企业自用的房屋，关注的是使用价值，至于价格涨跌不太关心，采用"历史成本"计量简单实用；但持有炒股的股票，就非常关注价格变动了，应采用"公允价值"计量，高抛低吸。这就是分别采用历史成本计量和公允价值计量的根本原因。

那么，"摊余成本"又是什么意思呢？其实，"摊余成本"就是"历史成本"的变形。比如，笔者为了购买北京大学北边的住房，在2013年4月从工商银行按揭贷款342万元，年利率5.5675%，30年期。在笔者收到的"工商银行个人贷款还款计划通知单"中载明，2014年每月月供19 563.47元，其中，应还本金3 835.53元，应还利息15 727.94元。则对工商银行来说，它的贷款本金为342万元（即历史成本），每月取得15 727.94元的利息收入；但随着每月收回本金3 835.53元，本金在不断减少。因此，不断变化的本金（历史成本）就称为"摊余成本"！所以，摊余成本本质上就是历史成本，只不过是金融行业的一个特定术语而已。

（3）"以摊余成本计量的金融资产"包含哪些内容。第Ⅰ类"以摊余成本计量的金融资产"需要满足两个条件：以收取合同现金流量为目标和在特定日期产生的现金流量，仅为对本金和以未偿付本金金额为基础的利息的支付。所以，第Ⅰ类只能是债权类（如贷款、应收账款、应收票据、债权投资等），不能是股权类，也不能是混合工具类（比如优先股、永续债、可转债、远期合约、期货、期权、互换等）；而且债权类中只能是"以收取合同现金流量为目标"，不能是交易为目标，以交易为目标应分类为第Ⅱ类或第Ⅲ类。

坑点提示

本题容易踩坑的是选项D，考生误以为"随时可以支取"的银行存

审题要点

考查应交税费中的增值税、资源税、印花税。

企业初次购买增值税税控系统专用设备支付的费用以及缴纳的技术维护费允许在增值税应纳税额中全额抵减的，按规定抵减的增值税应纳税额，借记"应交税费——应交增值税（减免税款）"科目，贷记"管理费用"等科目。

交纳资源税、印花税等价内税，计入成本费用，一般计入"税金及附加"科目。

款由于支取的金额不确定，很可能不能以摊余成本计量，这是误解。实际上，银行定期存款的业务模式是以收取合同现金流量为目标，并且是对本金和以未偿付本金金额为基础的利息的支付，应分类为"以摊余成本计量的"。至于"随时可以支取"，是银行为了吸引客户，方便客户支取应急资金而设置的条款，不是客户管理银行存款的业务模式，出题老师有意写进来，就是为了挖坑。

2.甲公司为增值税一般纳税人。2×20年，甲公司发生的有关交易或事项如下：（1）初次购买增值税税控系统专用设备，实际支付200万元；（2）支付增值税税控系统技术维护费50万元；（3）交纳资源税100万元；（4）交纳印花税80万元。假定税法规定，初次购买增值税税控系统专用设备支付的费用以及缴纳的技术维护费允许在增值税应纳税额中全额抵扣。不考虑其他因素，下列各项关于甲公司上述交易或事项会计处理的表述中，正确的是（　　）。

A.交纳的资源税应计入生产成本

B.交纳的印花税应直接计入当期管理费用

C.支付增值税税控系统技术维护费在增值税应纳税额中抵扣时应确认为营业收入

D.初次购买增值税税控系统专用设备支付的费用在增值税应纳税额中抵扣时应冲减当期管理费用

【本题答案】D

【本题解析】选项D正确，初次购买增值税税控系统专用设备支付的费用在增值税应纳税额中抵扣时应冲减当期管理费用；选项A不正确，交纳的资源税应计入税金及附加，不计入生产成本；选项B不正确，交纳的印花税应直接计入税金及附加，不计入当期管理费用；选项C不正确，支付增值税税控系统技术维护费在增值税应纳税额中抵扣时应冲减管理费用，不应确认为营业收入。

思维拓展

本题拓展内容请参见2023年真题单选题第3题。

坑点提示

本题容易踩坑的是选项B。在早年的相当长时间里，交纳印花税就是计入管理费用。后来改了，根据现行会计准则，应将交纳的印花税计入"税金及附加"，反映了印花税的实质是税金费用，比计入管理费用好，能反映其经济实质。

3.下列各项关于合营安排会计处理的表述中，正确的是（　　）。

A.合营方应对持有的合营企业投资采用成本法核算

B.共同经营的合营方对共同经营的投资应按摊余成本计量

C.共同经营的合营方应按约定的份额比例享有共同经营产生的净资产

D.合营方自共同经营购买不构成业务的资产的，在将该资产出售给第三方前应仅确认该交易产生损益中归属于共同经营其他参与方的部分

【本题答案】D

【本题解析】选项D正确，合营方自共同经营购买不构成业务的资产的，在将该资产出售给第三方前应仅确认该交易产生损益中归属于共同经营其他参与方的部分；选项A不正确，合营方应对持有的合营企业投资采用权益法核算；选项B不正确，共同经营的合营方对共同经营的投资不能按摊余成本计量，在持有期间，合营方应当确认其与共同经营中利益份额相关的资产、负债、收入、费用，并按照相关企业会计准则的规定进行会计处理；选项C不正确，不属于合营方应当确认的与共同经营中利益份额相关的项目。

> 审题要点
>
> 考查合营安排的会计处理。
> 合营安排分为两类：共同经营和合营企业。
> 合营企业的合营方应当按照长期股权投资权益法核算其对合营企业的投资。
> 共同经营的合营方应当确认其与共同经营中利益份额相关的资产、负债、收入、费用，并按照相关企业会计准则的规定进行会计处理。

思维拓展

合营安排分为两类：共同经营和合营企业。其中，共同经营少见，合营企业常见。在复习中可作如下拓展：

（1）共同经营和合营企业的区别。

共同经营是指共同控制一项安排的参与方享有与该安排相关资产的权利，并承担与该安排相关负债的合营安排。未通过单独主体达成的合营安排，应当划分为共同经营，所以共同经营通常不是一个独立的会计主体。

合营企业是共同控制一项安排的参与方仅对该安排的净资产享有权利的合营安排。通过单独主体达成的合营安排，通常应当划分为合营企业。所以，合营企业一定是一个会计主体。

区分共同经营还是合营企业的关键是享有资产还是享有净资产。凡是享有资产的合营安排就属于共同经营，凡是享有净资产的就是合营企业。

（2）共同经营合营方的会计处理。合营方应当确认其与共同经营中利益份额相关的下列项目，并按照相关企业会计准则的规定进行会计

处理：①确认单独所持有的资产，以及按其份额确认共同持有的资产；②确认单独所承担的负债，以及按其份额确认共同承担的负债；③确认出售其享有的共同经营产出份额所产生的收入；④按其份额确认共同经营因出售产出所产生的收入；⑤确认单独所发生的费用，以及按其份额确认共同经营发生的费用。通俗地说，就是谁家孩子谁抱走。

（3）合营企业合营方的会计处理。合营方应当按照长期股权投资权益法核算其对合营企业的投资。当被投资单位所有者权益发生增加变化时，合营方应分别确认投资收益、其他综合收益、资本公积（其他资本公积）等。

坑点提示

本题容易踩坑的是选项C。未通过单独主体达成的合营安排，应当划分为共同经营，所以共同经营通常不是一个独立的会计主体。不是一个独立的会计主体就不单独核算净资产，而是由合营方分别确认其与共同经营中利益份额相关的资产、负债、收入和费用，而不是"按约定的份额比例享有共同经营产生的净资产"。选项C似是而非，考生容易踩坑。

4. 2×20年1月1日，甲公司对外发行2 000万份认股权证，行权日为2×21年7月1日，每份认股权证可以在行权日以8元的价格认购甲公司1股新发行的股份。2×20年度，甲公司发行在外普通股加权平均数为6 000万股，每股平均市场价格为10元；2×20年度甲公司归属于普通股股东的净利润为5 800万元。不考虑其他因素，甲公司2×20年度的**稀释每股收益**是（　　）。

A. 0.73元/股　　　　　　B. 0.76元/股
C. 0.91元/股　　　　　　D. 0.97元/股

【本题答案】C

【本题解析】选项C正确，计算过程如下：甲公司2×20年度的稀释每股收益=归属于普通股股东净利润5 800÷发行在外普通股股数[6 000+（2 000-2 000×8÷10）]=5 800÷[6 000+（2 000-1 600）]=5 800÷6 400=0.91（元/股）。

思维拓展

每股收益最容易出一道客观题，有时要求计算基本每股收益，有时要求计算稀释每股收益，最"过分"的是先计算基本每股收益、再计

审题要点

考查稀释性普通股的计算。稀释性潜在普通股是指假设当期转换为普通股会减少每股收益的潜在普通股，主要包括可转换公司债券、认股权证、股份期权等。

对于稀释性认股权证，计算稀释每股收益时，一般无需调整分子净利润金额，只需要按照下列步骤调整分母普通股加权平均数：①假设这些认股权证在当期期初（或发行日）已经行权，计算按约定行权价格发行普通股将取得的股款金额；②假设按照当期普通股平均市场价格发行股票，计算需发行多少普通股能够带来上述相同的股款金额；③比较行使认股权证将发行的普通股股数与按照平均市场价格发行的普通股股数，差额部分相当于无对价发行的普通股，作为发行在外普通股股数的净增加；④将净增加的普通股股数乘以其假设发行在外的时间权重，据此调整计算稀释每股收益的分母数。

算稀释每股收益。在复习中可作如下拓展：

（1）每股收益是指普通股股东每持有一股普通股所能享有的企业利润或需承担的企业净亏损。计算每股收益的目的是反映不同规模企业的盈利水平。

应计算每股收益的企业包括：①普通股或潜在普通股已公开交易的企业；②正处于公开发行普通股或潜在普通股过程中的企业。这些企业计算的每股收益指标，在招股说明书、年度财务报告、中期财务报告等公开披露信息中予以列报。

（2）稀释每股收益是以基本每股收益为基础，"假定"企业所有发行在外的稀释性潜在普通股均已转换为普通股，从而分别调整归属于普通股股东的当期净利润以及发行在外普通股的加权平均数计算的每股收益。基本每股收益仅考虑当期实际发行在外的普通股股份，而稀释每股收益的计算和列报主要是为了避免每股收益虚增可能带来的信息误导。

（3）稀释每股收益经常出题的有发行可转换公司债券下稀释每股收益的计算、发行认股权证下稀释每股收益的计算。

5.下列各项关于或有事项会计处理的表述中，正确的是（　　）。

A.或有事项符合负债确认条件时，应按最佳估计数进行初始计量

B.或有事项涉及的潜在义务应按最可能发生的金额确认相关负债

C.企业无需对资产负债表日存在并已确认负债的或有事项的账面价值进行复核

D.因或有事项符合确认条件而确认的资产和负债应在资产负债表中按净额列报

【本题答案】A

【本题解析】选项A正确，或有事项符合负债确认条件时，应按最佳估计数进行初始计量；选项B不正确，或有事项涉及的潜在义务不能确认负债，不符合确认条件；选项C不正确，企业应该对资产负债表日存在并已确认负债的或有事项的账面价值进行复核；选项D不正确，因或有事项符合确认条件而确认的资产和负债应在资产负债表中应按总额列报。

> **审题要点**
>
> 考查或有事项的确认、计量。或有事项包括有利事项和不利事项。如果与或有事项相关的义务（不利事项）同时符合三个条件，企业应将其确认为预计负债。预计负债与其相关的补偿金额确认为其他应收款后，应按总额分别列示。

思维拓展

预计负债的确认、计量和列报始终是考试的重点之一。本题拓展内容请参见2022年真题单选题第4题。

> **坑点提示**
>
> 本题容易踩坑的是选项D。确认未决诉讼损失时，借记"营业外支出"科目，贷记"预计负债"科目；如果基本确定能取得补偿金额，则借记"其他应收款"科目，贷记"营业外支出"科目，所以"营业外支出"就是以借方和贷方相抵后的净额列示，故容易误以为由此产生的预计负债和其他应收款也是以相抵后的净额列示在预计负债中。实际上，财务报表项目应当以总额列报，资产和负债、收入和费用、直接计入当前利润的利得和损失项目的金额不能相互抵销，即不得以净额列报。如果把预计负债（A企业）与其他应收款（B企业）相抵销，按净额列报，就虚减了资产和负债。哪怕是同一债权、债务人，没有取得对方同意按净额结算的情况下，也是不能将债权债务抵销的。

6. 2×20年，甲公司发生的有关交易或事项如下：（1）甲公司以其生产的产品作为奖品，奖励给20名当年度被评为优秀的生产工人。上述产品的销售价格总额为500万元，销售成本为420万元；（2）根据甲公司确定的利润分享计划，以当年度实现的利润总额为基础，计算的应支付给管理人员利润分享金额为280万元；（3）甲公司于当年起对150名管理人员实施累积带薪年休假制度，每名管理人员每年可享受7个工作日的带薪年休假，未使用的年休假只能向后结转一个日历年度，超过1年未使用的权利作废，也不能得到任何现金补偿。2×20年，有10名管理人员每人未使用带薪年休假2天，预计2×21年该10名管理人员将每人休假9天。甲公司平均每名管理人员每个工作日的工资为300元。不考虑相关税费及其他因素，下列各项关于甲公司上述职工薪酬会计处理的表述中，正确的是（　　）。

A. 将自产的产品作为奖品发放应按420万元确认应付职工薪酬

B. 2×20年应确认10名管理人员未使用带薪年休假费用0.6万元并计入管理费用

C. 根据利润分享计划计算的2×20年应支付给管理人员的280万元款项应作为利润分配处理

D. 2×20年应从工资费用中扣除已享受带薪年休假权利的140名管理人员的工资费用29.4万元

【本题答案】B

【本题解析】选项B正确，2×20年应确认10名管理人员未使用带薪年休假费用=（9-7）天×10人×300元=6 000元；选项A不正确，

审题要点

考查职工薪酬中的非货币性福利、带薪缺勤、短期利润分享计划。

用自产产品发放给员工，应视同销售按公允价值确认营业收入。

累积带薪缺勤应按权责发生制确认当期费用。

利润分享计划不是真正的利润分配，而是根据利润为计算奖金的基础。

确认应付职工薪酬的金额应为销售价格总额500万元，而不是成本420万元；选项C不正确，根据利润分享计划计算的2×20年应支付给管理人员的280万元款项应作为成本费用处理，不应作为利润分配，因为高管属于经营者而不是投资者；选项D不正确，2×20年不应从工资费用中扣除已享受带薪年休假权利的140名管理人员的工资费用29.4万元，带薪缺勤属于职工薪酬的组成部分。

思维拓展

职工薪酬是企业最常见的业务，但考试基本不考大题，因为主要是基本知识。复习中可作如下拓展：

（1）职工薪酬的范围。职工薪酬是指企业为获得职工提供的服务或解除劳动关系而给予的各种形式的报酬或补偿，企业提供给职工配偶、子女、受赡养人、已故员工遗属及其他受益人等的福利，也属于职工薪酬，即用人的代价都属于职工薪酬。职工薪酬包括短期薪酬、离职后福利、辞退福利和其他长期职工福利等四类。

（2）非货币性福利。企业以其生产的产品作为非货币性福利提供给职工的，应分为两个步骤处理：①确认：企业以其自产产品作为非货币性福利发放给职工的，应当根据受益对象，按照该产品的公允价值，计入相关资产成本或当期损益，同时确认应付职工薪酬；②发放：把自产产品作为职工薪酬发放给职工时，相当于销售应确认主营业务收入。

（3）带薪缺勤。带薪缺勤包括带薪的年休假、病假、短期伤残、婚假、产假、丧假、探亲假等。带薪缺勤分为累积带薪缺勤和非累积带薪缺勤。累积带薪缺勤，是指带薪缺勤权利可以结转下期的带薪缺勤，本期尚未用完的带薪缺勤权利可以在未来期间使用。企业应当在职工提供服务从而增加了其未来享有的带薪缺勤权利时，确认与累积带薪缺勤相关的职工薪酬，并以累积未行使权利而增加的预期支付金额计量。

（4）利润分享计划。利润分享计划是指因职工提供服务而与职工达成的基于利润或其他经营成果提供薪酬的协议。利润分享计划虽然与企业经营业绩挂钩，但是由于职工提供服务而产生的，因此，企业应当将利润分享作为费用处理或计入资产成本，不能作为净利润的分配。

坑点提示

本题容易踩坑的是选项C。事实上，本处的"利润分享计划"不是将净利润的一部分分配给公司管理人员，而是以净利润作为计算奖金的依据，体现了企业绩效高，公司管理人员的报酬就高。在这一激励机制下，相关利益者人人奋勇争先，通常企业效益好。所以，短期利润分享计划本质上是对职工的激励，支付给职工的奖金应计入成本费用，而不能作为利润分配处理。

历年考情

本题与2019年多选题第7题类似，均涉及非货币性福利等，可对比复习。

7. 2×19年7月1日，甲公司向银行借入3 000万元，借款期限2年，年利率4%（类似贷款的市场年利率为5%），该贷款专门用于甲公司办公楼的建造。2×19年10月1日，办公楼开始实体建造，甲公司支付工程款600万元。2×20年1月1日、2×20年7月1日又分别支付工程款1 500万元、800万元。2×20年10月31日，经甲公司验收，办公楼达到预定可使用状态。2×20年12月31日，甲公司开始使用该办公楼。不考虑其他因素，下列各项关于甲公司建造办公楼会计处理的表述中，正确的是（　　）。

A.借款费用开始资本化的时间为2×19年7月1日

B.借款费用应予资本化的期间为2×19年7月1日至2×20年12月31日止

C.按借款本金3 000万元、年利率4%计算的利息金额作为应付银行的利息金额

D.按借款本金3 000万元、年利率4%计算的利息金额在资本化期间内计入建造办公楼的成本

【本题答案】C

【本题解析】选项C正确，应付利息=借款本金3 000×借款利率4%×期限1年；选项A不正确，借款费用资本化应满足三个条件：①资产支出已经发生；②借款费用已经发生；③为使资产达到预定可使用或者可销售状态所必需的购建或者生产活动已经开始（实体建造），故资本化起点为2×19年10月1日；选项B不正确，借款费用应予资本化的期间为2×19年10月1日至2×20年10月31日止；选项D不正确，计算利息费用应采用实际利率5%（即类似贷款的市场年利率），而不是借款利率4%。

审题要点

考查专门借款利息费用资本化。

专门借款利息资本化应解决资本化期间的确定和资本化金额的计算。

借款费用开始资本化应同时具备三个条件：①资产支出已经发生；②借款费用已经发生；③为使资产达到预定可使用或者可销售状态所必需的购建或者生产活动已经开始。

为购建或者生产符合资本化条件的资产而借入专门借款的，应当以专门借款当期实际发生的利息费用，减去将尚未动用的借款资金存入银行取得的利息收入或者进行暂时性投资取得的投资收益后的金额确定。

思维拓展

应付利息和利息费用的区别

项目	计算公式	报表列示
应付利息	应付利息=长期借款本金×借款利率×期限	"应付利息"应列示在资产负债表中：如果是分期付息，则列示在流动负债中的"应付利息"项目；如果是到期一次还本付息，则列示在非流动负债中的"长期借款"项目
利息费用	利息费用=长期借款期初摊余成本×实际利率×期限	利息费用有两个去向：资本化或费用化。"利息费用"在资本化情况下，应列示在资产负债表中的"固定资产""在建工程"等项目；在费用化情况下，应列示在利润表中的"财务费用"项目

其他拓展内容请参见2023年真题多选题第12题。

坑点提示

本题容易踩坑的是选项D。借款的利息有两个概念——应付利息和利息费用，很容易混淆，应仔细分辨清楚：应付利息采用贷款利率计算；利息费用采用实际利率计算。计算公式如下：

（1）应付利息=长期借款本金×贷款利率×期限

（2）利息费用=长期借款期初摊余成本×实际利率×期限

为什么票面利率经常不等于实际利率呢？那是因为存在融资辅助费用。比如，按面值发行10亿元债券，年利率6%，5年期。在债券发行中支付给券商佣金手续费500万元，融资净额为9.95亿元（10-0.05）。则本次发行债券的票面利率为6%，实际利率一定高于6%。所以，本题应采用4%的贷款利率计算应付利息，采用5%的实际利率计算利息费用。

抢分秘籍

围绕借款资本化做好复习，包括资本化期间的确定、资本化金额的计算，这是借款费用章节考试的核心内容。

8.2×20年9月10日，甲公司董事会会议决议：（1）拟出售其子公司（乙公司）60%的股权，剩余20%股权仍对乙公司具有重大影响；（2）因甲公司经营战略发生变化，甲公司拟出售其原作为主要经营业务的资产组（包括固定资产和无形资产）。2×20年10月10日，甲公司与丙公司、丁公司分别签订的转让资产协议约定，甲公司应于2×21年5月1日前办理完成转让乙公司60%股权过户登记手续，以及出售主要经营业务的资产组所涉及资产的所有权转让手续。不考虑其他因素，下

审题要点

考查持有待售中转让子公司部分股权和转让本企业主要经营业务的资产组。应判断是否满足"持有待售"条件。如果满足"持有待售"条件，这些非流动资产在资产负债表中如何列示为流动资产。

列各项关于上述交易或事项在甲公司2×20年度财务报表列报的表述中，正确的是（　　）。

A.乙公司的资产总额和负债总额在合并资产负债表中分别在"持有待售资产"和"持有待售负债"项目列示

B.拟转让业务所涉及的所有资产在个别资产负债表中应按资产性质在"固定资产"和"无形资产"项目分别列示

C.拟转让业务所涉及的资产组的公允价值高于账面价值的差额在合并利润表的"公允价值变动收益"项目列示

D.在个别资产负债表中应将拟出售乙公司60%股权在"持有待售资产"项目列示，剩余20%股权在"长期股权投资"项目列示

【本题答案】A

【本题解析】选项A正确，对乙公司的投资作为持有待售；选项B不正确，拟转让业务所涉及的所有资产在个别资产负债表中应作为"持有待售资产"列报；选项C不正确，如果持有待售的非流动资产或处置组整体账面价值低于其公允价值减去出售费用后的净额，企业不需要对账面价值进行调整，不涉及合并利润表；选项D不正确，企业因出售对子公司的投资等原因导致其丧失对子公司控制权的，无论出售后企业是否保留部分权益性投资，应当在拟出售的对子公司投资满足持有待售类别划分条件时，在母公司个别财务报表中将对子公司投资整体划分为持有待售类别，在合并财务报表中将子公司所有资产和负债划分为持有待售类别。

思维拓展

本题拓展内容请参见2022年真题多选题第4题。

坑点提示

本题容易踩坑的是选项B。该转让的资产组符合"持有待售"的定义，应将该资产组转入"持有待售资产"，账面上不存在固定资产和无形资产了，不按"固定资产"和"无形资产"项目分别列示。

抢分秘籍

首先，准确理解"持有待售"的两个条件；其次，掌握不同资产转为持有待售时如何进行列报，整个持有待售准则核心问题是如何列报。

9. 2×20年1月1日，甲公司的母公司（乙公司）将其持有的800万股甲公司普通股，以每股8元的价格转让给甲公司的8名高管人员；当日，甲公司的该8名高管人员向乙公司支付了6 400万元，办理完成股权过户登记手续，甲公司当日股票的市场价格为每股10元。根据股份转让协议约定，甲公司的该8名高管人员自2×20年1月1日起需在甲公司服务满3年，否则乙公司将以每股8元的价格向该8名高管人员回购其股票。2×20年12月31日，甲公司股票的市场价格为每股12元。截至2×20年12月31日，甲公司该8名高管人员均未离职，预计未来3年内也不会有人离职。不考虑其他因素，下列各项关于甲公司2×20年度对上述交易或事项会计处理的表述中，正确的是（　　）。

A. 因甲公司不承担结算义务，无需进行会计处理

B. 甲公司对乙公司转让股份给予其高管人员，应按权益结算的股份支付进行会计处理

C. 甲公司应按2×20年12月31日的股票市场价格确认相关股份支付费用和应付职工薪酬

D. 甲公司应于2×20年1月1日一次性确认全部的股权激励费用，无需在等待期内分期确认

【本题答案】B

【本题解析】选项A不正确，选项B正确：甲公司作为集团内股份支付中接受服务的企业，尽管没有结算义务（如，由母公司直接向该子公司的高管人员授予股份），应当将该股份支付交易作为权益结算的股份支付进行会计处理，确认所接受服务的成本费用，同时确认资本公积（其他资本公积）；选项C和选项D均不正确，因为对于权益结算的股份支付，企业应在等待期内的每个资产负债日，以对可行权权益工具数量的最佳估计为基础，按照权益工具在授予日的公允价值，将当期取得的服务计入相关资产成本或当期费用，同时计入资本公积中的其他资本公积。

思维拓展

集团内股份支付不是常见的业务，通常涉及结算方和接受服务方分别进行会计处理。对于结算企业，应当区分两种情况进行处理：

（1）结算企业以其本身权益工具结算的，应当将该股份支付交易作为权益结算的股份支付进行会计处理。结算企业是接受服务的母公司，结算企业（母公司）由于承担了向接受服务企业（子公司）的职工

审题要点

考查股份支付中的集团股份支付。

集团股份支付对于接受服务企业，应区分两种情况进行会计处理：①接受服务企业没有结算义务，或者虽然有结算义务但授予本企业职工的是其本身权益工具的，应当将该股份支付交易作为权益结算的股份支付进行会计处理，确认所接受服务的成本费用，同时确认资本公积（其他资本公积）；②接受服务企业具有结算义务，且授予本企业职工的是企业集团内其他企业权益工具的，应当将该股份支付交易作为现金结算的股份支付进行会计处理，确认所接受服务的成本费用，同时确认一项负债。

（如高管人员）结算股份支付的义务，因而视为对该接受服务企业（子公司）的投入，应当按照授予日该权益工具的公允价值增加对该接受服务企业（子公司）的长期股权投资成本，同时确认资本公积（其他资本公积）。

（2）结算企业不是以其本身权益工具而是以集团内其他企业的权益工具结算的，应当将该股份支付交易作为现金结算的股份支付进行会计处理。结算企业是接受服务的母公司，结算企业（母公司）由于承担了向接受服务企业（子公司）的职工（如高管人员）结算股份支付的义务，因而视为对该接受服务企业（子公司）的投入，应当按照应承担负债的公允价值增加对该接受服务企业（子公司）的长期股权投资成本，应当同时确认一项负债。

坑点提示

本题容易踩坑的是选项 A。实际上，在集团股份支付情况下，作为接受服务的企业，法律形式上没有结算义务，但实质上是母公司增加了对子公司的长期股权投资，子公司是有代价的，应确认成本费用，同时确认资本公积（其他资本公积）。

抢分秘籍

首先，判断甲公司作为接受服务的企业需要进行会计处理；然后，判断是权益结算还是现金结算，因没有结算义务，应作为权益结算；最后，记住权益结算的两个特点，一是以授予日权益工具的公允价值作为计量基础计入成本费用，二是计入资本公积（其他资本公积），而不是应付职工薪酬。

> **审题要点**
>
> 考查所有者权益中资本公积（股本溢价）和其他综合收益。
>
> 资本公积有两个明细科目，包括资本溢价（股本溢价）和其他资本公积。其中：资本溢价（股本溢价）表示投资者的投入；而其他资本公积属于投资者投入的准备；资本公积（股本溢价）可用于转增资本。
>
> 其他综合收益分为两类：以后会计期间不能重分类进损益的其他综合收益和以后会计期间在满足规定条件时将重分类进损益的其他综合收益。

10.下列各项所有者权益相关项目中，以后期间能够转入当期净利润的是（　　）。

A.股本溢价

B.重新计量设定受益计划变动额

C.非交易性权益工具投资公允价值变动额

D.现金流量套期工具产生的利得或损失中属于有效套期的部分

【本题答案】D

【本题解析】选项D正确，现金流量套期工具产生的利得或损失中属于有效套期的部分应反映在其他综合收益中，最终应转入当期损益；选项A不正确，资本公积（股本溢价）不能转入损益，在履行必要的增资手续后，资本公积（股本溢价）可以转入股本；选项B重新计量设定受益计划变动额和选项C非交易性权益工具投资公允价值变动额，均反映在其他综合收益中，根据准则规定，不得转入当期损益，故选项B和C均不正确。

思维拓展

其他综合收益，是指企业根据其他会计准则规定未在当期损益中确认的各项利得和损失。其他综合收益的本质是某项经济业务产生的浮盈、浮亏，在该业务结束时其他综合收益应该转平，正常情况下应转入当期损益，特殊情况下应转入留存收益。

"特殊情况"说来话长。比如，为什么"非交易性权益工具投资公允价值变动额"计入其他综合收益后，在处置其他权益投资后只能将其他综合收益转入留存收益呢？非交易性权益工具投资可以指定为其他权益工具投资（公允价值变动计入其他综合收益），考虑到非交易性权益工具投资时间长（有时达几十年）、报酬高，则计入其他综合收益的金额可能很大。如果允许将其他综合收益转入当期损益（投资收益），那么会有两个不利的经济后果：一是转入的当月引起利润的剧烈波动，业绩不稳定；二是可以随意调节利润，只要业绩完不成，就处置其他权益工具投资，将"潜伏"多年的其他综合收益转入当期损益，业绩就完成了！会计准则制定者为了规避不利后果，就规定：非交易性权益工具投资一旦指定为以公允价值计量且其变动计入其他综合收益的金额资产，除分回股利计入当期损益（投资收益）外，从此不再产生损益了！这样处理，虽然霸道，但也不无道理。

坑点提示

本题容易踩坑的是选项A，考生误以为"股本溢价"在以后期间能够转入当期净利润。事实上，资本公积（股本溢价）是由于投资者在投入资本时，为了"补偿"前期投资者的货币时间价值、投资风险价值以及占有前期的留存收益而多投入的资本。为了正确评价经营者的业绩，对于多投入的资本公积（股本溢价），是万万不能转入损益的，否则就混淆了投入与产出的界限，不能正确评价经营者的业绩了！

抢分秘籍

清晰认识所有者权益的两个来源：投入和产出。投入包括股本、其他权益工具（优先股）、资本公积、库存股（减项）；产出包括已计入损益后的留存收益和未计入损益的其他综合收益。所有者权益的各项目性质是不同的，见下表：

所有者权益各项目的性质

所有者权益的内容			备注
实收资本（股本）	普通股是投资者投入中要求分配股利、有表决权的部分		投资者投入
其他权益工具	其他权益工具包括优先股、永续债等。优先股是投资者投入中要求优先分配股利、没有表决权的部分		
资本公积	资本溢价（股本溢价）	投资者投入中既不要求分配股利，也没有表决权的部分	
	其他资本公积	①权益法下确认被投资单位其他因素引起的所有者权益的变动；②以权益结算的股份支付授予职工或其他方的权益工具的公允价值	权益性交易形成，属于投入的准备
减：库存股	库存股作为所有者权益的减项		股本的备抵项目，投入的减少
其他综合收益	经营者业绩中未计入损益的部分		产出中属于未计入损益的业绩
盈余公积	留存收益的组成部分，包括法定盈余公积和任意盈余公积		产出中属于已指定用途的积累
未分配利润	留存收益的组成部分		产出中属于未指定用途的积累

11. 2×20年，甲公司发生的有关交易或事项如下：（1）2月1日，甲公司所在地政府与其签订的合同约定，甲公司为当地政府开发一套交通管理系统，合同价格900万元。该交通管理系统已于2×20年12月20日经当地政府验收并投入使用，合同价款已收存甲公司银行。（2）经税务部门认定，免征甲公司2×20年度企业所得税150万元。（3）甲公司开发的高新技术设备于2×20年9月30日达到预定可使用状态并投入使用，该设备预计使用10年，预计净残值为零，采用年限平均法计提折旧。为鼓励甲公司开发高新技术设备，当地政府于2×20年7月1日给予甲公司补助100万元。（4）收到税务部门退回的增值税额80万元。甲公司对<u>政府补助</u>采用总额法进行会计处理，不考虑相关税费及其他因素，下列各项关于甲公司2×20年度对上述交易或事项会计处理的表述中，正确的是（　　）。

A. 免征企业所得税作为政府补助确认为其他收益

B. 退回的增值税额作为政府补助确认为其他收益

> **审题要点**
>
> 考查政府补助概念、总额法。直接免征、增加计税抵扣额、抵免部分税额等不涉及资产直接转移的经济资源，不适用政府补助准则。
>
> 政府补助是无偿的，企业从政府取得的经济资源，如果与企业销售商品或提供劳务等活动密切相关，且来源于政府的经济资源是企业商品或服务的对价的组成部分，不属于政府补助，应执行《企业会计准则第14号——收入》。

C.为当地政府开发的交通管理系统取得的价款作为政府补助确认为其他收益

D.当地政府给予的开发高新技术设备补助款作为政府补助于2×20年确认5万元的其他收益

【本题答案】B

【本题解析】选项B正确，退回的增值税额作为政府补助确认为其他收益，但应注意，增值税出口退税实际上是政府退回企业事先垫付的进项税额，不属于政府补助；选项A不正确，直接免征、增加计税抵扣额、抵免部分税额等不涉及资产直接转移的经济资源，不适用政府补助准则；选项C不正确，为当地政府开发的交通管理系统取得的价款属于提供劳务收入，属于互惠交易，执行收入准则；选项D不正确，与资产相关的政府补助，收到政府补助时先计入递延收益，在相关资产使用寿命内按合理、系统方法分期计入损益，当地政府给予的开发高新技术设备补助款作为政府补助于2×20年确认2.5万元的其他收益（100÷10÷12×3）。

思维拓展

本题拓展内容请参见2023年真题单选题第7题。

坑点提示

本题容易踩坑的是选项B，考生误以为"退回的增值税额作为政府补助确认为其他收益"不正确，因为教材中说"增值税出口退税不属于政府补助"。事实上，增值税退税有国内销售的即征即退和出口退税，国内销售的即征即退属于政府补助，考生有时分不清，特别容易踩坑。笔者将有关增值税优惠政策的三种情况归纳为"先交后退、不交不退、不交有退"，非常经典，现图示如下：

增值税 ｛ 即征即退（先交后退）（属于政府补助）
免税（不交不退）（如销售残疾人用品）（不属于政府补助）
出口退税（不交有退）（不属于政府补助）

抢分秘籍

首先，准确理解政府补助的定义和特征，确定哪些事项属于政府补助；然后，对政府补助采用总额法或净额法进行会计处理。

12.在母公司含有实质上构成对子公司（境外经营）净投资的外币

审题要点

考查外币折算中外币报表的折算。

在企业境外经营为其子公司的情况下，企业在编制合并财务报表时，应按少数股东在境外经营所有者权益中所享有的份额计算少数股东应分担的外币报表折算差额，并入"少数股东权益"列示于合并资产负债表，同时并入"少数股东损益"列示于合并利润表。

母公司含有实质上构成对子公司（境外经营）净投资的外币货币性项目的情况下，在编制合并财务报表时，应分别两种情况编制抵销分录：①实质上构成对子公司净投资的外币货币性项目以母公司或子公司的记账本位币反映，则应在抵销长期应收、应付项目的同时，将其产生的汇兑差额转入"其他综合收益"项目，即借记或贷记"财务费用"科目，贷记或借记"其他综合收益"；②实质上构成对子公司净投资的外币货币性项目以母、子公司的记账本位币以外的货币反映，则应将母、子公司此项外币货币性项目产生的汇兑差额相互抵销，差额转入"其他综合收益"。

长期应收款项目的情况下，不考虑其他因素，下列各项关于甲公司**合并财务报表有关外币报表折算会计处理**的表述中，正确的是（　　）。

A．归属于少数股东的外币报表折算差额应在少数股东权益项目列示

B．外币货币性项目以母公司记账本位币反映的，在抵销母子公司长期应收应付项目的同时，应将产生的汇兑差额在财务费用项目列示

C．外币货币性项目以子公司记账本位币反映的，在抵销母子公司长期应收应付项目的同时，应将产生的汇兑差额在财务费用项目列示

D．外币货币性项目以母公司或子公司以外的货币反映的，在抵销母子公司长期应收应付项目的同时，应将产生的汇兑差额在财务费用项目列示

【本题答案】A

【本题解析】选项A正确，归属于少数股东的外币报表折算差额应在少数股东权益项目列示；选项B、C均不正确，因为实质上构成对子公司净投资的外币货币性项目以母公司或子公司的记账本位币反映，则应在抵销长期应收、应付项目的同时，将其产生的汇兑差额转入"其他综合收益"项目；选项D不正确，外币货币性项目以母公司或子公司以外的货币反映的，在抵销母子公司长期应收应付项目的同时，应将产生的汇兑差额在其他综合收益项目列示。

思维拓展

本题考查了外币折算中比较冷僻的一个考点：母公司含有实质上构成对子公司（境外经营）净投资的外币货币性项目的情况下，在编制合并财务报表时外币报表的折算。难就难在很多考生不理解"母公司含有实质上构成对子公司（境外经营）净投资的外币货币性项目"是什么意思。

笔者在当年做审计业务时见到一个案例，可以说明这个问题：北京的甲公司在美国投资了一个子公司（乙公司），乙公司是境外经营子公司，甲公司的记账本位币为人民币，乙公司的记账本位币为美元。乙公司注册资本为100万美元，但随着业务的开展，流动资金紧张，乙公司要求甲公司继续投资1 000万美元。甲公司按要求投入1 000万美元用于补充流动资金，但乙公司没有变更注册资本，也没有还款计划，适时归还。这种情况下，甲公司将其记入"长期应收款"而不记入"长期股权投资"。这个长期应收款1 000万美元就是"母公司含有的实质上构成对子公司（境外经营）净投资的外币货币性项目"，也就是表面看似乎是债

权（长期应收款属于货币性项目），因没有还款计划，实质上是投资款。

> **坑点提示**
>
> 本题容易踩坑的是选项B，因为在考生印象中，货币性项目产生的汇兑差额是计入财务费用的。实际上，此处不是外币交易的折算，而是外币报表的折算。外币交易折算中，企业对外币银行存款进行折算时产生的汇兑差额，是有真实的现金流的，计入当期损益（财务费用）是有道理的；但外币报表折算产生的汇兑差额是没有现金流的，属于浮盈、浮亏，应计入<u>其他综合收益</u>为好，这样可以避免超额利润分配。因此，考生应仔细分辨清楚外币交易产生的汇兑差额和外币报表折算产生的汇兑差额的处理方法是不同的。

13.甲公司为增值税一般纳税人。2×10年12月，甲公司购入一条生产线，实际发生的成本为5 000万元，其中控制装置的成本为800万元。甲公司对该生产线采用年限平均法计提折旧，预计使用20年，预计净残值为零。2×18年末，甲公司对该生产线进行更新改造，更换控制装置使其具有更高的性能。更换控制装置的成本为1 000万元，增值税额为130万元。另外，更新改造过程中发生人工费用80万元；外购工程物资400万元（全部用于该生产线），增值税额52万元。2×19年10月，生产线完成更新改造达到预定可使用状态。不考虑其他因素，该<u>生产线更新改造后，结转固定资产的入账金额</u>是（　　）。

A. 4 000万元　　　　B. 4 182万元
C. 5 680万元　　　　D. 5 862万元

> **审题要点**
>
> 考查固定资产更新改造入账价值。
> 固定资产更新改造后的成本，包括更新改造前固定资产账面价值（应扣除被替换部分的账面价值），加上改造发生的成本。

【本题答案】A

【本题解析】选项A正确，计算过程如下：该生产线更新改造后，结转固定资产的入账金额=（生产线原值5 000–更换掉的控制装置原值800–控制装置外的折旧额4 200÷20×8）+更换控制装置成本1 000+人工费80+工程物资400=4 000（万元）。

> **思维拓展**
>
> 固定资产更新改造比较容易出题，拓展内容请参见2023年真题计算分析题第1题。

> **坑点提示**
>
> 本题容易踩坑的是，考生误以为更换控制装置和外购工程物资相

关的"增值税额"130万元和52万元不得抵扣应转入更新改造成本。实际上，增值税从历史发展看有三种类型：生产型、收入型和消费型。生产型增值税下，外购固定资产进项税额不得抵扣；收入型增值税下，外购固定资产进项税额分期抵扣；消费型增值税下，外购固定资产进项税额一次抵扣。早年我国实行的是生产型增值税，上述与更换控制装置和外购工程物资的进项税额应该转入更新改造成本；但是，现行增值税实行的是消费型增值税，外购固定资产可以一次性抵扣，无需转出。所以选项A固定资产入账价值4 000万元正确。

二、多项选择题

（本题型共12小题，每小题2分，共24分。每小题均有多个正确答案，请从每小题的备选答案中选出你认为正确的答案，用鼠标点击相应的选项。每小题所有答案选择正确的得分，不答、错答、漏答均不得分。）

1. 2×20年，甲公司发生的有关交易或事项如下：（1）甲公司持有乙公司60%的股权，其与丙公司签订合同，拟全部出售对乙公司的股权投资，截至2×20年末已办理完成股权过户登记手续，出售股权所得价款已收存银行；（2）甲公司发现应于2×19年确认为当年费用的某项支出未计入2×19年利润表，该费用占2×19年实现净利润的0.2%；（3）自甲公司设立以来，其对销售的商品一贯提供3年内的产品质量保证，但在与客户签订的合同或法律法规中并没有相应的条款；（4）因甲公司对丁公司提供的一批商品存在质量问题，丁公司向法院提起诉讼，向甲公司索赔500万元，截至2×20年12月31日法院仍未作出最终判决。不考虑其他因素，下列各项关于上述交易或事项会计处理的表述中，正确的有（　　）。

A.甲公司销售商品提供3年内的产品质量保证属于一项推定义务

B.甲公司未在2×19年确认的费用因其不重要而无需调整2×19年度的财务报表

C.乙公司虽被甲公司出售，但乙公司的财务报表仍应按持续经营假设对会计要素进行确认、计量和报告

D.甲公司未经法院最终判决的诉讼事项因资产负债表日未获得全部信息而无需进行会计处理，符合及时性要求

【本题答案】ABC

【本题解析】选项A正确，本考点考查的是负债的概念，义务可以是法定义务和推定义务，推定义务是指根据企业多年来的习惯做法、公

审题要点

考查总论中的会计假设、会计信息质量要求和负债的概念。

持续经营假设是指在可以预见的将来，企业将会按当前的规模和状态继续经营下去，不会停业，也不会大规模削减业务。

重要性要求企业提供的会计信息应当反映与企业财务状况、经营成果和现金流量相关的所有重要交易或者事项。

及时性要求企业对于已经发生的交易或者事项，应当及时进行确认、计量和报告，不得提前或者延后。

负债，是指企业过去的交易或事项形成的、预期会导致经济利益流出企业的现时义务，可以是法定义务，也可以是推定义务。

开的承诺或者公开宣布的政策而导致企业将承担的责任,这些责任使有关各方形成了企业将履行义务解脱责任的合理预期。选项B正确,未确认的费用仅占净利润的0.2%,没有达到重要性水平,可以直接计入发现当期损益(2×20年)。选项C正确,乙公司被出售并不是被清算,而是由新的控股方持续经营,故乙公司的财务报表仍应按持续经营假设对会计要素进行确认、计量和报告;选项D不正确,甲公司未经法院最终判决的诉讼事项因资产负债表日未获得全部信息也需按照或有事项准则进行会计处理,这样才符合及时性要求。

思维拓展

总论是《会计》全书的基本理论章,是学习其后各章的基础,"总论"章的核心内容可用"几个数字"进行归纳,见下表:

总论章的核心内容

项目	内容
1个目标	提供有用的会计信息
4个假设	会计主体、持续经营、会计分期、货币计量
2种基础	权责发生制、收付实现制
8个质量要求	可靠性、相关性、可理解性、可比性、实质重于形式、重要性、谨慎性、及时性
6个会计要素	资产、负债、所有者权益、收入、费用、利润
5个计量属性	历史成本、重置成本、可变现净值、现值、公允价值
4张会计报表	资产负债表、利润表、所有者权益变动表、现金流量表
2个层面披露	ESG信息一般从治理和报告两个层面披露

有了这个逻辑框架,总论章思路就清晰了!

坑点提示

本题容易踩坑的是选项C,考生误以为乙公司被出售,应该终止确认,不按持续经营假设进行会计处理,实际上这是误解。因为从甲公司会计主体看,甲公司持有乙公司股份,作为长期股权投资,出售股份后应终止确认长期股权投资,并确认损益;但从乙公司会计主体看,它本身在持续经营,只不过"老板"换了,仍然应按照持续经营假设对会计要素进行确认、计量和报告。本考点涉及母子公司两个会计主体,是非常容易混淆的考点,很容易踩坑。

2.甲公司为增值税一般纳税人。2×20年12月31日,甲公司<u>存货盘点</u>中发现:(1)原材料收发计量差错盘亏5万元,增值税进项税额

> **审题要点**
> 考查存货清查。
> 存货清查:盘盈冲减管理费用;盘亏计入管理费用或营业外支出。

0.65万元；（2）原材料自然溢余盘盈20万元；（3）因洪水暴发仓库进水导致原材料毁损1 200万元，增值税进项税额156万元，获得保险公司赔偿800万元，出售毁损原材料取得残值收入200万元，增值税销项税额为26万元；（4）盘盈某产品10万元。假定上述存货盘盈盘亏金额均为成本，存货盘点发现问题已经甲公司管理层批准处理。不考虑存货跌价准备及其他因素，下列各项关于存货盘盈盘亏在甲公司2×20年度会计处理的表述中，正确的有（　　）。

A.盘盈某产品10万元计入当期营业收入
B.原材料自然溢余盘盈20万元计入当期营业外收入
C.原材料收发计量差错盘亏5.65万元计入当期管理费用
D.洪水暴发导致原材料净损失356万元计入当期营业外支出

【本题答案】CD

【本题解析】选项C正确，原材料收发计量差错盘亏，属于正常盘亏应计入当期管理费用；选项D正确，洪水暴发导致原材料净损失，属于非常损失应计入当期营业外支出；选项A不正确，盘盈某产品10万元应冲减管理费用；选项B不正确，原材料自然溢余盘盈20万元应冲减管理费用；

思维拓展

本题属于送分题，非常简单，只考存货的清查。现将存货清查的几种处理办法归纳如下：

$$\text{存货清查}\begin{cases}\text{盘盈}\rightarrow\text{冲减"管理费用"}\\\text{盘亏}\begin{cases}\text{管理不善}\rightarrow\text{计入"管理费用"}\\\text{非常损失}\rightarrow\text{计入"营业外支出"}\end{cases}\end{cases}$$

坑点提示

本题容易踩坑的是选项B。原材料盘盈一般是计量方面的误差造成的，从理论上说，计量误差说明前面多转费用了，应该冲减费用，而不是天上掉馅饼导致经济利益流入计入"营业外收入"。

3.乙公司为甲公司的联营企业，丙公司为乙公司的全资子公司，丁公司为甲公司的母公司（戊公司）的联营企业。不考虑其他因素，下列各项构成甲公司关联方的有（　　）。

A.乙公司　　　　　　　　B.丙公司

审题要点

考查关联方关系的确定。关联方关系的存在是以控制、共同控制或重大影响为前提条件的。
本企业与本企业的母公司之间，为关联方。
本企业与本企业的联营企业之间，为关联方。
企业的合营企业与企业的其他合营企业或联营企业为关联方。

C.丁公司　　　　　　　　D.戊公司

【本题答案】ABCD

【本题解析】选项A正确，乙公司为甲公司的联营企业，乙公司为甲公司的关联方；选项B正确，因丙公司为乙公司的子公司，丙公司为甲公司的关联方；选项C正确，丁公司为甲公司的母公司的联营企业，丁公司为甲公司的关联方，即"企业与其所属企业集团的其他成员单位（包括母公司和子公司）的合营企业或联营企业"属于关联方；选项D正确，戊公司为甲公司的母公司，戊公司当然为甲公司的关联方。

思维拓展

本题考查关联方关系的确定。对于考查关联方关系的题，最简单的做法就是直接画出股权关系结构图，否则只看文字头就晕了。本题戊集团公司股权结构如下：

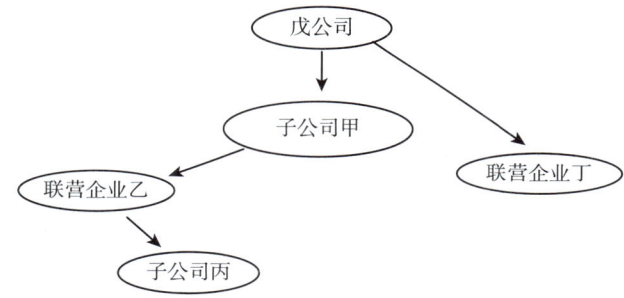

坑点提示

本题容易踩坑的是选项B，考生误以为丙公司与甲公司之间不存在关联方关系。因为甲公司投资于乙公司，对乙公司具有重大影响，而乙公司投资于丙公司全资控股，相当于丙公司就是乙公司，这样甲公司与丙公司就存在关联方关系了。

应注意的是，假设乙公司投资于丙公司，对丙公司只有重大影响属于联营企业，则"甲公司的联营企业乙的联营企业丙"，甲与丙就不存在关联方关系了。

4.2×20年1月1日，甲公司与乙公司签订的商铺租赁合同约定，甲公司从乙公司租入一间商铺，租赁期为2年，每月固定租金2万元，在此基础上再按照当月商铺销售额的5%支付变动租金。2×20年度，甲公司支付乙公司31万元，其中租赁保证金2万元，固定租金24万元，基于销售额计算的变动租金5万元。不考虑其他因素，下列各项关

审题要点

考查现金流量表编制中租赁承租人现金流出的列报。承租人的现金流量分为筹资活动和经营活动现金流出，其中：支付的固定租金、租赁保证金属于筹资活动；支付的未纳入租赁负债的可变租赁付款额属于经营活动。

于甲公司2×20年度支付的租金在现金流量表列示的表述中，正确的有（　　）。

A. 支付的31万元应当作为经营活动现金流出

B. 支付的固定租金24万元应当作为筹资活动现金流出

C. 支付的租赁保证金2万元应当作为筹资活动现金流出

D. 支付的基于销售额计算的变动租金5万元应当作为经营活动现金流出

【本题答案】BCD

【本题解析】根据准则规定，企业应当将偿还租赁负债本金和利息所支付的现金，以及支付的预付租金和租赁保证金计入筹资活动现金流出，选项A不正确，选项B、C正确；将支付的按租赁准则简化处理的短期租赁付款额、低价值资产租赁付款额、未纳入租赁负债的可变租赁付款额，以及支付的短期租赁和低价值资产租赁相关的预付租金和租赁保证金计入经营活动现金流出，选项D正确。

思维拓展

会计准则对承租人现金流出的列报随着租赁准则的修订变得复杂了。根据支付的租金及租赁保证金是否需要计算利息分为经营活动现金流出和筹资活动现金流出：

（1）不计算利息费用，属于经营活动现金流出：支付的按租赁准则简化处理的短期租赁付款额、低价值资产租赁付款额、未纳入租赁负债的可变租赁付款额，以及支付的短期租赁和低价值资产租赁相关的预付租金和租赁保证金应当计入经营活动现金流出。

（2）应计算利息费用，属于筹资活动现金流出：企业应当将偿还租赁负债本金和利息所支付的现金，以及支付的预付租金和租赁保证金计入筹资活动现金流出。

坑点提示

本题容易踩坑的是选项D，以为这个变动租金也是租金的组成部分，既然支付固定租金和利息属于筹资活动，那么这个租金也应该属于筹资活动，这是不对的。实际上，支付的租金分为两部分，一部分是固定租金和取决于指数或比率的可变租赁付款额，它们计入租赁付款额，通过折现，形成租赁负债，随后需要计算利息费用，所以这一部分租金列报在"筹资活动"现金流出中；另一部分是未纳入租赁负债的可变租赁付款额（如承租人源自租赁资产的绩效和租赁资产的使用的可变租赁），这一部分租金不计入租赁付款额，在实际发生时支付，不需要计算利息费用，所以这一部分租金列报在"经营活动"现金流出中。同理，支付的短期租赁付款额、低价值租赁付款额也不需要计算利息费用，也作为"经营活动"现金流出，而不是作为"筹资活动"现金流出。由此可以看出，凡是需要计算利息的租金属于"筹资活动"现金流出，凡是不需要计算利息的租金属于"经营活动"现金流出。这是一个很有趣的小道理。

抢分秘籍

清晰了解为何承租人的租赁应划分为筹资活动和经营活动；然后分别具体项目：如果需要计算利息的租金就是筹资活动，不需要计算利息的租金就是经营活动，这样做肯定得分。

5. 2×19年11月20日，甲公司以5 100万元购入一台大型机械设备，经安装调试后，于2×19年12月31日投入使用。该设备的设计年限为25年，甲公司预计使用20年，预计净残值100万元，按双倍余额递减法计提折旧。企业所得税法允许该设备按20年、预计净残值100万元、以年限平均法计提的折旧可在计算应纳税所得额时扣除。甲公司2×20年实现利润总额3 000万元，适用的企业所得税税率为25%，甲公司预计未来期间能够产生足够的应纳税所得额用以抵减<u>可抵扣暂时性差异</u>。甲公司用该设备生产的产品全部对外出售。除本题所给资料外，无其他纳税调整事项，不考虑除企业所得税以外的其他相关税费及其他因素，下列各项关于甲公司2×20年度对上述<u>设备相关会计处理</u>的表述中，正确的有（　　）。

A. 计提折旧510万元

B. 确认当期所得税815万元

C. 2×20年末该设备的账面价值为4 850万元

D. 设备的账面价值小于其计税基础的差异260万元应确认递延所得税资产65万元

【本题答案】ABD

【本题解析】选项A正确，2×20年度计提折旧=[5 100/20×2]=510（万元）。选项B正确，2×20年度应交所得税（当期所得税）=（利润总额3 000+折旧纳税调增额260）×25%=815（万元）。注：纳税调增额=会计折旧510−税法折旧（5 100−100）/20=510−250=260（万元）。

> **审题要点**
>
> 考查固定资产折旧中的双倍余额递减法、计算应交所得税和递延所得税资产。
> 双倍余额递减法是按直线法折旧率的两倍，乘以固定资产在每个会计期间的期初账面净值计算折旧的方法。
> 可抵扣暂时性差异是指在确定未来收回资产或清偿负债期间的应纳税所得额时，将导致产生可抵扣金额的暂时性差异。资产的账面价值小于其计税基础或负债的账面价值大于其计税基础时，会产生可抵扣暂时性差异。

选项C不正确，2×20年末该设备的账面价值=原值5 100−累计折旧510=4 590（万元）。选项D正确，2×20年末该设备的计税基础=5 100−250=4 850（万元），设备的账面价值4 590小于其计税基础4 850的差异260万元，产生可抵扣暂时性差异，应确认递延所得税资产65万元（260×25%）。

思维拓展

本题以所得税为主线，结合固定资产折旧确定资产的账面价值，凡是所得税的题基本都是跨章节的。在复习中可作如下拓展：

（1）折旧范围。企业应对所有固定资产计提折旧，但以下情况不计提折旧：已提足折旧仍继续使用的固定资产；按规定单独估价作为固定资产入账的土地。当月增加的固定资产当月不计提折旧，从下月开始计提；当月处置的固定资产，当月应计提折旧。

（2）折旧方法。年数总和法的计算公式为：

年折旧率=尚可使用年限÷预计使用年限的逐年数字总和

年折旧额=（固定资产原值—预计净残值）×年折旧率

（3）确认递延所得税。根据谨慎性要求，资产、负债的账面价值与其计税基础不同产生可抵扣暂时性差异的，在估计未来期间能够取得足够的应纳税所得额用以利用该可抵扣暂时性差异时，应当以很可能取得用来抵扣可抵扣暂时性差异的应纳税所得额为限，确认相关的递延所得税资产。

坑点提示

本题容易踩坑的是选项D，只有按双倍余额递减法准确计算出固定资产折旧后，计算出固定资产账面价值；然后按照税法认可的年限平均法计算出可以税前抵扣的折旧额后，计算出固定资产计税基础；再将固定资产账面价值与其计税基础作比较，账面价值小于计税基础，判断出产生了可抵扣暂时性差异；最后按照转回期间的适用税率计算出应确认的递延所得税资产。只要其中一个环节出纰漏，就踩坑了！

抢分秘籍

别小看本小题才2分，本题可是跨章的客观题，考查了固定资产折旧的2种方法、应交所得税的计算、递延所得税的计算。对每一个概念都必须熟练掌握，才能够做对本题。

6.下列各项关于商誉会计处理的表述中，正确的有（　　）。

A.企业内部产生的商誉不应确认为一项资产

B.因商誉不具有实物形态，符合无形资产的特征，应确认为无形资产

C.同一控制下企业合并中合并方实际支付的对价与取得被投资方于合并日净资产账面价值份额的差额不应确认为商誉

D.非同一控制下企业合并中购买方实际支付的对价小于取得被投资方于购买日可辨认净资产公允价值份额的差额应计入当期损益

【本题答案】ACD

【本题解析】选项A、C、D的表述正确；选项B不正确，商誉的存在无法与企业自身区分开来，不具有可辨认性，虽然商誉也是没有实物形态的非货币性资产，但不构成无形资产。

> **审题要点**
>
> 考查商誉的本质、商誉与无形资产的关系、商誉的计算。
>
> 商誉只有在非同一控制下企业合并才能产生；从计量上说，商誉是企业合并成本大于合并中取得的可辨认资产、负债公允价值份额的差额。

思维拓展

商誉的会计处理是会计准则中一个比较重要的事项。比如，山东某集团公司由于企业并购产生了240亿元的商誉（至2022年12月31日），金额巨大，是因为花了大价钱到境外并购了国际上名列前茅的著名企业。在复习中可作如下拓展：

（1）无形资产是指企业拥有或者控制的没有实物形态的可辨认非货币性资产，通常包括专利权、非专利技术、商标权、著作权、土地使用权、特许权等。无形资产应当在符合定义的前提下，同时满足以下两条确认条件时才能予以确认：①与该资产有关的经济利益很可能流入企业；②该无形资产的成本能够可靠地计量。因此，商誉的存在无法与企业自身分离，不具有可辨认性，不属于会计准则所指无形资产；企业内部产生的品牌、报刊名等，因其成本无法可靠计量，不应确认为无形资产。

（2）非同一控制下的企业合并，是指参与合并各方在合并前后不受同一方或相同的多方最终控制的合并交易，即除判断属于同一控制下企业合并的情况以外其他的企业合并。只有非同一控制下企业合并才按公允价值计量，才会产生商誉。商誉代表的是企业未来现金流量大于每一单项资产产生未来现金流量的合计金额，应确认为资产，但是不要求摊销，因为从理论上说由于并购产生的协同效应一直存在。

（3）同一控制下的企业合并应采用"账面价值"并账和并表。合并方在合并中取得的净资产的入账价值相对于为进行企业合并支付的对

价账面价值之间的差额，不作为资产的处置损益，不影响合并当期利润表，有关差额应首先调整资本公积（资本溢价或股本溢价），资本公积（资本溢价或股本溢价）的余额不足冲减的，应依次调整盈余公积和未分配利润。即集团内的并购不能因为并购本身产生利润，否则，就可以通过并购调节利润了。

坑点提示

本题容易踩坑的是选项B。会计准则中规定的"无形资产"必须具备"可辨认性"的特征，而商誉的存在无法与企业自身分离，不具有可辨认性，不属于会计准则所指无形资产。

抢分秘籍

本题的抢分技巧是，准确理解无形资产应具有可辨认性的特征、企业合并中商誉的本质等，做到融会贯通，得分率就高。

7.甲公司对出租的投资性房地产采用公允价值进行后续计量，适用的企业所得税税率为25%。2×19年12月20日，甲公司以2亿元购入一栋写字楼，并于2×19年12月31日以年租金1 000万元的合同价格出租给乙公司，甲公司于2×20年1月1日起开始收取租金。2×19年12月31日、2×20年12月31日，该楼的公允价值分别为2.20亿元、2.22亿元。企业所得税法规定，企业取得的该写字楼按50年、以年限平均法计提的折旧（不考虑净残值）可在计算应纳税所得额时扣除。甲公司2×20年初递延所得税资产和递延所得税负债的账面价值均为零，除上述交易或事项外，甲公司没有其他纳税调整事项，不考虑除企业所得税以外的其他相关税费及其他因素，下列各项关于甲公司对上述交易或事项会计处理的表述中，正确的有（　　）。

A. 2×19年度实现利润总额3 000万元

B. 2×20年度实现利润总额1 200万元

C. 2×19年末应确认其他综合收益2 000万元

D. 2×20年末递延所得税负债的账面余额为650万元

【本题答案】BD

【本题解析】选项A不正确，2×19年度实现利润总额＝租金收入0.1亿元。公允价值变动0.2亿元（2.2-2）计入其他综合收益。选项B正确，2×20年度实现利润总额＝租金收入0.1+公允价值变动收益（2.22-2.20）＝0.1+0.02=0.12（亿元）。选项C不正确，2×19年末应确认其他综合收益＝

审题要点

考查投资性房地产按公允价值计量、确认递延所得税。投资性房地产的核算可以采用成本模式和公允价值模式分别进行核算。

公允价值模式下，企业将自用的建筑物、土地使用权出租，应按转换日的资产的公允价值作为投资性房地产的入账价值，公允价值与原账面价值之间的差额，如果公允价值大于账面价值，其差额计入"其他综合收益"；如果公允价值小于账面价值，其差额计入"公允价值变动损益"。

2 000×（1–25%）=1 500（万元），即其他综合收益为税后净额，应确认递延所得税负债=（账面价值22 000–计税基础20 000）×25%=500（万元）。选项D正确，2×20年末递延所得税负债的账面余额=［账面价值22 200–计税基础（20 000–20 000/50）］×25%=650（万元）。

思维拓展

本题以投资性房地产为主线，考查了公允价值模式下，自用房地产转为出租如何处理；同时，公允价值模式下，随着公允价值上升，投资性房地产的账面价值大于其计税基础，产生应纳税暂时性差异，应确认递延所得税负债，这样就将投资性房地产与所得税巧妙地结合起来。在复习中可作如下拓展：

（1）自用转为出租时的处理。企业将自用的建筑物出租，应按转换日的资产的公允价值作为投资性房地产的入账价值。考生疑惑的是，为什么公允价值与原账面价值之间的差额，如果公允价值大于账面价值，其差额计入"其他综合收益"；如果公允价值小于账面价值，其差额计入"公允价值变动损益"，似乎不讲道理。这样处理有两个原因，一是由于公允价值上升为浮盈，如果直接计入当期收益，可能引起超额利润分配，同时公允价值减少，计入当期损失，这样可以少分股利；二是这样处理最直接的效果，能够有效防范企业通过转换用途来调增利润。

（2）企业采用公允价值模式进行后续计量的，不对投资性房地产计提折旧或进行摊销；在资产负债表日投资性房地产应当以公允价值计量，公允价值与原账面价值之间的差额计入当期损益（公允价值变动损益）。

（3）投资性房地产取得的租金收入，确认为其他业务收入。

（4）资产的账面价值大于其计税基础时，会产生应纳税暂时性差异。这里有个规律：如果购入的股票或者投资性房地产采用公允价值计量，公允价值上升则产生应纳税暂时性差异；反之，公允价值下降就产生可抵扣暂时性差异。考生做题多了就知道规律了，本题公允价值上升产生的就是应纳税暂时性差异。

（5）根据谨慎性要求，除企业会计准则中明确规定可以不确认递延所得税负债的情况以外，企业对于所有的应纳税暂时性差异均应确认相关的递延所得税负债。确认递延所得税负债的同时，一般应调整所得税费用，特殊情况调整其他综合收益、资本公积或者商誉。

坑点提示

本题容易踩坑的是选项C，考生误以为"2×19年末应确认其他综合收益2 000万元"是正确的，因为不考虑所得税的话，真的是确认其他综合收益2 000万元。2×19年末将固定资产出租时正确的账务处理是：

借：投资性房地产——成本　　　　　　　　　22 000
　　贷：固定资产　　　　　　　　　　　　　20 000
　　　　其他综合收益　　　　　　　　　　　2 000
借：其他综合收益　　　　　　　　　　　　　500
　　贷：递延所得税负债　　　　　（2 000×25%）500

实际上，2×19年末应确认其他综合收益1 500万元，其他综合收益在报表中是税后净额。题目要求回答的是税后净额，但考生容易以为是税前的2 000万元，这就踩坑了！

8.2×20年，甲公司发生的有关交易或事项如下：（1）甲公司与丙公司签订的资产交换协议约定，甲公司以其拥有50年使用权的一宗土地换取丙公司持有的乙公司40%的股权；（2）丙公司以发行自身普通股换取甲公司一条生产线。假定上述资产交换具有商业实质，换出资产与换入资产的公允价值均能可靠计量。不考虑相关税费及其他因素，下列各项与上述交易或事项相关会计处理的表述中，正确的有（　　　）。

A.丙公司应按照换出股权的公允价值计量换入土地的成本

B.甲公司换出土地公允价值与其账面价值的差额应确认为资产处置损益

C.甲公司以土地换取的对乙公司40%股权应按非货币性资产交换原则进行会计处理

D.丙公司以发行自身普通股换取甲公司一条生产线应按非货币性资产交换原则进行会计处理

【本题答案】ABC

【本题解析】选项A正确，以公允价值为基础计量的非货币性资产交换，对于换入资产，应当以换出资产的公允价值和应支付的相关税费作为换入资产的成本进行初始计量。选项B正确，对于换出资产，应当在终止确认时，将换出资产的公允价值与其账面价值之间的差额计入当期损益，如果换出的是固定资产、无形资产或使用权资产，则计入资产处置损益。选项C正确，非货币性资产交换，是指企业主要以固定资

审题要点

考查非货币性资产交换。

非货币性资产交换，是指企业主要以固定资产、无形资产、投资性房地产和长期股权投资等非货币性资产进行的交换。

非货币性资产交换的核心问题是换入资产按"公允价值"入账或按"账面价值"入账。

产、无形资产、投资性房地产和长期股权投资等非货币性资产进行的交换。选项D不正确，非货币性资产交换的一方直接或间接对另一方持股且以股东身份进行交易的，且该非货币性资产交换的交易实质是交换的一方接受了另一方权益性投入的，适用权益性交易的有关会计处理规定。

思维拓展

自2019年非货币性资产交换准则作了重大修订后，每年还是出一道客观题。主要考查非货币性资产交换的判断以及换入资产按"公允价值"入账，本题就是非常典型的出题思路。在复习中可作如下拓展：

（1）严格区分货币性资产和非货币性资产：①货币性资产，是指企业持有的货币资金和收取固定或可确定金额的货币资金的权利，包括现金、银行存款、应收账款和应收票据以及准备持有至到期的债券投资等。预付账款因收回的不是货币资金，不属于货币性资产。货币性资产的特点是未来现金流量是固定的或可确定的，风险小、报酬低。②非货币性资产，指货币性资产以外的资产，包括存货、固定资产、无形资产、股权投资以及不准备持有至到期的债券投资等。非货币性资产的特点是未来现金流量是不固定的，风险大、报酬高。

（2）非货币性资产交换其他拓展内容请参见2022年真题多选题第7题。

坑点提示

本题容易踩坑的是选项D，因为"发行自身普通股"并不是货币性资产，产生的错觉是，这种情况应该属于非货币性资产交换，这是错误的。实际上，"发行自身普通股"形成"权益"，本身不是企业持有的资产，也就谈不上非货币性资产，不属于非货币性资产交换。所以，非货币性资产交换的一方直接或间接对另一方持股且以股东身份进行交易的，或者非货币性资产交换的双方均受同一方或相同的多方最终控制，且该非货币性资产交换的交易实质是交换的一方向另一方进行了权益性分配或交换的一方接受了另一方权益性投入的，适用权益性交易的有关会计处理规定。

抢分秘籍

首先应能够准确判断该项业务是否属于非货币性资产交换；然后

判断换入的资产是否满足按"公允价值"入账的两个条件；如果不满足，则换入资产就按"账面价值"入账。有了这个思路，答题准确率非常高。

9.下列各项关于<u>无形资产定义和特征以及会计处理</u>的表述中，正确的有（　　）。

A.无形资产属于非货币性资产

B.企业为引入新产品进行宣传发生的广告费不应计入无形资产的成本

C.无形资产的特征之一是具有可辨认性，能够从企业中分离或者划分出来

D.对于使用寿命不确定的无形资产不应摊销但应在每个会计期末进行减值测试

【本题答案】ABCD

【本题解析】四个选项均符合会计准则的规定。

坑点提示

本题容易踩坑的是选项D，因为考生记得对于一般资产，只有出现了减值迹象才需要进行减值测试。实际上，有三项资产例外，不管是否出现减值迹象都应测试：因企业合并所形成的商誉、使用寿命不确定的无形资产和尚未达到可使用状态的无形资产（研发支出），无论是否存在减值迹象，每年都应当进行减值测试。之所以有这三个例外，其原因有两个：一是商誉、使用寿命不确定的无形资产和尚未达到可使用状态的无形资产均不摊销，容易形成"虚资产"；二是这些资产都是"无形"，其未来带来的经济利益比实物资产带来的经济利益更不确定。基于谨慎性要求，这三项资产不管是否出现减值迹象，每个期末均应进行减值测试。

10.下列各项关于<u>事业单位预算会计处理</u>的表述中，正确的有（　　）。

A.按规定从经营结余中提取专用基金时，按提取金额记入"专用结余"科目的贷方

B.年末结转后，"财政拨款结转"科目除了"累计结转"明细科目外，其他明细科目应无余额

C.年末应将"事业预算收入"科目本年发生额中的专项资金收入转入"非财政拨款结转（本年收支结转）"科目

D.因发生会计差错调整以前年度财政拨款结余资金的，按调整金

额调整"资金结存"和"财政拨款结余（年初余额调整）"科目

【本题答案】ABCD

【本题解析】选项A正确，年末事业单位根据有关规定从本年度非财政拨款结余或经营结余中提取专用基金的，按照预算会计下计算的提取金额，在财务会计中借记"本年盈余分配"科目，贷记"专用基金"科目，同时在预算会计中借记"非财政拨款结余分配"科目，贷记"专用结余"科目。选项B正确，年末将"财政拨款结转——本年收支结转、年初余额调整、归集调入、归集调出、归集上缴、单位内部调剂"余额转入"财政拨款结转——累计结转"。选项C正确，年末将事业预算收入本年发生额中的专项资金收入转入非财政拨款结转科目，借记"事业预算收入"科目下各专项资金收入明细科目，贷记"非财政拨款结转——本年收支结转"科目。选项D正确，因发生会计差错等事项调整以前年度财政拨款结转资金的，按照调整的金额，在预算会计中借记或贷记"资金结存——财政应返还额度、零余额账户用款额度、货币资金"科目，贷记或借记"财政拨款结转——年初余额调整"科目。

思维拓展

本来政府会计分为财务会计和预算会计两条线，财务会计应将收入、费用结转到本期盈余，然后转到"净资产"；预算会计应将预算收入、预算支出结转到预算结转，然后转到"预算结余"。但本题只考查了预算会计这条线。在复习中可作如下拓展：

（1）年末，单位应当将财政拨款收入和对应的财政拨款支出结转入"财政拨款结转"科目，根据财政拨款收入本年发生额，借记"财政拨款预算收入"科目，贷记"财政拨款结转——本年收支结转"科目；根据各项支出中的财政拨款支出本年发生额，借记"财政拨款结转——本年收支结转"科目，贷记各项支出（财政拨款支出）科目。

年末，应冲销有关明细科目余额，即将"财政拨款结转——本年收支结转、年初余额调整、归集调入、归集调出、归集上缴、单位内部调剂"余额转入"财政拨款结转——累计结转"。

（2）年末，将事业预算收入、上级补助预算收入、附属单位上缴预算收入、非同级财政拨款预算收入、债务预算收入、其他预算收入本年发生额中的专项资金收入转入本科目，借记"事业预算收入""上级补助预算收入""附属单位上缴预算收入""非同级财政拨款预算收入""债务预算收入""其他预算收入"科目下各专项资金收入明细科目，贷记"非财政拨款结转——本年收支结转"科目；将行政支出、事业支出、其他支出本年发生额中的非财政拨款专项资金支出转入本科目，借记"非财政拨款结转——本年收支结转"科目，贷记"行政支出""事业支出""其他支出"科目下各非财政拨款专项资金支出明细科目。

（3）因发生会计差错等事项调整以前年度财政拨款结转资金的，按照调整的金额，在预算会计中借记或贷记"资金结存——财政应返还额度、零余额账户用款额度、货币资金"科目，贷记或借记"财政拨款结转——年初余额调整"科目；同时在财务会计中借记或贷记"以前年度盈余调整"科目，贷记"零余额账户用款额度""银行存款"等科目。

坑点提示

本题容易踩坑的是选项A，因为考生看到计提专用基金，以为是应记入"专用基金"科目的贷方。实际上，应分为财务会计和预算会计两条线，财务会计采用"专用基金"科目核算，预算会计采用"专用结余"科目核算，即：根据有关规定提取专用基金的，按照提取的金额，在预算会计中借记"非财政拨款结余分配"科目，贷记"专用结余"科目；同时在财务会计中按照相同金额，借记"本年盈余分配"科目，贷记"专用基金"科目。分辨不清就踩坑了！

抢分秘籍

本题对于企业考生来说，比登天还难！预算会计中的结转结余把考生绕晕了。本题的抢分技巧是，"结转结余"是预算会计所使用的语言，一定要分为"财政拨款""非财政拨款"分别核算，才有点头绪，记住相关细节。

> **审题要点**
> 考查存货成本的确定。
> 仓储费用应计入当期损益，但在生产过程中为达到下一个生产阶段所必需的仓储费用应计入存货成本。
> 生产设备发生的日常维修费用应计入制造费用，然后转入产品生产成本。

11.下列各项关于企业**存货计量**的表述中，正确的有（　　）。

A.存货入库后发生的仓储费用应计入存货成本

B.生产设备发生的日常维修费用应计入存货成本

C.受托加工存货成本中不应包括委托方提供的材料成本

D.季节性停工期间生产车间发生的停工损失应计入存货成本

【本题答案】BCD

【本题解析】选项B、C、D表述均正确；选项A不正确，因为存货入库后发生的仓储费用应计入当期损益（在生产过程中为达到下一个生产阶段所必需的仓储费用计入存货成本）。

思维拓展

存货成本应当按照受益原则确定,存货成本包括采购成本、加工成本和其他成本。在复习中可作如下拓展:

(1)存货的采购成本,包括购买价款、相关税费、运输费、装卸费、保险费以及其他可归属于存货采购成本的费用。

(2)通过进一步加工而取得的存货的成本由采购成本、加工成本以及使存货达到目前场所和状态所发生的其他成本构成。加工成本由直接人工和制造费用构成,制造费用包括生产车间管理人员的职工薪酬、折旧费、办公费、水电费、机物料消耗、劳动保护费、车间固定资产维修费、季节性和修理期间的停工损失等。

(3)通过劳务取得存货,其成本按从事劳务提供人员的直接人工和其他直接费用以及可归属于该存货的间接费用确定。下列费用不应计入存货成本:非正常消耗的直接材料、直接人工及制造费用,应计入当期损益;仓储费用应计入当期损益(在生产过程中为达到下一个生产阶段所必需的仓储费用计入存货成本);企业采购用于广告营销活动的特定商品,取得相关商品时计入当期损益。

(4)投资者投入存货的成本,应当按照投资合同或协议约定的价值确定,但合同或协议约定价值不公允的除外;约定价值不公允时,投资者投入的存货应当按照公允价值入账。

12.下列各项关于中期财务报告会计处理的表述中,正确的有( )。

A.中期财务报告附注相对于年度财务报告中的附注而言,可以适当简化

B.编制中期财务报告时对于重要性的判断应以预计的年度财务报告数据为基础

C.中期财务报告计量相对于年度财务数据的计量而言,在很大程度上依赖于估计

D.编制中期财务报告时应将中期视为一个独立的会计期间,所采用的会计政策应与年度财务报表所采用的会计政策相一致

【本题答案】ACD

【本题解析】选项A、C、D均正确;选项B不正确,因为编制中期财务报告时对于重要性的判断,应当以中期财务数据为基础,不应当以预计的年度财务数据为基础。

> **审题要点**
> 考查中期财务报告的编制。中期财务报告是指以中期为基础编制的财务报告。中期财务报告包括月报、季报和半年报。
> 企业在确认、计量和披露各中期会计报表项目时,应当遵循重要性原则。企业在判断重要性程度时,应当以中期财务数据为基础,不应当以预计的年度财务数据为基础。

思维拓展

中期财务报告的编制是财务会计人员日常的事务性工作，每个月都要编制月报，对比年报少了附注的内容（季报和半年报需要提供简单的附注），所以中期财务报告对比年度报告有其特殊性。在复习中可作如下拓展：

（1）在中期财务报告中按规定提供的资产负债表、利润表和现金流量表应当是完整的会计报表，其格式和内容应当与上年度会计报表相一致。如果法律、行政法规或者规章对当年度会计报表的格式和内容进行了修改，则中期会计报表应当按照修改后的报表格式和内容编制，与此同时，上年度比较会计报表的格式和内容也应当作相应调整。

（2）为了体现企业编制中期财务报告的及时性原则，中期财务报告计量相对于年度财务数据的计量而言，在很大程度上依赖于估计。

（3）中期会计报表附注的编制应当以"年初至本中期末"为基础。

（4）对于会计年度中不均匀发生的费用，除了在会计年度末允许预提或者待摊的之外，企业都应当在发生时予以确认和计量，不应当在中期会计报表中预提或者待摊。

坑点提示

本题容易踩坑的是选项B，因为会计人员感觉每年最大的事就是编制年度决算报表，至于平时编制的月报、季报都是"临时"的，所以重要不重要应该从全年的角度来看，这种想法是不正确的。实际上，财务报告准则规定：企业在编制中期财务报告（月报、季报）时，应当将中期视同为一个独立的会计期间。也就是说，本中期重要，就应当按照重要性要求处理，而不是以预计的年度财务数据为基础。选项B这个知识点考生容易踩坑，历年来出题出得多。

三、计算分析题（本题型共2小题18分。除每股收益外，答案中的金额单位以万元表示，涉及计算的，要求列出计算步骤。）

1. （本小题9分）2×19年至2×20年，甲公司发生的有关交易或事项如下：

(1) 2×19年7月1日，甲公司以每份面值100元的价格发行可转换公司债券10万份，募集资金1 000万元（不考虑发行费用）。该债券存续期为3年，票面年利率为5%，利息按年支付，到期一次还本。该批债券自2×20年7月1日起即可按照10元/股的价格转换为普通股。在转换日之前，如果甲公司发生配股、资本公积转增股本等资本结构变化的事项，转股价格将进行相应调整，以确保债券持有人的利益不被稀释。

发行债券时，市场上不含转股权但其他条件与之类似的债券利率为6%。

(2) 2×20年7月1日，上述债券全部按原定价格10元/股将本金转换为普通股，共计100万股。2×20年1月1日，甲公司发行在外的普通股股数为1 000万股，除上述转股事项外，2×20年内未发生其他股本变化，也不存在其他稀释性潜在普通股。

(3) 2×20年，甲公司实现归属于普通股股东的净利润300万元，该净利润包含2×20年1至6月计提的与上述可转换公司债券相关的利息费用。

其他资料：(1)（P/F，3，5%）=0.8638；（P/A，3，5%）=2.7232；（P/F，3，6%）=

0.8396；（P/A，3，6%）=2.6730。（2）假定可转换公司债券的利息费用采用负债的初始入账价值乘以年实际利率，按月平均计提，且利息费用于2×19年和2×20年均不符合资本化条件。（3）甲公司适用的企业所得税税率为25%。

（4）本题不考虑除企业所得税以外的其他相关税费及其他因素。

要求：

（1）判断甲公司发行的可转换公司债券的会计分类，并说明理由。

（2）根据资料（1），计算甲公司发行的可转换公司债券中负债的初始入账金额，编制甲公司2×19年7月1日发行可转换公司债券，以及2×19年12月31日计提利息费用相关的会计分录。

（3）计算甲公司2×20年度的基本每股收益。

（4）判断甲公司可转换公司债券对于2×20年度每股收益是否具有稀释作用，并说明理由，如有，计算甲公司2×20年度的稀释每股收益。

【本题答案】

（1）甲公司发行的可转换公司债券同时包含负债和权益成分，应分别分类为金融负债和权益工具。

理由：甲公司负有支付本金和利息的合同义务，应分类为金融负债；转股安排符合"固定换固定"的原则〔或：该可转换公司债券（固定金额）可以转换为固定数量的普通股〕，其中的反稀释调整条款不妨碍符合该原则，因此转股权应分类为权益工具。

审题要点

考查可转换公司债券的分类。
可转换公司债券属于复合金融工具，含有负债成分和权益成分。

审题要点

考查可转换公司债券负债成分和权益成分的初始计量和后续计量。
企业发行的可转换公司债券，应当在初始确认时将其包含的负债成分和权益成分进行分拆，将负债成分确认为应付债券，将权益成分确认为其他权益工具。在进行分拆时，应当先对负债成分的未来现金流量进行折现确定负债成分的初始确认金额，再按发行价格总额扣除负债成分初始确认金额后的金额确定权益成分的初始确认金额。

审题要点

考查基本每股收益的计算。
基本每股收益=归属于普通股股东的当期净利润/当期实际发行在外普通股的加权平均数。

审题要点

考查稀释每股收益的计算。
发行可转换公司债券后，假设可转债转成股份，则会稀释每股收益。

（2）负债的初始入账金额=1 000×0.8396+50×2.6730=839.6+133.65=973.25（万元）

借：银行存款　　　　　　　　　　　　　　　　　　　　1 000
　　应付债券——利息调整　　　　　　　　　　　　　　 26.75
　　　贷：应付债券——面值　　　　　　　　　　　　　　1 000
　　　　　其他权益工具　　　　　　　　　　　（1 000–973.25）26.75
借：财务费用　　　　　　　　　　　　　　　　（973.25×6%/2）29.20
　　　贷：应付债券——利息调整　　　　　　　　（29.20–25）4.20
　　　　　应付利息　　　　　　　　　　　　　　（1 000×5%/2）25

（3）基本每股收益=归属于普通股股东的净利润300÷（年初发行在外普通股1 000+债转股100×6÷12）=0.29（元/股）

（4）可转换公司债券对于2×20年度每股收益不具有稀释性。

理由：假设转换为普通股增加的股数：100×6÷12=50（万股）；

假设转换为普通股增加的净利润：29.2×（1–25%）=21.9（万元）；

增量股的每股收益：21.9÷50=0.44（元/股）；

增量股的每股收益大于基本每股收益。

思维拓展

本题是很典型的跨章节题，发行可转债特别容易与每股收益的计算相结合，因为发行可转债是计算稀释每股收益中最重要的一种情形，历史上已经考过几次了。在复习中可作如下拓展：

（1）考查可转换公司债券，是非常综合的考点。从"发行方"来说，涉及金融负债与权益工具的区分，以及负债的初始计量和后续计量；从"投资方"来说，涉及金融资产的分类，企业购入可转债，因为可转债带有权益成分，不符合"该金融资产的合同条款规定，在特定日期产生的现金流量，仅为对本金和以未偿付本金金额为基础的利息的支付"，只能把购入的可转债分类为以公允价值计量且其变动计入当期损益的金融资产（即交易性金融资产）。

（2）可转换公司债券的负债成分与普通应付债券一样，应在期末计算应付利息和利息费用。"应付利息"和"利息费用"是两回事，"应付利息"按照票面利率计算，列示在资产负债表中负债部分；"利息费用"按照实际利率计算，列示在利润表（如果利息费用计入财务费用的话；如果利息费用资本化，就计入资产成本列示在资产负债表了）中。计算公式如下：

①应付利息=金融负债面值×票面利率×期限

②利息费用=金融负债期初摊余成本×实际利率×期限

(3)发行可转债后,如何计算稀释每股收益。对于可转换公司债券,可以采用假设转换法判断其稀释性,并分两个步骤计算出稀释每股收益:①假设这部分可转换公司债券在当期期初(或发行日)即已转换成普通股,分母调增发行在外的普通股股数,分子调增由于减少利息费用而增加的净利润。②用增加的净利润除以增加的普通股股数,得出增量股的每股收益,与原来的每股收益比较。如果增量股的每股收益小于原每股收益,则说明该可转换公司债券具有稀释作用,应当计入稀释每股收益的计算中。

抢分秘籍

本题的抢分技巧是,先搞清楚企业发行的可转债属于复合金融工具,一定要分拆为负债成分和权益成分;然后按要求在发行可转债时计算稀释每股收益。

历年考情

本题发行可转债与2022年单选题第5题发行优先股、2020年综合题第2题发行永续债、2019年计算题第2题发行优先股考点类似,都涉及如何区分金融负债与权益工具,如果把这4道题的合同条款仔细对比研究,金融负债和权益工具是如何区分的,将大大提高业务能力!

2.(本小题9分。)甲公司2×20年发生的有关交易或事项如下:

(1)2×20年6月5日,甲公司与

乙公司签订的债务重组协议约定，甲公司以其库存商品、对丙公司的债务工具投资偿还所欠乙公司债务，在乙公司收到甲公司的偿债资产并办理了债务工具转让登记手续后，双方解除债权债务。

甲公司所欠乙公司债务系2×18年11月以1 500万元（含增值税额）从乙公司购入一台大型机械设备，因该设备与甲公司现有设备不匹配需要对现有设备进行升级改造，但因缺乏资金甲公司尚未对现有设备进行升级改造。

2×20年7月10日，甲公司用于清偿债务的商品已送达乙公司并经乙公司验收入库，同时，办理完成了转让对丙公司债务工具投资的过户手续；当日，甲公司用于偿债的库存商品的账面价值为400万元，已计提存货跌价准备50万元，公允价值为360万元（不含增值税额，下同）；甲公司对丙公司的债务工具投资分类为以公允价值计量且其变动计入其他综合收益的金融资产，其账面价值为1 000万元（取得成本为920万元，持有期间计入其他综合收益的金额为80万元），公允价值为950万元（与债务重组协议签订日的公允价值相同）。

截至2×20年7月10日，乙公司对该债权作为应收账款核算并计提了498.6万元的坏账准备，应收账款的公允价值为1 358.6万元。乙公司将收到的对丙公司债务工具投资分类为以摊余成本计量的金融资产，收到的商品作为存货处理。

（2）2×20年10月20日，甲公司与丁公司签订的债务重组协议约定，甲

> **提醒**
>
> 关键词：甲公司以库存商品等偿还乙公司债务。
> 甲公司为债务人，乙公司为债权人。

> **提醒**
>
> 关键词：7月10日。
> 债务重组日为7月10日。
> 以资产清偿债务方式进行债务重组的，债务人应当在相关资产和所清偿债务符合终止确认条件时予以终止确认，所清偿债务账面价值与转让资产账面价值之间的差额计入当期损益；债务人仅用金融资产清偿时，差额计入投资收益；债务人以非金融资产清偿债务，或者以包括金融资产或非金融资产在内的多项资产清偿债务的，差额计入其他收益。
> 以资产清偿债务方式进行债务重组的，债权人应当在相关资产符合其定义和确认条件时予以确认。由于债权人收到抵债资产，通常其收取债权现金流量的合同权利也同时终止，债权人一般可以终止确认该债权。

公司于当日向丁公司偿还 100 万元，其余 1 000 万元债务免于偿还，协议当日生效。**丁公司为甲公司的母公司**。

甲公司所欠丁公司债务 1 100 万元（含增值税额），系甲公司于 2×19 年 8 月 1 日从丁公司购入商品未支付的款项，因甲公司现金流量不足，短期内无法清偿所欠债务。

其他资料：（1）甲公司销售商品、提供劳务适用的增值税税率为 13%，出售金融资产按其公允价值减去取得成本后的差额，按 6% 计算应交增值税额。（2）不考虑货币时间价值。（3）本题除增值税外，不考虑其他相关税费及其他因素。

要求：

（1）根据资料（1），**判断甲公司用于清偿债务的资产应予以终止确认的时点；分别计算甲公司、乙公司因该债务重组应确认的损益金额；分别编制甲公司、乙公司与债务重组相关的会计分录**。

（2）根据资料（2），**判断丁公司豁免甲公司债务的性质，并说明理由；编制甲公司与债务重组相关的会计分录**。

【本题答案】

（1）甲公司用于清偿债务的资产应予以终止确认的时点：2×20 年 7 月 10 日。

甲公司因该债务重组应确认的损益金额=1 500+50+80-400-1 000-46.8-1.8=181.4（万元）

注：甲公司债务重组损益的计算最好在做完下面的分录后来算，否则花的

> 📌 **提醒**
>
> 关键词：丁公司为甲公司的母公司。
> 债权人或债务人中的一方直接对另一方持股且以股东身份进行债务重组，适用权益性交易的有关会计处理规定，债权人和债务人不得将相关的利得或损失计入损益，而应计入所有者权益。

> 🔍 **审题要点**
>
> 考查债务重组中债权人和债务人的处理。
> 债务重组应先分清谁是债务人、谁是债权人，两者的会计处理相差很大。

> 🔍 **审题要点**
>
> 考查债务重组中债务人的处理。
> 豁免债务应特别注意关联方对债务的豁免，很有可能是权益性交易。

时间太多；并且这种计算与后面的会计分录考查的点相同，没有意义。

甲公司会计分录：

借：应付账款	1 500
存货跌价准备	50
其他综合收益	80
贷：库存商品	400
其他债权投资	1 000
应交税费——应交增值税（销项税额）	（360×13%）46.8
——转让金融商品应交增值税	[（950–920）×6%]1.8
其他收益	（倒挤）181.4

乙公司应确认的收益 =951.8+360+46.8+498.6–1 500=357.2（万元）

乙公司会计分录：

借：债权投资	951.8
库存商品	360
应交税费——应交增值税（进项税额）	46.8
坏账准备	498.6
贷：应收账款（或长期应收款）	1 500
投资收益（倒挤）	357.2

（2）丁公司豁免甲公司债务属于权益性交易。

理由：丁公司为甲公司的母公司，该债务重组实质上是丁公司以其投资者的身份向甲公司的权益性投资。甲公司编制与债务重组相关的会计分录如下：

借：应付账款	1 100
贷：银行存款	100
资本公积——股本溢价	1 000

思维拓展

本题考查了债务重组和关联方豁免债务，是债务重组准则在2019年作了重大修订后，第一次考大题。在复习中可作如下拓展：

（1）最常考的债务重组是以资产抵偿债务；作为主观题，应有相当的题量，一般是既考查债权人也考查债务人，而且债务人经常与权益性交易相结合，即表面看是债务重组，实质上是权益性交易，这也是注册会计师在实务中比较经常遇到的挑战。

（2）以资产清偿债务方式进行债务重组的，债权人初始确认受让的金融资产以外的资产时，应当按照下列原则以成本计量，并将放弃债权的公允价值与账面价值之间的差额，应当计入"投资收益"：①存货的成本，包括放弃债权的公允价值和使该资产达到当前位置和状态所发生的可直接归属于该资产的税金、运输费、装卸费、保险费等其他成本。②对联营企业或合营企业投资的成本，包括放弃债权的公允价值和可直接归属于该资产的税金等其他成本。③固定资产的成本，包括放弃债权的公允价值和使该资产达到预定可使用状态前所发生的可直接归属于该资产的税金、运输费、装卸费、安装费、专业人员服务费等其他成本。

为什么债权人将"应收账款"通过债务重组收回，应收账款公允价值与账面价值的差额应计入"投资收益"？那是因为，应收账款属于金融资产，应收账款通过债务重组收回相当于"出售"金融资产，其损益当然计入"投资收益"！

坑点提示

本题容易踩坑的是，考生误以为甲公司以库存商品抵偿债务应计入主营业务收入，因为存货抵债相当于将存货出售了；而且在非货币性资产交换中，换出存货执行收入准则，就是相当于将存货出售了，应计入主营业务收入。殊不知，本次修订的债务重组准则将债务重组看成是"不正常"的交易，如果将抵债存货视同销售计入营业收入，就夸大了正常交易状况，对会计报表使用者的决策不利（比如目前某集团财务状况不佳经常用商品房抵债，如果能够计入营业收入的话，就会感到公司"很正常"，将误导会计信息使用者）。所以，抵债资产账面价值与其公允价值之间的差额，只能计入"其他收益"！考生应分辨清楚这个新规定。

抢分秘籍

本题的抢分技巧是，掌握债务重组的适用范围，尤其是关联方之间的债务重组，根据经济实质重于法律形式的原则，"十有八九"属于权益性交易，是不能确认损益的；在判断能够按照债务重组准则处理时，记住债权人和债务人对债务重组的会计处理方法，就得分了。

四、综合题（本题型共2小题32分。答案中的金额单位以万元表示，涉及计算的，要求列出计算步骤。）

1.（本小题16分。）甲公司的产品销售政策规定，对于初次购买其生产的产品的客户，不提供价格折让；对于再次购买其生产的产品的客户，提供1%至5%的价格折让。2×19年至2×20年，甲公司发生的有关交易或事项如下：

（1）2×19年7月10日，甲公司与乙公司签订的商品购销合同约定，甲公司向乙公司销售A产品500件，甲公司应于2×19年12月10日前交付，合同价格为每件25万元。乙公司于合同签订日预付合同价格的20%。

2×19年9月12日，甲公司和乙公司对上述合同签订的补充协议约定，乙公司追加购买A产品200件，追加购买

> **提醒**
> 关键词：提供价格折让。
> 价格折让属于可变对价，应按折让后的金额确认收入。

> **提醒**
> 关键词：补充协议。
> 属于合同变更，追加数量、单价可明确区分，合同变更部分应作为单独合同处理。

A产品的合同价格为每件24万元，甲公司应于2×19年12月20日前交付。乙公司于补充协议签订日预付合同价格的20%。

甲公司对外销售A产品每件销售价格为25万元。

2×19年12月10日，乙公司收到700件A产品并验收合格入库，剩余款项（包括增值税额）以银行存款支付。乙公司另以银行存款支付发生的运输费用200万元，增值税额18万元；发生运输保险费用20万元，增值税额1.2万元；发生入库前挑选整理费用5万元和入库后整理费用3万元。

> 💡 **提醒**
> 关键词：挑选整理费用。
> 入库前的挑选整理费用计入存货成本、入库后的挑选整理费用计入管理费用。

（2）按照丙公司经营战略，丙公司拟采购一台大型机械设备。为此，丙公司通过招标，甲公司中标承接了丙公司该项目。

2×19年10月30日，甲公司与丙公司签订的大型机械设备采购合同约定，甲公司为丙公司生产一台大型机械设备并提供安装（假定该设备安装复杂，只能由甲公司提供），合同价格为15 000万元，甲公司应于2×20年9月30日前交货。2×19年11月5日，甲公司与丙公司又签订的另一份合同约定，甲公司为丙公司建造的大型机械设备在交付丙公司后，需对大型机械设备进行重大修改以实现与丙公司现有若干设备的整合，合同价格为3 000万元，甲公司应于2×20年11月30日前完成对该设备的重大修改。上述两份合同的价格均反映了市场价格。

> 💡 **提醒**
> 关键词：销售设备、提供安装。
> 应判断是否两项单独履约义务。

> 💡 **提醒**
> 关键词：又签订另一份合同，对设备重大修改。
> 表面看是两份合同，实际上就是提供符合标准的设备，应合并合同。

2×19年11月10日，甲公司与丙

公司签订的一份服务合同约定，甲公司在未来3年内为丙公司上述设备进行维护，合同价格为每年800万元。甲公司为其他公司提供类似服务的合同价格与该合同确定的价格相同。

设备及安装、修改整合工作按合同约定的时间完成，丙公司检验合格并于2×20年12月1日投入生产使用。

（3）甲公司研究开发一项新型环保技术，该技术用于其生产的产品可以大大减少碳排放量。该新型环保技术于2×20年7月1日达到预定可使用状态，其中形成无形资产的成本为1 600万元，2×20年度直接计入当期损益的研发费用为600万元。当地政府为补贴甲公司成功研发形成的无形资产，2×20年5月20日向甲公司拨付200万元补助。

甲公司预计该新型环保技术形成的无形资产可使用10年，预计净残值为零，按直线法摊销。按企业所得税法规定，企业发生的研发费用加计扣除，研发费用直接计入当期损益的，按其实际发生费用加计100%在计算应纳税所得额时扣除，形成资产成本的，按实际发生成本加计100%的金额于10年、按直线法摊销的金额在计算应纳税所得额时扣除（不考虑净残值）。

其他资料：（1）甲公司和乙公司均为增值税一般纳税人。（2）上述各项合同均通过合同各方管理层批准，满足合同成立的条件。（3）甲公司销售商品适用的增值税税率为13%，适用的企业所得税税率为25%。（4）上述合同价格或销售价格均不含增值税额。（5）除上

> **提醒**
> 关键词：签订服务合同。
> 提供维修劳务属于单项履约义务。

> **提醒**
> 关键词：政府补助。
> 与资产相关的政府补助，收到政府补助时计入递延收益。

> **提醒**
> 关键词：加计扣除。
> 加计扣除使得资产账面价值小于其计税基础，产生可抵扣暂时性差异。

述资料（3）外，甲公司发生的其他交易或事项的会计处理与所得税法规定相同。（6）甲公司对政府补助采用总额法进行会计处理，2×20年初无形资产账面价值为零。（7）本题不考虑除增值税、企业所得税以外的其他相关税费及其他因素。

要求：

（1）根据资料（1），判断甲公司与乙公司在原合同基础上签订的补充协议是否属于合同变更，说明会计处理方法，并阐述理由；判断甲公司确认销售A产品收入的方法、时点，并说明理由；编制与出售A产品相关的会计分录。

（2）根据资料（1），计算乙公司购入A产品的成本总额及单位成本。

（3）根据资料（2），判断甲公司与丙公司分别签订的三份合同是否应当合并，并说明理由；合同合并后，判断每份合同有几项履约义务，并说明理由，如合同不合并，判断每份合同有几项履约义务。

（4）根据资料（3），判断甲公司研发新型环保技术形成的无形资产于2×20年7月1日的账面价值与计税基础的差异是否应确认递延所得税资产或递延所得税负债，并说明理由；计算该无形资产于2×20年12月31日的账面价值和计税基础；说明当地政府拨付甲公司的补助款的会计处理方法，并计算应计入2×20年度利润总额的金额。

【本题答案】

（1）甲公司与乙公司在原合同基础

> **提醒**
> 关键词：政府补助采用总额法处理。

> **审题要点**
> 考查合同变更、销售产品按时点或时期确认。
> 合同变更有三种处理办法：①合同变更部分作为单独合同进行会计处理；②合同变更作为原合同终止及新合同订立进行会计处理；③合同变更部分作为原合同的组成部分进行会计处理。
> 收入确认的时点是控制权转移。

> **审题要点**
> 考查存货成本的确定。
> 通过加工而取得的存货的成本由采购成本、加工成本以及使存货达到目前场所和状态所发生的其他成本构成。

> **审题要点**
> 考查合同合并和单项履约业务的确定。
> 企业与同一客户同时订立或在相近时间内先后订立的两份或多份合同，在满足下列条件之一时，应当合并为一份合同进行会计处理：①该两份或多份合同基于同一商业目的而订立并构成一揽子交易，如一份合同在不考虑另一份合同的对价的情况下将会发生亏损；②该两份或多份合同中的一份合同的对价金额取决于其他合同的定价或履行情况，如一份合同如果发生违约，将会影响另一份合同的对价金额；③该两份或多份合同中所承诺的商品构成单项履约义务。
> 企业向客户转让可明确区分商品的承诺，应作为单项履约义务。

> **审题要点**
> 考查所得税中递延所得税资产和递延所得税负债确认以及政府补助的总额法。
> 如果企业发生某项交易或事项不是企业合并，并且交易发生时既不影响会计利润也不影响应纳税所得额，且该项交易中产生的资产、负债的初始确认金额与其计税基础不同，产生可抵扣暂时性差异的，在交易或事项发生时不确认相应的递延所得税资产。

上签订的补充协议属于合同变更。

合同变更部分应作为单独合同进行会计处理。

理由：合同变更增加了可明确区分的商品（或者，合同变更增加了200件A产品与原500件A产品可明确区分）；且新增合同价款反映了新增商品的单独售价〔或者，新增200件A产品的合同价格（每件24万元）反映了新增200件A产品的单独售价〕。

甲公司销售A产品应按时点法确认收入。

甲公司销售A产品确认收入的时点：2×19年12月10日。

理由：乙公司已取得A产品的控制权。甲公司销售A产品的账务处理如下：

2×19年7月10日，甲公司收到预付款：

借：银行存款　　　　　　　　　　　　　　　　　　2 500
　　贷：合同负债　　　　　　　　　　　（500×25×20%）2 500

2×19年9月12日，甲公司收到预付款：

借：银行存款　　　　　　　　　　　　　　　　　　960
　　贷：合同负债　　　　　　　　　　　（200×24×20%）960

2×19年12月10日，甲公司确认收入：

借：合同负债　　　　　　　　　　　　　（2 500+960）3 460
　　银行存款　　　　　　　　　　（17 300+2 249-3 460）16 089
　　贷：主营业务收入　　　　　　　（500×25+200×24）17 300
　　　　应交税费——应交增值税（销项税额）　（17 300×13%）2 249

（2）乙公司购入A产品的成本总额=17 300+200+20+5=17 525（万元）

乙公司购入A产品的单位成本=17 525÷700=25.04（万元）

注：入库前挑选整理费用应计入存货成本；入库后整理费用应作为仓储费用计入管理费用。

（3）甲公司与丙公司分别签订的采购大型机械设备并安装合同、对大型机械设备的重大修改合同，这两份合同应当合并为一个合同。

理由：甲公司与丙公司虽然分别签订了两份合同，但该两份合同基于同一商业目的而订立，并构成一揽子交易（或两份合同形成单项履约义务）。

该合并后的合同包含一项履约义务，即为丙公司提供大型机械设备并进行重大修改。

理由：甲公司向丙公司转让的大型机械设备的承诺，与后续重大修改的承诺之间不可明确区分。

甲公司与丙公司签订的服务合同为一份单独的合同。

甲公司与丙公司签订的服务合同包含一项履约义务，即为丙公司提供设备后续维护服务。

（4）2×20年7月1日无形资产的账面价值与计税基础的差异不应确认递延所得税资产。

理由：按照会计准则规定，初始确认时既不影响会计利润也不影响应纳税所得额，且不属于企业合并的情况下，资产的账面价值小于计税基础的差异不确认递延所得税资产。

2×20年12月31日无形资产的账面价值=1 600−1 600÷10÷2=1 520（万元）

2×20年12月31日无形资产的计税基础=1 600×（1+100%）−[1 600×（1+100%）÷10÷2]=3 200−160=3 040（万元）

当地政府拨付甲公司的补助款应作为政府补助，先计入递延收益，按无形资产的预计使用年限分期计入其他收益。

当地政府拨付甲公司补助款应计入2×20年度利润总额的金额=200÷10÷2=10（万元）。

思维拓展

本题考查了收入、存货与所得税等三大考点，有如下特点：

（1）自2017年收入准则进行重大修订后，已经连续出了几年比较"正常"的题（各种收入确认与计量），到了2021年就出了比较"不正常"的考点，即考查复杂的合同变更和合同合并。

（2）收入确认分为时点法和时期法，其中时期法比较复杂。本次考的是比较简单的时点法，没有复杂的计算，所以主要是考查确认问题，而不是考查计量问题。

（3）本题从销售方考查收入，而从购货方考查存货的初始计量，即购入存货入账成本的确定，从逻辑上看挺合理的。

（4）本题研究开发产生的无形资产摊销，与前面考查收入没有任何联系，单纯考查所得税，只是一个大拼盘，不会因为前面的错误导致后面的错误，对考生风险小。

坑点提示

本题容易踩坑的是甲公司与丙公司签订的三份合同是否进行合并，有相当难度。从会计上看，是否合并合同有三种可能：不合并还是三份合同、三份合并成二份合同或合并成一份合同。是否合并，应根据准则进行判断：如果两份或多份合同基于同一商业目的而订立并构成一揽子交易，应该合并。从题意看，第一份合同是生产设备并安装，第二份合同是按照客户的要求进行重大修订从而生产出适用的设备，实际上两份合同实现同一个商业目的并构成一揽子交易，即购买安装好能直接使用的设备。所以，第一份和第二份合同应当合并为一份合同处理。而第三份合同是提供维修劳务，属于单项履约义务，应按另一份合同处理，不合并。对于合同合并，笔者亲身经历了一件事：当年本单位将土地使用权转让给房地产开发商，市场价格9 000万元。开发商提出签订两份合同，一份是土地使用权转让合同，交易价格8 000万元；另外签订一份捐赠协议，开发商"捐赠"一栋价值1 000万元的图书馆，在图书馆楼面写上老板的名字以便"青史留名"。这两份合同，实际上就是一揽子交易，从会计上看应合并合同，即转让土地的对价为9 000万元，支付方式是货币资金8 000万元和非货币性资产（建筑物）1 000万元。实务中，合同的合并还是挺多的，考生应仔细分辨。

2.（本小题16分。）甲公司相关年度发生的有关交易或事项如下：

（1）2×18年1月1日，**甲公司以发行5 000万股普通股为对价，从丙公司处购买其所持乙公司60%的股权**，当日办理了股权过户登记手续。甲公司所发行股份的面值为每股1元，公允价值为每股10元。另外，甲公司以银行存款支付与乙公司股权评估相关的费用150万元。

> ⚠ 提醒
> 关键词：甲公司购买乙公司60%股权。
> 这是企业合并，购买日为2×18年1月1日。

2×18年1月1日，乙公司净资产账面价值为65 000万元，其中，股本25 000万元，资本公积5 000万元，盈余公积26 000万元，未分配利润9 000万元；**可辨认净资产的公允价值**为80 000万元。公允价值与账面价值的差

> ⚠ 提醒
> 关键词：可辨认净资产的公允价值。
> 非同一控制下企业合并，采用公允价值并账并表。

额为一宗土地增值15 000万元，其他资产和负债的账面价值等于公允价值。该土地尚可使用50年，预计净残值为零，按直线法摊销。当日，甲公司对乙公司的董事会进行改选，改选后能够控制乙公司。

甲公司购买乙公司股权前，乙公司为甲公司的常年客户；除此之外，甲公司与丙公司和乙公司不存在其他关系。

> 🔔 **提醒**
> 关键词：并购各方不存在客户关系之外的其他关系。
> 不存在关联关系，属于非同一控制下企业合并。

（2）2×18年6月25日，甲公司出售其生产的设备给乙公司，销售价格为2 500万元，销售成本为2 000万元。乙公司将购买的设备作为管理用固定资产，并在2×18年6月28日投入使用，该设备预计使用10年，预计净残值为零，采用年限平均法计提折旧。

> 🔔 **提醒**
> 关键词：甲公司出售产品给乙公司。
> 这是存货内部交易，应抵销。

截至2×18年12月31日，甲公司尚未收到款项，甲公司按应收款项余额的5%计提了坏账准备；该项应收款项于2×19年3月10日收存银行。

> 🔔 **提醒**
> 关键词：甲公司未收到货款。
> 内部债权债务应抵销。

（3）2×18年度，乙公司实现净利润6 000万元，持有的金融资产公允价值上升确认其他综合收益1 000万元。2×18年12月31日，按购买日乙公司净资产账面价值持续计算的净资产账面价值为72 000万元，其中股本25 000万元，资本公积5 000万元，其他综合收益1 000万元，盈余公积26 600万元，未分配利润14 400万元。

> 🔔 **提醒**
> 关键词：乙公司实现净利润等。
> 本资料用于编制调整分录，将母公司长期股权投资由账上的成本法调整为报表的权益法，调表不调账。

（4）2×19年度，乙公司实现净利润5 000万元，持有的金融资产公允价值上升确认其他综合收益200万元。

> 🔔 **提醒**
> 关键词：乙公司实现净利润。
> 同理，这是下年度的资料。

甲公司在编制合并财务报表时，将

乙公司作为一个资产组，2×18年末进行减值测试时，没有发现该资产组存在减值。2×19年12月末，甲公司对该资产组进行减值测试，减值测试的结果为：资产组的可收回金额为92 000万元，乙公司净资产账面价值为77 200万元。

（5）2×20年1月1日至3月1日，甲公司发生的交易或事项包括：1月20日，甲公司于2×19年12月销售的一批商品因其质量问题被客户退回；2月22日，经批准发行公司债券8 500万元；2月28日，甲公司购买丁公司80%股权并控制丁公司。假定上述交易或事项具有重要性。

其他资料：（1）甲公司按实现净利润的10%计提法定盈余公积，不计提任意盈余公积。（2）乙公司的各项资产和负债构成业务。（3）甲公司2×19年度财务报告于2×20年3月1日经批准对外报出。（4）本题不考虑相关税费及其他因素。

要求：

（1）根据资料（1），计算甲公司对乙公司投资的成本，编制甲公司对乙公司投资相关的会计分录；计算合并商誉金额。

（2）根据资料（1）、（2）和（3），编制甲公司2×18年度合并财务报表相关的抵销或调整分录。

（3）根据资料（2），编制甲公司2×19年度合并财务报表中与年初未分配利润相关的抵销或调整分录。

（4）根据资料（1）至（4），计算

> **提醒**
> 关键词：资产组进行减值测试。
> 这是商誉减值资料。

> **提醒**
> 关键词：1月1日至3月1日。
> 这是日后事项，包括销售退回、日后发行债券和企业合并。

> **提醒**
> 关键词：2×19年度财务报告于2×20年3月1日经批准对外报出。
> 资产负债表日后期间：1.1–3.1

> **审题要点**
> 考查长期股权投资成本法、计算商誉金额。
> 只有非同一控制下企业合并才会产生商誉，要求计算商誉金额；考查非同一控制下企业合并，应采用"公允价值"并账并表。

> **审题要点**
> 考查合并报表中并购当年调整分录和抵销分录的编制。
> 调整分录包括调整子公司报表和调整母公司报表。
> 抵销分录分为内部股权投资抵销、内部存货交易等抵销。

> **审题要点**
> 考查连续编制合并报表时调整分录和抵销分录的编制。
> 只要求编制"与年初未分配利润"相关部分。凡是上年涉及损益的调整和抵销都与下年初未分配利润有关。

甲公司应计提的商誉减值准备，并编制相关会计分录。

（5）根据资料（5），判断甲公司2×20年1月1日至3月1日发生的每项交易或事项属于资产负债表日后调整事项还是非调整事项，并说明会计处理方法。

> 📝 **审题要点**
>
> 考查商誉减值的计提。
> 商誉应当结合与其相关的资产组或者资产组组合进行减值测试，关键是确定相关资产组"账面价值"和该资产组"可收回金额"。

> 📝 **审题要点**
>
> 考查资产负债表日后事项中调整事项和非调整事项的区分。
> 资产负债表日或以前"已经存在"，属于调整事项；"日后发生"，属于非调整事项。

【本题答案】

（1）合并成本=5 000×10=50 000（万元）

借：长期股权投资　　　50 000
　　贷：股本
　　　　（5 000×1）5 000
　　　　资本公积——股本溢价
　　　　　　　　　　45 000

借：管理费用　　　　　150
　　贷：银行存款　　　150

合并商誉=合并成本50 000-取得的可辨认净资产的公允价值份额80 000×60%=2 000（万元）

（2）编制调整分录：

将无形资产调整为购买日公允价值为基础计量：

借：无形资产　　　　　15 000
　　贷：资本公积　　　15 000

借：管理费用　　　　　300
　　贷：无形资产——累计摊销
　　　　（15 000/50）300

将对子公司投资由成本法调整为权益法：

借：长期股权投资　　　4 035
　　贷：投资收益
　　　　［(6 000-15 000÷50+25)×
　　　　　60%］3 435

其他综合收益　　　　　　　　　　　　　　　　　　（1 000×60%）600

注：投资收益=[（账面净利润6 000-无形资产摊销15 000÷50+固定资产折旧25）×60%]=5 725×60%=3 435（万元）

将内部销售设备交易抵销：

借：营业收入　　　　　　　　　　　　　　　　　　　2 500
　　贷：营业成本　　　　　　　　　　　　　　　　　　2 000
　　　　固定资产　　　　　　　　　　　　　　　　　　　500
借：固定资产——累计折旧　　　　　　　　　　　　　　　25
　　贷：管理费用　　　　　　　　　　　　　　　　（500/10/2）25
借：应付账款　　　　　　　　　　　　　　　　　　　2 500
　　贷：应收账款　　　　　　　　　　　　　　　　　　2 500
借：应收账款——坏账准备　　　　　　　　　　　　　　125
　　贷：信用减值损失　　　　　　　　　　　　　　（2 500×5%）125

将内部股权投资抵销：

借：股本　25 000
　　资本公积　　　　　　　　　　　　　　　（5 000+15 000）20 000
　　盈余公积　　　　　　　　　　　　　　　（26 000+600）26 600
　　其他综合收益　　　　　　　　　　　　　　（0+1 000）1 000
　　年末未分配利润　　　　　　　　　　　　（9 000+5 725-600）14 125
　　商誉　　　　　　　　　　　　　　　　　　　　　　2 000
　　贷：长期股权投资　　　　　　　　　　　（50 000+4 035）54 035
　　　　少数股东权益　　　　　　　　　　　　　　　　34 690

注：年末净资产=25 000+20 000+26 600+1 000+14 125=86 725（万元）

86 725×40%=34 690（万元）

将内部投资收益抵销：

借：投资收益　　　　　　　　　　　　　　　　　　　3 435
　　少数股东损益　　　　　　　　　　　　　　（5 725×40%）2 290
　　年初未分配利润　　　　　　　　　　　　　　　　　9 000
　　贷：提取盈余公积　　　　　　　　　　　（账面净利润6 000×10%）600
　　　　年末未分配利润　　　　　　　　　　　（9 000+5 725-600）14 125

（3）借：年初未分配利润　　　　　　　　　　　　　　　500
　　　　贷：固定资产　　　　　　　　　　　　　　　　　500
借：固定资产——累计折旧　　　　　　　　　　　　　　25
　　贷：年初未分配利润　　　　　　　　　　　　　　　　25
借：信用减值损失　　　　　　　　　　　　　　　　　125

　　　　贷：年初未分配利润　　　　　　　　　　　　　　　　　　　125

　　注：为何借方是信用减值损失125万元？这是因为母公司销售货物给子公司至当年末未收款，已计提信用减值损失125万元；次年收回应收款时，从贷方冲减了信用减值损失125万元。而从合并报表角度看，不存在内部销售，母公司没有债权也就没有计提过信用减值损失。所以，在编制合并报表时，应将母公司个表上贷方冲减的信用减值损失从借方转回。

　　（4）应计提商誉减值=[（65 000+15 000）+（6 000–15 000÷50+25+1 000）+（5 000–300+50+200）+2 000÷60%–92 000]×60%=（86 725+4 950+3 333.33–92 000）×60%=3 008.33×60%=1 805（万元）。

　　注：2×19年末商誉减值总额=2×19年末包含商誉的资产组账面价值–可收回金额=（可辨认资产账面价值+总商誉）–可收回金额=[（2×18年1月1日净资产65 000+无形资产增值15 000）+（2×18账面净利润6 000–无形资产摊销15 000÷50+固定资产折旧25+其他综合收益1 000）+（2×19账面净利润5 000–无形资产摊销300+固定资产折旧50+其他综合收益200）+总商誉2 000÷60%–92 000]=3 008.33；应计提商誉减值=3 008.33×60%=1 805（万元）（即合并报表中归属于母公司商誉的减值）。

　　借：资产减值损失　　　　　　　　　　　　　　　　　　　　1 805
　　　　贷：商誉减值准备　　　　　　　　　　　　　　　　　　　1 805

　　（5）2×20年1月20日发生的销售退回，属于资产负债表日后调整事项，应调整2×19年度财务报表相关项目的金额。

　　2×20年2月22日发行公司债券，属于资产负债表日后非调整事项，应在2×19年度财务报表附注中披露。

　　2×20年2月28日购买丁公司80%股权，属于资产负债表日后非调整事项，应在2×19年度财务报表附注中披露。

思维拓展

　　本题是一道挺大的跨章节的综合题，涉及"长期股权投资"章、"企业合并"章、"合并财务报表"章、"资产减值"章和"资产负债表日后事项"章。在复习时可作如下拓展：

　　（1）本题以合并报表编制为主线，必然涉及长期股权投资、企业合并、合并报表编制等考点。因此，注会最综合的考点就是"并购会计"，每年必出一道综合题；但是本题的长期股权投资、合并报表调整分录和抵销分录考得"中规中矩"，属于最常见的考点，并没有在并购和合并报表编制中考虑所得税影响，难度不算大。

　　（2）那么本题怎么把难度搞上去呢？这就是本题商誉减值的计算。从出题逻辑来看，非同一控制下企业合并产生了商誉，其后商誉发生了减值，要求计算商誉减值的金额。这样就非常自然地把并购与资产减值结合了。值得强调的是，商誉的计算几乎每年必考！现将商誉的确认和计量在国际上的主流观点表述如下表：

商誉的确认和计量

项目		内容
商誉的确认		商誉是指由企业合并中取得的、不能分别辨认并单独确认的其他资产所形成的代表未来经济利益的资产。商誉的本质有"好感价值观""超额收益观""剩余价值观"等，最后形成国际上公认的"核心商誉观"。"核心商誉观"认为，商誉的本质包括"企业现有业务持续经营要素的公允价值"和"两个企业联合产生的预期协同效益和其他收益的公允价值"，实际上包含了"超额收益观"对商誉的认定
商誉的计量	初始计量	采用"剩余价值观"的余值计量方法：商誉=合并成本－取得的被合并方可辨认净资产公允价值份额
	后续计量	后续计量有4种观点，目前主流（包括我国）是第④种： ①永久保留法：将外购商誉作为一项永久性资产，不摊销。 ②直接冲销法：将外购商誉作为收购企业所有者权益的抵销项目，直接冲减所有者权益。 ③系统摊销法：将外购商誉作为一项资产入账，并在估计有效年限内系统摊销，计入当期损益。 ④减值测试法（国际主流）：定期对外购商誉实施减值测试，如果商誉不能给企业带来价值，通过计提减值注销商誉减少的价值

（3）最后是没有逻辑关系的资产负债表日后事项中调整事项和非调整事项的判断，只是为了增加题量硬拼进来。应该指出的是，在大多数情况下，调整事项和非调整事项的判断用来出单选题或多选题，有时出主观题，就像本题一样。

🗐 坑点提示

本题容易踩坑的是商誉减值，商誉减值的关键是确定商誉所在资产组的资产账面价值和可收回金额，本题已知可收回金额，只需要计算资产组的资产账面价值。而要正确计算"2×19年资产组的资产账面价值"，要突破三层障碍：①本题中该资产组是整个乙公司，该资产组的"资产"账面价值实际上是该资产组"净资产"账面价值；②乙公司是2×18年1月1日通过非同一控制下企业合并进入甲集团公司的，因此，2×19年末该资产组"净资产"账面价值应该是以购买日（2×18年1月1日）被购买方（乙公司）可辨认净资产公允价值为基础，持续计算到2×19年末净资产的价值；③乙公司的可收回金额是所有资产创造的，既包括可辨认资产，也包括不可辨认的资产（即商誉），所以应把总商誉加进来。

有了这个思路，2×19年末包含商誉的资产组账面价值＝可辨认资产账面价值＋不可辨认的总商誉账面价值＝可辨认净资产持续计量金额〔（2×18年1月1日净资产65 000＋无形资产增值15 000）＋（2×18账面净利润6 000－无形资产摊销15 000÷50＋固定资产折旧25＋其他综合收益1 000）＋（2×19账面净利润5 000－

无形资产摊销300+固定资产折旧50+其他综合收益200）]+不可辨认的总商誉（2 000÷60%）=［86 725+4 950］+3 333.33=91 675+3 333.33=95 008.33（万元）；将资产组账面价值95 008.33减去可收回金额92 000，得到该资产组应计提减值总额3 008.33万元；因总商誉为3 333.33万元，应将减值总额3 008.33万元全部冲减商誉，不计提可辨认资产的减值；而合并报表中只反映母公司商誉，所以，计提商誉减值的金额只是归属于母公司商誉部分的1 805万元（3 008.33×60%）。

2020年注册会计师全国统一考试《会计》真题详解

一、单项选择题（本题型共12小题，每小题2分，共24分。每小题只有一个正确答案，请从每小题的备选答案中选出一个你认为正确的答案）

1.下列各项关于企业应遵循的会计信息质量要求的表述中，正确的是（　　）。

A.企业应当以实际发生的交易或事项为依据进行确认、计量和报告

B.企业对不同会计期间发生的相同交易或事项可以采用不同的会计政策

C.企业在资产负债表日对尚未获得全部信息的交易或事项不应进行会计处理

D.企业对不重要的会计差错无需进行差错更正

【本题答案】A

【本题解析】选项A正确；选项B不正确，企业对不同会计期间发生的相同交易或事项应当采用相同的会计政策；选项C不正确，如果企业等到与交易或者事项有关的全部信息获得之后再进行会计处理（如诉讼），这样的信息披露虽然提高了信息的可靠性，但可能会由于时效性问题，对于投资者等财务报告使用者决策的有用性将大大降低，违背及时性会计信息质量要求；选项D不正确，企业对不重要的会计差错也应进行差错更正。

> **审题要点**
> 考查会计信息质量中的可靠性、可比性、及时性、重要性。

思维拓展

为了提供有用的会计信息，会计信息应满足八个质量要求。会计信息质量要求是第一章总论考得最多的地方，在复习中可作如下拓展：

（1）可靠性要求企业应当以实际发生的交易或者事项为依据进行确认、计量和报告，如实反映符合确认和计量要求的各项会计要素及其他相关信息，保证会计信息真实可靠、内容完整。提供虚假信息就会误导会计报表使用者。所以，可靠性要求最重要，也最基础。

（2）可比性要求企业提供的会计信息应当相互可比，包括同一企业不同时期可比（纵向）和不同企业相同会计期间可比（横向）。纵向可比要求同一企业不同时期发生的相同或者相似的交易或者事项，应当

采用一致的会计政策，不得随意变更。横向可比要求不同企业同一会计期间发生的相同或相似的交易或者事项，应当采用相同或相似的会计政策，确保会计信息口径一致、相互可比。

（3）重要性要求企业提供的会计信息应当反映与企业财务状况、经营成果和现金流量相关的所有重要交易或者事项。重要性并不意味着企业对不重要的会计差错无需进行差错更正，凡是"差错"是一律应当进行更正的。

（4）及时性要求企业对于已经发生的交易或者事项，应当及时进行确认、计量和报告，不得提前或者延后。比如，未决诉讼在期末应及时进行估计，如果是被告，在满足确认负债情况下，应将预估损失及时入账。

坑点提示

本题容易踩坑的是选项B，认为"不同会计期间"，当然"可以采用不同的会计政策"，这是错误的。为了使各期会计信息可比，对不同会计期间发生的相同交易或事项应采用相同的会计政策，不得随意变更。

2. 2×18年12月31日，甲公司持有的投资包括：（1）持有联营企业（乙公司）30%股份；（2）持有子公司（丙公司）60%股份；（3）持有的5年期国债；（4）持有丁公司发行的期限为2个月的短期债券。不考虑其他因素，甲公司在编制2×18年度个别现金流量表时，应当作为<u>现金等价物</u>列示的是（　　）。

A.对丙公司的投资

B.所持的5年期国债

C.所持丁公司发行的期限为2个月的短期债券

D.对乙公司的投资

【本题答案】C

【本题解析】选项C正确，现金等价物包括从购买之日起3个月内到期的短期债券；选项A不正确，甲公司持有乙公司60%股权，属于对子公司投资，作为长期股权投资采用成本法核算；选项B不正确，甲公司所持的5年期国债，作为金融资产，可以分类为"以摊余成本计量的金融资产、以公允价值计量且其变动计入其他综合收益的金融资产或者以公允价值计量且其变动计入当期损益的金融资产"，不属于现金等价物；选项D不正确，甲公司持有联营企业（乙公司）30%股份，应作为

审题要点

考查现金等价物的概念、长期股权投资核算范围、金融资产的核算范围。

现金等价物是指企业持有的期限短、流动性高、易于转换为已知金额的现金、价值变动风险很小的短期债权投资。

长期股权投资，采用权益法核算。

思维拓展

编制现金流量表最基础的，就是搞清楚现金流量表中现金的范围。现金流量表中的"现金"不是民间现钞的概念，属于广义的"现金"，具体包括库存现金、银行存款、其他货币资金和现金等价物。在复习中可作如下拓展：

（1）通过现金流量表，报表使用者能够了解现金流量的影响因素，评价企业的支付能力、偿债能力和周转能力，预测企业未来现金流量。现金流量表反映现金变动的结果（静态）和变动原因（动态），见下图：

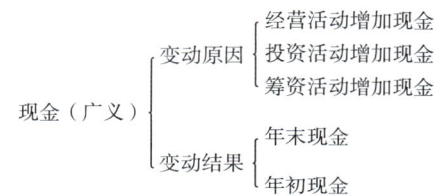

（2）经营活动产生的现金流量。经营活动是指企业投资活动和筹资活动以外的所有交易和事项，包括销售商品或提供劳务、经营性租赁、购买货物、接受劳务、制造产品、广告宣传、推销产品、交纳税款等。企业实际收到的政府补助，在"收到其他与经营活动有关的现金"项目填列。

（3）投资活动产生的现金流量。投资活动是指企业长期资产的购建和不包括在现金等价物范围内的投资及其处置活动。应掌握两句话：①投资活动包括两个内容，既包括"对内投资"（购建固定资产、无形资产和其他长期资产），也包括"对外投资"（购买股票、购买债券、投资办企业）。②投资活动包括两个方面，既包括购置时的现金流出，也包括处置时的现金流入。

（4）筹资活动产生的现金流量。筹资活动是指导致企业资本及债务规模和构成发生变化的活动，包括吸收投资、发行股票、分配利润等。应掌握两句话：①筹资活动包括两个内容，既包括"资本"（接受现金投资），也包括"债务"（与金融机构形成的债务和发行债券形成的债务）。②筹资活动包括两个方面，既包括现金流入，也包括现金流出。

坑点提示

本题容易踩坑的是选项B，考生误以为"所持的5年期国债"可以随时卖出去，拿回相等金额的现金，所以应该属于"现金等价物"，这是不对的。实际上，"现金等价物"是现金流量表编制中的专有概念，表面上看持有的是债券，但因为这个债券具有"期限短（如3个月内到期）、流动性高（已上市可流通）、易于转换为已知金额的现金（出售时收到的现金大致等于债券的本息）、价值变动风险很小（收益稳定）"等四个特征，所以这个债券就相当于"现金等价物"了。

抢分秘籍

本题的抢分技巧是，准确理解"现金等价物"的概念，至于将长期股权投资和金融资产写进来，那是陪绑，一看就是错的。

审题要点

考查企业合并中的或有对价。

企业合并中的或有对价分为同一控制下的处理和非同一控制下的处理。

同一控制下企业合并或有对价形成预计负债或资产的，该预计负债或资产金额与后续或有对价结算金额的差额应调整资本公积（资本溢价或股本溢价）。

非同一控制下企业合并或有对价作为合并成本的组成部分，或有对价根据不同情况可能确认为交易性金融负债、权益或交易性金融资产。

3. 2×16年12月30日，甲公司以发行新股作为对价，购买乙公司所持丙公司60%股份。乙公司在股权转让协议中承诺，在本次交易完成后的3年内（2×17年至2×19年）丙公司每年净利润不低于5 000万元，若丙公司实际利润低于承诺利润，乙公司将按照两者之间的差额及甲公司作为对价发行时的股票价格计算应返还给甲公司的股份数量，并在承诺期满后一次性予以返还。2×17年，丙公司实际利润低于承诺利润，经双方确认，乙公司应返还甲公司相应的股份数量。不考虑其他因素，下列各项关于甲公司应收取乙公司返还的股份在2×17年12月31日合并资产负债表中列示的项目名称是（　　）。

A.其他债权投资　　　　B.交易性金融资产
C.其他权益工具投资　　D.债权投资

【本题答案】B

【本题解析】选项B正确，因为或有对价符合资产定义并满足资产确认条件的，购买方应当将符合合并协议约定条件的、可收回的部分已支付合并对价的权利确认为一项资产。因该预期利润未实现的情况是在购买日后新发生的，在购买日后超过12个月且不属于对购买日已存在状况的进一步证据，应于资产负债表日将该或有对价公允价值的变动计入当期损益。乙公司对有关利润差额的补偿将以甲公司不固定的股份数量支付，该或有对价属于金融工具，应当按照金融工具的原则进行处理，确认为交易性金融资产核算。选项A、C、D选项不正确。

思维拓展

企业并购是企业快速成长的必由之路，企业集团达到一定规模（比如总资产10亿元），经常发生企业并购行为，进行资产整合，发挥协同效益，加速企业成长。企业并购中为了控制风险，经常采用"对赌协议"（如果达不到利润目标，你要赔我），也就是企业合并准则中的"或有对价"。对于或有对价的处理应该分为同一控制或非同一控制，其产生的经济后果差别很大：

（1）同一控制下企业合并或有对价的处理。

同一控制下企业合并形成的控股合并，在确认长期股权投资初始投资成本时，应按《企业会计准则第13号——或有事项》的规定，判断是否应就或有对价确认预计负债（在未来多支付资产）或者资产（在未来返还资产），以及确认的金额；确认预计负债或资产的，该预计负债或资产金额与后续或有对价结算金额的差额不影响当期损益，应调整资本公积（资本溢价或股本溢价），资本公积（资本溢价或股本溢价）不足冲减的，调整留存收益。合并方对或有对价账务处理如下：

①合并日：

借：长期股权投资（被合并方净资产账面价值×持股比例）
　　或：其他应收款（确认或有对价）
　贷：银行存款
　　　预计负债（确认或有对价）
　　　资本公积（资本溢价、股本溢价）（或借方）

②或有对价后续变动：

借：预计负债（冲回多预计的金额）
　贷：银行存款（结算金额）
　　　资本公积（资本溢价、股本溢价）（或借方）

或者：

借：银行存款（结算金额）
　贷：其他应收款（收回或有对价）
　　　资本公积（资本溢价、股本溢价）（或借方）

（2）非同一控制下企业合并或有对价的处理。

某些情况下，当企业合并合同或协议中规定视未来或有事项的发生，购买方通过发行额外证券、支付额外现金或其他资产等方式追加合并对价，或者要求返还之前已经支付的对价。对该或有对价的处理，应分为两个步骤：

第一步，购买日的处理。购买方应当将合并协议约定的或有对价作为企业合并转移对价的一部分，按照其在购买日的公允价值计入企业合并成本。或有对价符合金融负债或权益工具定义的，购买方应当将支付或有对价确认为一项负债（交易性金融负债）或权益；符合资产定义并满足资产确认条件的，购买方应当将其确认为一项资产（交易性金融资产）。即：

借：长期股权投资（含或有对价在购买日的公允价值）
　　交易性金融资产（将来返还部分对价）
　贷：交易性金融负债（将来支付额外资产）
　　　资本公积（将来发行额外股票）

第二步，后续处理。

第一种情况：购买日12个月内出现对购买日已存在情况的新的或进一步证据需要调整或有对价的，应当予以确认并对原计入合并商誉的金额进行调整。即：

借：商誉（或贷方）
　　交易性金融负债
　　资本公积
　贷：交易性金融资产

第二种情况：购买日12个月后发生的或有对价变化或调整，应当区分情况进行会计处理：①或有对价为权益性质的，不进行会计处理。②或有对价为资产或负债性质的，如果属于会计准则规定的金融工具，应当采用公允价值计量，公允价值变动计入当期损益（分类为交易性金融资产或交易性金融负债）；如不属于金融工具，则应按或有事项等准则的规定处理（确认预计负债等）。

坑点提示

本题容易踩坑的是选项C，考生误以为甲公司应收取乙公司返还的股份在年末合并资产负债表中列示的项目名称是"其他权益工具投资"，因为"返还的股份"好像属于权益工具投资，这是错误的。实际上，会计准则明确规定了，应作为"交易性金融资产"。

审题要点

考查或有事项中预计负债的确认、计量和补偿金额的处理。

预计负债确认应满足三个条件：现时义务、经济利益很可能流出企业、金额能够可靠计量。

补偿金额的确认应以预计负债的确认为前提，而且应当基本确定能够收到。

历年考情

本题与2022年综合题第2题中的第6问考点类似，均涉及非同一控制下企业合并中的或有对价（对赌协议）。

4.下列各项关于**或有事项会计处理**的表述中，正确的是（　　）。

A.基于谨慎性原则将具有不确定性的潜在义务确认为负债

B.或有资产在预期可能给企业带来经济利益时确认为资产

C.在确定最佳估计数计量预计负债时考虑与或有事项有关的风险、不确定性、货币时间价值和未来事项

D.因或有事项预期可获得补偿在很可能收到时确认为资产

【本题答案】C

【本题解析】选项C正确，如果与或有事项相关的义务同时符合以下三个条件，企业应将其确认为预计负债：①该义务是企业承担的现时义务；②履行该义务很可能导致经济利益流出企业；③该义务的金额能够可靠地计量。潜在义务不能确认为负债，选项A不正确；补偿金额只有在基本确定能收到时，才能作为资产单独确认，选项B、D错误。

思维拓展

会计面临的处理对象分为确定性事项和不确定性事项，其中大概40%属于不确定事项。比如，打出租车花费50元回公司报销，就属于确定性事项；但是面向未来，会计存在大量的不确定性事项。厦门大学会计学教授专门写了一本《不确定性会计》指出：根据不确定性的程度，可分为低度不确定、中度不确定和高度不确定。低度不确定，比如固定资产折旧，折旧总额基本上是确定的，但预计使用年限、预计净残值要预估，导致其每期折旧额不确定；中度不确定，比如未决诉讼，在本年末官司没有打完，是否胜诉或败诉不确定，但过几个月或更长一段时间官司打完就确定了；高度不确定，如大地震、恐怖袭击，未来可能永远不会发生。针对三种不确定性的情形，其会计处理思路不同：

不确定性 { 低度不确定——会计估计（如固定资产折旧、无形资产摊销等）
中度不确定——或有事项（不利事项、不利事项）
高度不确定——不理它（不确认、不披露）

可见，或有事项准则专门用来对付中度不确定事项。对于或有事项，应分为不利事项和有利事项，总的处理原则是根据谨慎性要求来做：

（1）对于不利事项，即"与或有事项相关的义务"，有三种处理办法：①满足负债确认条件的，作为预计负债确认入账，并且也在表外披露；②不满足负债确认条件的，形成或有负债，不确认入账，只在表外披露；③如果该义务极小可能导致经济利益流出企业，则既不在表内列示也不在表外披露。

（2）对于有利事项，即或有事项涉及的"或有资产"，不能确认入账，一般也不披露（防止空欢喜）；但如果很可能导致经济利益流入企

业，可以披露。

> **坑点提示**

本题容易踩坑的是选项A，特别容易被"谨慎性"迷惑。根据或有事项准则，或有负债是指过去的交易或事项形成的潜在义务，其存在须通过未来不确定事项的发生或不发生予以证实；或过去的交易或事项形成的现时义务，履行该义务不是很可能导致经济利益流出企业或该义务的金额不能可靠计量。所以或有事项涉及潜在义务和现时义务。潜在义务是指结果取决于未来不确定事项的发生或不发生的可能义务。但无论是现时义务还是潜在义务，或有负债不符合负债的定义和确认条件，企业不应确认或有负债。尽管企业在不确定的情况下进行判断需要谨慎，但不能过度使用，不符合预计负债确认条件的，千万不要确认预计负债，否则就高估负债了。

> **审题要点**
>
> 考查承租人对使用权资产计提折旧年限的确定。
> 使用权资产的折旧年限，在考虑租赁期的基础之上，再考虑租赁期届满时是否取得租赁资产所有权。
> 租赁期指承租人有权使用租赁资产且不可撤销的期间；承租人有续租选择权且合理确定将行使该选择权的，租赁期还应包括续租选择权涵盖的期间。

5. 2×19年6月30日，甲公司与乙公司签订租赁合同，从乙公司租入一栋办公楼。根据租赁合同的约定，该办公楼不可撤销的租赁期为5年，租赁期开始日为2×19年7月1日，月租金为25万元，于每月末支付，首3个月免付租金，在不可撤销的租赁期到期后，甲公司拥有3年按市场租金行使的续租选择权。从2×19年7月1日起算，该办公楼剩余使用寿命为30年。假定在不可撤销的租赁期结束时甲公司将行使续租选择权，不考虑其他因素，甲公司对该办公楼使用权资产计提折旧的年限是（　　）。

A. 5年 B. 8年
C. 30年 D. 4.75年

【本题答案】B

【本题解析】选项B正确，承租人有续租选择权，且合理确定将行使该选择权的，租赁期还应当包括续租选择权涵盖的期间，甲公司应按8年（5+3）确认租赁期，并按8年对该办公楼使用权资产计提折旧。

> **思维拓展**

本题考查承租人对使用权资产计提折旧年限的确定，在复习中可作如下拓展：

（1）租赁期的确定。在确定租赁期和评估不可撤销租赁期间时，企业应根据租赁条款约定确定可强制执行合同的期间。如果承租人和出租人双方均有权在未经另一方许可的情况下终止租赁，且罚款金额不重大，则该租赁不再可强制执行，就不属于不可撤销期间，不能计入租赁期。如果只有承租人有权终止租赁，则在确定租赁期时，企业应将该项权利视为承租人可行使的终止租赁选择权予以考虑。如果只有出租人有权终止租赁，则不可撤销的租赁期包括终止租赁选择权所涵盖的期间。

（2）承租人对使用权资产计提折旧内容见2022年真题计算分析题第2题。

6.为建造某大型设备，甲公司2×18年1月1日从银行借入期限为2年的专门借款2 000万元，年利率为4%（等于实际利率）。2×18年4月1日，甲公司开始建造该大型设备。当日，甲公司按合同约定预付工程款500万元。2×18年7月1日和10月1日，甲公司分别支付工程物资款和工程进度款700万元、400万元。该大型设备2×18年12月31日完工并达到预定可使用状态。不考虑其他因素，甲公司2×18年度为建造该大型设备应予以资本化的借款利息金额是（　　）。

　　A. 48万元　　　　　　　　B. 60万元
　　C. 80万元　　　　　　　　D. 33万元

【本题答案】B

【本题解析】选项B正确，资本化期间为4月1日–12月31日，9个月，则甲公司2×18年度为建造该大型设备应予以资本化的借款利息金额=借款本金2 000×月实际利率（4%/12）×资本化期间9个月=60（万元）。

> **审题要点**
> 考查借款费用资本化金额的计算。
> 先确定资本化期间，即资本化起点应满足三个条件，停止资本化满足一个条件（达到预定可使用状态）；再计算专门借款利息费用资本化金额。

思维拓展

本题拓展内容请参见2023年真题多选题第12题。

7. 2×18年1月20日，甲公司与丙公司签订租赁协议，将原出租给乙公司并即将在2×18年3月1日到期的厂房租赁给丙公司。该协议约定，甲公司2×18年7月1日起将厂房出租给丙公司，租赁期为5年，每月租金为60万元，租赁期首3个月免租金。为满足丙公司租赁厂房的需要，甲公司2×18年3月2日起对厂房进行改扩建，改扩建工程2×18年6月29日完工并达到预定可使用状态。甲公司对出租厂房采用成本模式进行后续计量。不考虑其他因素，下列各项关于甲公司上述交易或事项会计处理的表述中，正确的是（　　）。

　　A. 2×18年确认租金收入180万元
　　B. 改扩建过程中的厂房确认为投资性房地产
　　C. 厂房改扩建过程中发生的支出直接计入当期损益

> **审题要点**
> 考查投资性房地产按成本模式计量、出租人的会计处理。
> 从出租人角度看，已出租的建筑物属于投资性房地产。企业对某项投资性房地产进行改扩建等再开发且将来仍作为投资性房地产的，在再开发期间应继续将其作为投资性房地产，再开发期间不计提折旧或摊销。
> 出租人应将租赁分类为经营租赁和融资租赁。在经营租赁下出租人提供免租期的，出租人应将租金总额在不扣除免租期的整个租赁期内，按直线法或其他合理的方法进行分配，免租期内应当确认租金收入。

D.厂房在改扩建期间计提折旧

【本题答案】B

【本题解析】选项B正确，企业对某项投资性房地产进行改扩建等再开发且将来仍作为投资性房地产的，改扩建过程中的厂房确认为投资性房地产；选项A错误，2×18年下半年甲公司应确认租金收入=[60×（5×12−3）]/5×6/12=342（万元）；选项C错误，与投资性房地产有关的后续支出，满足投资性房地产确认条件的，应当予以资本化计入投资性房地产成本；选项D错误，投资性房地产在再开发期间应继续将其作为投资性房地产，不转入在建工程，再开发期间不计提折旧或摊销。

思维拓展

本题虽然考查的是投资性房地产，但出题老师有意在题干中不出现投资性房地产，而是要求考生判断本业务的性质，把考点藏得挺深的。在复习中可作如下拓展：

（1）投资性房地产属于特殊的房产和特殊的地产，是指为赚取租金或资本增值，或两者兼有而持有的房地产。具体包括：①已出租的土地使用权；②持有并准备增值后转让的土地使用权；③已出租的建筑物。

（2）已出租的土地使用权和已出租的建筑物，是指以经营租赁方式出租的土地使用权和建筑物。所以，本题从出租人角度，该租赁属于经营租赁。这就有了经营租赁下，存在免租期情况下租金收入的计算问题，将"投资性房地产"章与"租赁"章相结合，比较巧妙。

（3）下列各项不属于投资性房地产：①自用房地产，即为生产商品、提供劳务或者经营管理而持有的房地产。例如，企业拥有并自行经营的旅馆饭店，其经营目的主要是通过提供客房服务赚取服务收入，该旅馆饭店不确认为投资性房地产。②作为存货的房地产，如房地产开发商开发完成的商品房，属于存货，不属于投资性房地产。现将建筑物的会计处理归纳如下：

建筑物 { 自用→固定资产
        出租→投资性房地产
        出售→存货（商品房）

（4）在成本模式下，应当比照固定资产或无形资产的有关规定，对投资性房地产计提折旧或摊销；存在减值迹象的，还应当按照资产减值的有关规定进行处理。

坑点提示

本题容易踩坑的是选项B，正在改扩建的厂房似乎应该属于在建工程。实际上，本题是有前提的，即甲公司在2×18年1月20日与丙公司签订租赁合同前，已经将厂房出租给了乙公司，该厂房在甲公司的账上已经是投资性房地产（而不是固定资产）。在2×18年3月1日原租赁合同到期后将厂房租赁给丙公司，根据新签订的租赁合同，对该厂房进行"再开发且将来仍作为投资性房地产""再开发期间继续将其作为投资性房地产"。此时再开发支出满足投资性房地产确认条件，应当将再开发支出资本化，而不是计入当期损益。

抢分秘籍

本题的抢分技巧是，理解投资性房地产再开发支出应资本化还是费用化；掌握免租期情况下出租人租金的计算，就得分了。

8.按照企业会计准则的规定，确定企业<u>金融资产预期信用损失</u>的方法是（　　）。

A.金融资产的预计未来现金流量与其账面价值之间的差额

B.应收取金融资产的合同现金流量与预期收取的现金流量之间差额的现值

C.金融资产的公允价值减去处置费用后的净额与其账面价值之间的差额的现值

D.金融资产的公允价值与其账面价值之间的差额

【本题答案】B

【本题解析】选项B正确，信用损失是指企业按照原实际利率折现的、根据合同应收的所有合同现金流量与预期收取的所有现金流量之间的差额，即全部现金短缺的现值。选项A、C、D均似是而非，不正确。

> **审题要点**
>
> 考查金融资产预期信用损失的确定。
> 在预期信用损失法下，减值准备的计提以未来可能的违约事件造成的损失的期望值来计量当前应当确认的减值准备。
> 预期信用损失，是指以发生违约的风险为权重的金融工具信用损失的加权平均值，即企业根据合同应收的现金流量与预期能收到的现金流量之间的差额的现值。

思维拓展

经济生活中最大的风险就是金融危机，计提金融资产减值是防范金融危机的有效手段，考生应站在这个高度来看待金融资产减值的重要性。金融资产减值包括确认与计量，本题考查的是计量。在复习中可作如下拓展：

（1）金融工具减值规定的适用范围不仅包括金融资产，还包括金融工具准则范围以外的资产（如合同资产）、某些金融负债或者尚未确认的确定承诺。计提范围扩大了，能够及时、足额计提金融工具减值。

（2）金融工具中减值金额的计量。

金融工具中信用损失的计量比较

项目	信用损失的计量
金融资产	信用损失应为企业应收取的合同现金流量与预期收取的现金流量之间差额的现值
租赁应收款项	信用损失应为企业应收取的合同现金流量与预期收取的现金流量之间差额的现值
未提用的贷款承诺	信用损失应为在贷款承诺持有人提用相应贷款的情况下，企业应收取的合同现金流量与预期收取的现金流量之间差额的现值
财务担保合同	信用损失应为企业就该合同持有人发生的信用损失向其作出赔付的预计付款额，减去企业预期向该合同持有人、债务人或任何其他方收取的金额之间差额的现值
资产负债表日已发生信用减值但并非购买或源生已发生信用减值的金融资产	信用损失应为该金融资产账面余额与按原实际利率折现的估计未来现金流量的现值之间的差额

坑点提示

本题容易踩坑的是选项D，考试误以为"金融资产的公允价值与其账面价值之间的差额"就是应计提减值的金额，因为很多情况下金融资产按照公允价值计量，公允价值小于账面价值的差额似乎就是计提减值的金额，这是错误的。实际上，金融资产减值的金额根据其现金流量来确定，即应收取的现金流量与预期收取的现金流量之间的差额（现金流量缺口）的现值。

抢分秘籍

本题的抢分技巧是，记住金融工具减值是根据现金流量估算；固定资产减值是根据可收回金额估算；存货减值是根据可变现净值估算。进行对比复习，记忆效果好。

9. 2×18年3月20日，甲公司将所持账面价值为7 800万元的5年期国债以8 000万元的价格出售给乙公司。按照出售协议的约定，甲公司出售该国债后，与该国债相关的损失或收益均归乙公司承担或享有。该国债出售前，甲公司将其分类为以公允价值计量且其变动计入其他综合收益的金融资产。不考虑其他因素，下列各项关于甲公司出售国债会计处理的表述中，正确的是（　　）。

A. 将出售国债取得的价款确认为负债

B. 出售国债取得的价款与其账面价值的差额计入所有者权益

审题要点

考查金融资产转移。金融资产转移的核心问题是能否终止确认金融资产。
终止确认包括两种情形：企业收取金融资产现金流量的合同权利终止；企业已将金融资产所有权上几乎所有的风险和报酬转移给转入方。
在金融资产终止确认时，应将金融资产的账面价值与收到的价款之间的差额计入当期损益（特殊情况计入留存收益）。

C.国债持有期间因公允价值变动计入其他综合收益的金额转为留存收益

D.终止确认所持国债的账面价值

【本题答案】D

【本题解析】甲公司出售国债，风险报酬已经转移，应终止确认该金融资产，确认损益，选项A错误，选项D正确；甲公司持有的国债出售前，甲公司将其分类为以公允价值计量且其变动计入其他综合收益的金融资产，该资产出售时应将取得价款净额计入银行存款科目，同时结转资产账面价值，二者之间的差额计入投资收益，持有期间因公允价值变动计入其他综合收益的金额转入投资收益，选项B、C均不正确。

思维拓展

本题考查金融资产转移是否能够终止确认，出得"简单粗暴"，因为题干中直接说了"与该国债相关的损失或收益均归乙公司承担或享有"，风险报酬已经转移，应该终止确认。在复习时可作如下拓展：

（1）终止确认的情形。下列情况表明已将金融资产所有权上几乎所有风险和报酬转移给了转入方，因而应当终止确认相关金融资产：①企业无条件出售金融资产；②企业出售金融资产，同时约定按回购日该金融资产的公允价值回购；③企业出售金融资产，同时与转入方签订看跌期权合同（即转入方有权将该金融资产返售给企业）或看涨期权合同（即转出方有权回购该金融资产），且根据合同条款判断，该看跌期权或看涨期权为一项重大价外期权（即期权合约的条款设计，使得金融资产的转入方或转出方极小可能会行权）。

（2）终止确认的计量。

金融资产转移损益=（因转移收到的对价－所转移金融资产的账面价值）+原计入其他综合收益的金额

金融资产转移损益在一般情况下应计入当期损益；但出于不允许企业随意调节利润等特殊考虑，将非交易性权益工具的投资指定为以公允价值计量且其变动计入其他综合收益的金融资产在终止确认时，应将所取得价款与金融资产账面价值之间的差额，以及之前计入其他综合收益的累计利得或损失从其他综合收益中转出，计入留存收益，不得计入当期损益。

坑点提示

本题容易踩坑的是选项C，考生误以为"其他综合收益的金额转为留存收益"是正确的，因为企业出售"非交易性权益工具投资指定为以公允价值计量且其变动计入其他综合收益的金融资产"时，真的应将其他综合收益转入留存收益。这里是债权类产生的其他综合收益，可以转损益。在此强调：债权类分类为"以公允价值计量且其变动计入其他综合收益的金融资产"在终止确认时，其公允价值变动计入其他综合收益的金额应该转入当期损益（投资收益）；权益类分类为"以公允价值计量且其变动计入其他综合收益的金融资产"在终止确认时，其公允价值变动计入其他综合收益的金额只能转入留存收益！考生如果复习不到位，记混了，就踩坑了！

抢分秘籍

本题的抢分技巧是，首先判断该金融资产转移是否能够终止确认；然后，分析在终止确认时是否能够确认损益，正常情况可以，特殊情况不行。只要记住特殊情况就行。

审题要点

考查以所有者权益为主线，涉及发行可转债、持有可转债、债务重组。

企业发行的可转换公司债券，应当在初始确认时将其包含的负债成分和权益成分进行分拆，将负债成分确认为应付债券，将权益成分确认为其他权益工具。在进行分拆时，应当先对负债成分的未来现金流量进行折现确定负债成分的初始确认金额，再按发行价格总额扣除负债成分初始确认金额后的金额确定权益成分的初始确认金额。

将债务转为权益工具方式进行债务重组的，债务人初始确认权益工具时应当按照权益工具的公允价值计量，权益工具的公允价值不能可靠计量的，应当按照所清偿债务的公允价值计量。所清偿债务账面价值与权益工具确认金额之间的差额，应当计入投资收益。

企业发行债券时，按实际收到的款项与票面价值之间的差额，记入"应付债券——利息调整"科目。

10. 下列各项交易或事项产生的差额中，应当计入所有者权益的是（　　）。

A. 企业发行可转换公司债券的发行价格与负债公允价值之间的差额

B. 企业将债务转为权益工具时债务账面价值与权益工具公允价值之间的差额

C. 企业购入可转换公司债券实际支付的价款与可转换公司债券面值之间的差额

D. 企业发行公司债券实际收到的价款与债券面值之间的差额

【本题答案】A

【本题解析】选项A正确，企业发行可转换公司债券的发行价格与负债公允价值之间的差额（不考虑交易费用影响）记入"其他权益工具"科目；选项B错误，企业将债务转为权益工具时债务账面价值与权益工具公允价值之间的差额计入投资收益；选项C错误，企业取得可转换公司债券，通常应作为交易性金融资产核算，按实际支付对价计入交易性金融资产成本，实际支付的价款与账面价值的差额实际上是计入了资产成本；选项D错误，企业发行公司债券实际收到价款与债券面值之间的差额记入"应付债券——利息调整"科目，即该差额计入负债。

思维拓展

本题以"各项交易或事项产生的差额中，应当计入所有者权益"为主线，把全书各章中有关事项归纳进来，这是非常高明的出题思路，综合性很强，本题就涉及"负债"章（发行可转换公司债券）、涉及"债务重组"章（将债务转为权益工具），涉及"金融工具"章（购入可转换公司债券）。本题令考生非常困惑的是，上述"差额"为何神出鬼没，有的计入"所有者权益"、有的计入"负债"，有的计入"损益"？这是因为：

（1）"企业发行可转换公司债券的发行价格与负债公允价值之间的差额"，这个差额是由于发行可转换公司债券时嵌入了一项转股权而多收了钱，属于权益融资，应增加所有者权益，计入"其他权益工具"。

（2）"企业将债务转为权益工具时债务账面价值与权益工具公允价值之间的差额"，这个差额相当于将负债（如应付账款）出售取得一项权益工具而多收钱或少收钱，属于转让金融负债的损益，应当计入投资收益。

（3）"企业购入可转换公司债券实际支付的价款与可转换公司债券面值之间的差额"，这个差额是购买资产时多付钱或少付钱的意思，影响的是资产成本，从这个意义上说，这个差额计入了资产成本。

（4）"企业发行公司债券实际收到的价款与债券面值之间的差额"，这个差额是由于发行债券时票面利率与当时的市场利率存在差异而导致的溢价发行或折价发行，属于债务融资，应计入负债，计算出"融资净额"，最终将票面利率调整为实际利率。

这就是"差额"不同处理背后的机理，搞清楚背后的机理，读会计书与看武侠小说一样有趣！

坑点提示

本题容易踩坑的是选项D，考生误以为"企业发行公司债券实际收到的价款与债券面值之间的差额"应计入所有者权益是正确的，因为好像发行债券多收钱或少收钱应该调整所有者权益，这是不对的。实际上，发行债券收到价款与面值之间的差额，通常是债券"溢价发行"或"折价发行"的结果，这个差额应该计入负债。

> **抢分秘籍**
>
> 本题的抢分技巧是,搞清楚金融负债和金融资产会计处理的基本原理,"不但知其然,而且知其所以然",得分就高了!

11.甲公司2×17年度归属于普通股股东的净利润为5 625万元。2×17年1月1日,甲公司发行在外普通股股数为3 000万股。2×17年4月1日,甲公司按照每股10元的市场价格发行普通股1 000万股。2×18年4月1日,甲公司以2×17年12月31日股份总额4 000万股为基数,每10股以资本公积转增股本2股。不考虑其他因素,甲公司在2×18年度利润表中列示的2×17年度**基本每股收益**是(   )。

A. 1.25元　　　　　　　　B. 1.41元

C. 1.50元　　　　　　　　D. 1.17元

【本题答案】A

【本题解析】选项A正确,计算过程如下:2×17年度基本每股收益=5 625/(3 000+1 000×9/12)=1.5(元/股),2×18年度利润表中列示的2×17年度基本每股收益=1.5/1.2=1.25(元/股)。

注:2×18年4月1日每10股以资本公积转增股本2股,应进行追溯,即假设在2×17年就已经每10股以资本公积转增股本2股一样,这样2×17年流通在外的普通股就是原普通股的1.2倍;普通股增加了1.2倍,则在2×17年原计算每股收益1.5元的基础上,除以1.2,就得到重新计算的2×17年的基本每股收益为1.25元/股。

> **思维拓展**
>
> 本题考查基本每股收益"重新计算"问题。为何要重新计算呢?因为企业派发股票股利、公积金转增资本、拆股或并股等,会增加或减少其发行在外普通股或潜在普通股的数量,但并不影响所有者权益金额,这既不影响企业所拥有或控制的经济资源,也不改变企业的盈利能力。因此,为了保持会计指标的前后期可比性,企业应当在相关报批手续全部完成后,按照调整后的情况重新计算各列报期间的每股收益。

> **坑点提示**
>
> 本题容易踩坑的是,考生误以为"2×18年4月1日以资本公积转增股本"是2×18年的事,与2×17年计算每股收益无关。实际上,这是在2×18年年度利润表中重新计算2×17年的基本每股收益。考生应该分辨清楚:2×17年"当年计算"2×17年的每股收益与2×18年"重

审题要点

考查在公积金转增资本时每股收益的重新计算。

基本每股收益是按照归属于普通股股东的当期净利润除以发行在外普通股的加权平均数计算的每股收益。

企业在公积金转增资本等特殊情况下,需要重新计算基本每股收益。

新计算"2×17年的每股收益是不同的。一般情况下不存在"重新计算"的问题，只有在特定情况下（派发股票股利、公积金转增资本、拆股和并股）才需要重新计算。

抢分秘籍

理解"重新计算"每股收益的基本原理。

12.下列各项关于<u>科研事业单位有关业务或事项会计处理</u>的表述中，正确的是（　　）。

A.开展技术咨询服务收取的劳务费（不含增值税）在预算会计下确认为其他预算收入

B.年度终了，根据本年度财政直接支付预算指标数与本年财政直接支付实际支出数的差额，确认为其他预算收入

C.财政授权支付方式下年度终了根据代理银行提供的对账单核对无误后注销零余额账户用款额度的余额并于下年初恢复

D.涉及现金收支的业务采用预算会计核算，不涉及现金收支的业务采用财务会计核算

【本题答案】C

【本题解析】选项C正确，单位本年度财政授权支付预算指标数大于零余额账户用款额度下达数的，根据未下达的用款额度，在预算会计中借记"资金结存——财政应返还额度"科目，贷记"财政拨款预算收入"科目；同时在财务会计中借记"财政应返还额度"科目，贷记"财政拨款收入"科目。下年度收到财政部门批复的上年末未下达零余额账户用款额度时，在预算会计中借记"资金结存——零余额账户用款额度"科目，贷记"资金结存——财政应返还额度"科目；同时在财务会计中借记"零余账户用款额度"科目，贷记"财政应返还额度"科目。选项A错误，科研事业单位对开展技术咨询服务收取的劳务费预算会计应计入事业预算收入。选项B错误，本年度财政直接支付预算指标数与当年财政直接支付实际支出数的差额，预算会计确认财政拨款预算收入。选项D错误，单位对于纳入部门预算管理的现金收支业务，在采用财务会计核算的同时应进行预算会计核算，不纳入部门预算管理的现金收支业务，只进行财务会计核算，不进行预算会计核算。

> **审题要点**
>
> 考查政府会计。
> 政府会计分为财务会计和预算会计，对于纳入部门预算管理的现金收支业务，在采用财务会计核算的同时应当进行预算会计核算；对于其他业务，仅需进行财务会计核算。

思维拓展

本题考查政府会计中常见的业务，包括政府会计中"平行记账"

的适用范围、事业收入的核算、年末财政拨款以直接支付和授权支付方式的处理。在复习中可作如下拓展：

（1）单位的收支业务除了国库集中收付业务之外，还包括事业活动、经营活动等形成的收支。其中，对于纳入单位预算管理的现金收支业务，单位进行预算会计核算的同时要进行财务会计核算。

（2）事业单位对于因开展专业活动及其辅助活动取得的非同级财政拨款收入（包括从同级财政以外的同级政府部门取得的横向转拨财政款和从上下级政府取得的财政款），应通过"事业收入"和"事业预算收入"核算。

（3）其他收入核算单位取得的除财政拨款收入、事业收入、上级补助收入、附属单位上缴收入、经营收入、非同级财政拨款收入、投资收益、捐赠收入、利息收入、租金收入以外的各项收入，包括现金盘盈收入、按照规定纳入单位预算管理的科技成果转化收入、行政单位收回已核销的其他应收款、无法偿付的应付及预收款项、置换换出资产评估增值等。

坑点提示

本题容易踩坑的是选项A。科研事业单位开展技术咨询服务收取的劳务费当然属于"事业收入"，而不属于"其他收入"。科研事业单位收到技术咨询服务费时，在财务会计中借记"银行存款"科目，贷记"事业收入"科目；同时，在预算会计中借记"资金结存——货币资金"科目，贷记"事业预算收入"科目。考生应准确分辨"事业收入"和"其他收入"核算的内容，就不会踩坑了。

抢分秘籍

理解政府会计中何种情况应平行记账，何种情况只记财务会计的账（非平行记账）；平行记账时，财务会计如何处理，预算会计如何处理，这样得分率一定高。

二、多项选择题（本题型共10小题，每小题2分，共20分。每小题均有多个正确答案，请从每小题的备选答案中选出你认为正确的答案。每小题所有答案选择正确的得分，不答、错答、漏答均不得分）

> **审题要点**
> 考查外币交易折算和外币报表折算。
> 外币交易折算分为交易日折算和期末的折算。
> 企业发生外币交易的，应当在初始确认时，采用交易发生日的即期汇率或即期汇率的近似汇率将外币金额折算为记账本位币金额。

1.甲公司以人民币为记账本位币，下列各项关于甲公司<u>外币折算会计处理</u>的表述中，错误的有（   ）。

A.对境外经营财务报表进行折算产生的外币财务报表折算差额在

合并资产负债表所有者权益中单设项目列示

B.资产负债表日外币预付账款按即期汇率折算的人民币金额与其账面人民币金额之间的差额计入当期损益

C.为购建符合资本化条件的资产而借入的外币专门借款本金及利息发生的汇兑损益在资本化期间内计入所购建资产的成本

D.收到投资者投入的外币资本按合同约定汇率折算

【本题答案】ABD

【本题解析】选项A表述错误，外币财务报表折算差额归属于母公司应分担的部分在合并资产负债表和合并所有者权益变动表中所有者权益项目下"其他综合收益"项目列示，属于少数股东应分担的部分应并入"少数股东权益"项目列示；选项B表述错误，预付账款属于以历史成本计量的外币非货币性项目，已在交易发生日按当日即期汇率折算，资产负债表日不应改变其原记账本位币金额，不产生汇兑差额；选项C表述正确，为购建符合资本化条件的资产而借入的外币专门借款本金及利息发生的汇兑损益在资本化期间内计入所购建资产的成本；选项D表述错误，企业收到投资者以外币投入的资本，无论是否有合同约定汇率，均不采用合同约定汇率和即期汇率的近似汇率折算，而是采用交易日即期汇率折算。

思维拓展

本题考查了交易日外币折算和外币报表折算。在复习中可作如下拓展：

（1）企业选定境外经营的记账本位币，除考虑一般因素外，还应当考虑下列因素：①境外经营对其所从事的活动是否拥有很强的自主性；②境外经营活动中与企业的交易是否在境外经营活动中占有较大比重；③境外经营活动产生的现金流量是否直接影响企业的现金流量、是否可以随时汇回；④境外经营活动产生的现金流量是否足以偿还其现有债务和可预期的债务。

（2）资产负债表日，以历史成本计量的外币非货币性项目（如预付账款、预收账款、固定资产、实收资本等）不改变其入账时的记账本位币金额，不产生汇兑差额。

坑点提示

本题容易踩坑的是选项D，因为在投资协议中确实有约定汇率，以便于股东确定持股比例。但是，按规定只能按照收到投资者投入的外币资本当日"即期汇率"进行折算，这样借方的银行存款与贷方的实收资本就不会产生差额了。所以，按照合同汇率折算是错误的。

📖 抢分秘籍

记住外币报表折算中通常母公司不是全资持股，外币折算差额就要分成归属于母公司的外币报表折算差额计入"其他综合收益"和归属于少数股东的外币报表折算差额计入"少数股东权益"；而且，合并报表中的"其他综合收益"除反映外币报表折算差额外，还反映其他业务形成的其他综合收益。所以，外币财务报表折算差额在合并资产负债表中不属于单设项目列示。

2. 2×18年，甲公司发生的相关交易或事项如下：(1)经拍卖取得一块土地，甲公司拟在该土地上建造一栋办公楼；(2)经与乙公司交换资产取得土地使用权，甲公司拟在该土地上建造商品房；(3)购入一厂房，厂房和土地的公允价值均能可靠计量；(4)将原自用的土地改为出租。不考虑其他因素，下列各项关于甲公司持有土地会计处理的表述中，正确的有（　　）。

> **审题要点**
> 考查土地使用权的会计处理。
> 土地使用权在不同用途下有不同的列报方式，自用的土地使用权形成无形资产，用于开发商品房的土地使用权形成存货，已出租的土地使用权形成投资性房地产。

A. 购入厂房取得的土地确认为固定资产
B. 交换取得用于建造商品房的土地确认为存货
C. 将自用改为出租的土地从租赁期开始日起确认为投资性房地产
D. 拍卖取得用于建造办公楼的土地确认为无形资产

【本题答案】BCD

【本题解析】选项B正确，甲公司取得土地使用权拟在该土地上建造商品房应作为存货核算；选项C正确，企业将自用土地使用权改用于赚取租金或资本增值应作为投资性房地产，其转换日为租赁期开始日或资本增值之日；选项D正确，甲公司拟在经拍卖取得的土地上建造办公楼，应将取得土地使用权作为无形资产核算；选项A错误，企业购入的厂房，公允价值均能可靠计量的，其土地使用权与地上建筑物应分别作为无形资产和固定资产核算。

📖 思维拓展

土地使用权在企业中是一项很特殊的资产，尤其被认为是一项"优质"资产，因为其价格几乎是只涨不降。我国对土地的处理与国际上大不相同，实行全民所有制和集体所有制，各单位只有土地使用权。

而土地使用权的获得有两个途径：一是通过拍卖、转让取得，最长使用年限为70年；二是通过划拨，取得永久使用权。对于土地使用权的处理应注意：

（1）一般情况下，购入土地使用权用于建造建筑物，土地使用权不转入建筑物成本，而是分别无形资产和固定资产两条线核算。

（2）下列情况土地使用权应包含在建筑物成本中：①房地产开发企业取得的土地使用权用于建造对外出售的商品房，相关的土地使用权应当计入所建造的商品房成本。②企业外购房屋建筑物所支付的价款应当在地上建筑物与土地使用权之间进行分配，单独核算固定资产和无形资产；难以合理分配的，应当全部作为固定资产处理。

（3）每个企业只能取得土地使用权，在核算时有四个列支渠道，现归纳如下：

土地使用权的四个列支渠道

土地使用权的列支渠道	适用情形
计入无形资产	自用、有使用期限（有偿取得）
计入固定资产	自用、无使用期限（无偿拨入）
计入投资性房地产	已出租以及持有并增值后转让的土地使用权
计入存货	用于开发商品房的土地使用权（开发成本）

坑点提示

本题容易踩坑的是选项A。现行会计准则规定，购入建筑物分为两种情形：企业外购房屋建筑物所支付的价款应当在地上建筑物与土地使用权之间进行分配，单独核算固定资产和无形资产；难以合理分配的，应当全部作为固定资产处理。比如，购入厂房前，一般会请资产评估公司进行评估，以便确认成交参考价。在评估时，通常的做法是土地和地上建筑物分别评估，这样成交后，购入方就能将土地使用权确认为无形资产，将建筑物确认为固定资产。又如，企业购入居民楼中的一套商品房，此时该商品房就无法确定土地使用权的价值，应该将商品房全部作为固定资产。所以，选项A购入厂房取得的土地确认为固定资产，这种说法不全面。

3.甲公司持有乙公司3%股权，对乙公司不具有重大影响。甲公司在初始确认时将对乙公司股权投资指定为以公允价值计量且其变动计入其他综合收益的金融资产。2×18年5月，甲公司对乙公司进行增资，增资后甲公司持有乙公司20%股权，能够对乙公司施加重大影响。不

审题要点

考查公允价值计量转权益法（3%+17%=20%）。在公允价值计量转为权益法下，应对原持有的股权（如3%）按照"先卖后买"进行处理；再在转换时按权益法进行处理，先确定初始投资成本、然后调整初始投资成本。

考虑其他因素，下列各项关于甲公司对乙公司股权投资会计处理的表述中，正确的有（　　）。

A. 增资后原持有3%股权期间公允价值变动金额从其他综合收益转入增资当期损益

B. 原持有3%股权的公允价值与新增投资而支付对价的公允价值之和作为20%股权投资的初始投资成本

C. 增资后20%股权投资的初始投资成本小于应享有乙公司可辨认净资产公允价值份额的差额计入增资当期损益

D. 对乙公司增资后改按权益法核算

【本题答案】BCD

【本题解析】选项B正确，20%股权投资初始投资成本为原股权投资公允价值与新增投资对价之和；选项C正确，增资后20%股权投资的初始投资成本小于应享有乙公司可辨认净资产公允价值份额的差额计入营业外收入，影响当期损益；选项D正确，对乙公司增资后能够对其施加重大影响为被投资单位的联营企业，应按照权益法进行核算；选项A错误，非交易性权益工具投资指定为以公允价值计量且其变动计入其他综合收益的金融资产转为权益法核算的长期股权投资，视同原股权出售，原股权持有期间的公允价值变动金额应转入留存收益，不影响当期损益。

思维拓展

本题考查的就是最常考的增持股份导致由公允价值计量转为权益法的情形，是比较复杂的情况。在复习中可作如下拓展：

投资方因追加投资等原因能够对被投资单位施加重大影响或实施共同控制但不构成控制的，做好两件事：

（1）确定权益法下长期股权投资的初始投资成本。按照《企业会计准则第22号——金融工具确认和计量》确定的原持有的股权投资的公允价值加上新增投资成本之和，作为改按权益法核算的初始投资成本。

（2）将原持有股权"先卖后买"。分为两种情况：

①原持有的股权投资分类为以公允价值计量且其变动计入其他综合收益的金融资产的，其公允价值与账面价值之间的差额，以及原计入其他综合收益的累计公允价值变动应当转入留存收益。

②原持有的股权投资分类为以公允价值计量且其变动计入当期损

益的金融资产的,其公允价值与账面价值之间的差额,应当计入投资收益。

坑点提示

本题容易踩坑的是选项A,因为在正常情况下转出其他综合收益的确是转入当期损益。但恰恰本题是一个特例,当非交易性权益工具投资指定为以公允价值计量且其变动计入其他综合收益的金融资产时,转出其他综合收益时只能转入留存收益,不能转入当期损益,原因就是该非交易性股权持有时间长、价值波动大,如果把其他综合收益转入当期损益,就容易导致利润的巨大波动而且为调节利润留下了很大的想象空间,所以其他综合收益不能转损益。

抢分秘籍

牢记在公允价值计量转权益法时,对原公允价值计量的金融资产看成是先卖后买,分别对"其他权益工具投资"和"交易性金融资产"进行处理;同时,按照公允价值确定长期股权投资的初始投资成本,并比较"初始投资成本"与"被投资单位取得的可辨认净资产公允价值的份额","成本"大于"份额"的,初始投资成本不调整;"成本"小于"份额"的,其差额调入"营业外收入",作为利得进行列报。

历年考情

本题与2022年计算题第1题的第2问类似,均涉及公允价值计量转权益法。

4. 2×18年,甲公司发生的相关交易或事项如下:(1)购入乙公司2%股份,对乙公司不具有重大影响;(2)根据与丙公司签订的战略合作协议,开始就某项高新技术项目进行十年期的合作研究;(3)与母公司(M公司)的子公司(丁公司)共同投资戊公司,甲公司持有戊公司10%股权,对戊公司不具有控制、共同控制或重大影响,丁公司持有戊公司30%股权并对戊公司具有重大影响;(4)投资己公司,持有己公司25%股份并对其具有重大影响。除上述情形外,各公司间不存在其他任何关系。下列各项中,构成甲公司关联方的有( )。

A.丙公司 B.戊公司
C.己公司 D.乙公司

【本题答案】BC

> **审题要点**
> 考查关联方关系的确定。关联方关系的存在是以控制、共同控制或重大影响为前提条件的。

【本题解析】选项B正确，甲公司和丁公司同受M公司的控制，所以两者属于关联方关系，丁公司持有戊公司30%股权，对戊公司施加重大影响，丁公司与戊公司构成关联方关系，所以甲公司与戊公司构成关联方关系；选项C正确，甲公司对己公司施加重大影响，构成关联方关系；选项A和D错误，因为甲公司持有乙公司2%股权、与丙公司签订战略合作协议，不存在控制、共同控制或重大影响的前提条件，所以不构成甲公司的关联方。

思维拓展

对于考查确定关联方关系的题，最简单的做法就是直接画出股权关系结构图，否则只看文字就晕了。本题M集团公司股权结构如下：

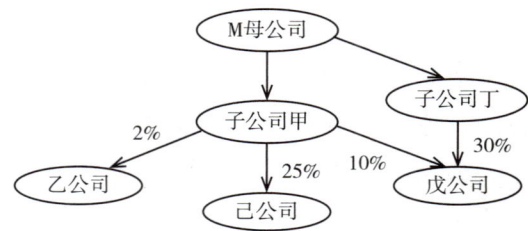

从上图以及题干资料可知：

（1）甲公司对乙公司投资，持股比例只有2%，不具有重大影响，不存在关联方关系。

（2）甲公司对己公司投资，持股比例达到25%，具有重大影响，甲公司与己公司存在关联方关系。

（3）甲公司对戊公司投资，持股比例只有10%，表面上看不具有重大影响，不存在关联方关系；但是，甲公司和丁公司同为M公司的子公司，丁公司对戊公司有重大影响，从而导致甲公司与戊公司之间存在关联关系。

（4）甲公司对丙公司没有投资关系（无法通过上图标示），只是签订了战略合作协议，属于合作关系，甲公司对丙公司不具有重大影响，不存在关联方关系。

坑点提示

本题容易踩坑的是选项A，考生误以为"甲公司与丙公司签订了战略合作协议"，一荣俱荣、一损俱损，好像有关联方关系，实际上没有。因为关联方关系的存在是以控制、共同控制或重大影响为前提条件。关联方准则明确指出,仅与企业存在下列关系的各方,不构成企业的关联方:与该企业发生日常往来的资金提供者、公用事业部门、政府部门和机构;与该企业发生大量交易而存在经济依存关系的单个客户、供应商、特许商、经销商或代理商;与该企业共同控制合营企业的合营者;仅仅同受国家控制而不存在其他关联方关系的企业,不构成关联方。

5.下列各项关于甲公司发生的交易或事项中,<u>不适用非货币性资产交换准则</u>进行会计处理的有( )。

A.甲公司以专利权作价对其合营企业进行增资
B.甲公司以出租的厂房换取乙公司所持联营企业的投资
C.甲公司以持有的5年期债券投资换取丙公司的专有技术
D.甲公司以生产用设备向股东分配利润

【本题答案】ACD

【本题解析】选项A,非货币性资产交换的一方直接或间接对另一方持股且以股东身份进行交易的,或者非货币性资产交换的双方均受同一方或相同的多方最终控制,且该非货币性资产交换的交易实质是交换的一方向另一方进行了权益性分配或交换的一方接受了另一方权益性投入的,适用权益性交易的有关会计处理规定,所以甲公司以专利权进行增资属于一方接受另一方的权益性投入,不作为非货币性资产交换处理;选项C,甲公司持有的5年期债券属于货币性资产,不作为非货币性资产交换处理;选项D,将生产设备分配给所有者的,不作为非货币性资产交换处理;选项B,甲公司以出租的厂房换取乙公司所持联营企业的投资适用非货币性资产交换准则进行会计处理。

思维拓展

非货币性资产交换相关拓展内容请参见2021年多选题第8题。

并非所有的"非货币性资产交换"都适用"非货币性资产交换准则",下列各项适用其他相关会计准则:

(1)企业以存货换取客户的非货币性资产的,适用《企业会计准则第14号——收入》。

(2)非货币性资产交换中涉及企业合并的,适用《企业会计准则第20号——企业合并》《企业会计准则第2号——长期股权投资》和《企业会计准则第33号——合并财务报表》。

(3)非货币性资产交换中涉及由《企业会计准则第22号——金融工具确认和计量》规范的金融资产的,金融资产的确认、终止确认和计

审题要点

考查非货币性资产交换准则适用范围。
非货币性资产交换应该是换入、换出的均是非货币性资产,只要换入的或换出的一方是货币性资产,就不适用非货币性资产交换准则;在此基础上,还要分清是否属于权益性交易,比如发行股份进行交易属于权益性交易;有时虽然属于非货币性资产但还有特殊规定,比如持有对子公司投资属于非货币性资产,但应执行企业合并准则,因为还涉及编制合并报表的事。

量适用《企业会计准则第22号——金融工具确认和计量》和《企业会计准则第23号——金融资产转移》。

（4）非货币性资产交换中涉及由《企业会计准则第21号——租赁》规范的使用权资产或应收融资租赁款等的，相关资产的确认、终止确认和计量适用《企业会计准则第21号——租赁》。

（5）非货币性资产交换的一方直接或间接对另一方持股且以股东身份进行交易的，或者非货币性资产交换的双方均受同一方或相同的多方最终控制，且该非货币性资产交换的交易实质是交换的一方向另一方进行了权益性分配或交换的一方接受了另一方权益性投入的，适用权益性交易的有关会计处理规定。

坑点提示

本题容易踩坑的是选项A。乙公司作为"交换的一方接受了另一方权益性投入"属于权益性交易，不能按照非货币性资产交换进行会计处理。

抢分秘籍

本题的抢分技巧是，先分清楚货币性资产和非货币性资产，然后判断是否属于非货币性资产交换；如果是，是否属于特殊情况不能适用非货币性资产交换准则，按照这个思路，准确率很高。

历年考情

本题与2019年单选题第2题类似，均考查非货币性资产交换的认定。

6. 2×18年，甲公司发生的相关交易或事项如下：（1）为给境外派到境内的10名高管人员提供临时住所，租入10套住房，每年租金共120万元；（2）因业务调整，拟解除150名员工的劳动关系，经与被辞退员工协商一致，向每位被辞退员工支付20万元补偿；（3）实施员工带薪休假制度，发生员工休假期间的工资80万元；（4）为40名中层干部团购商品房，2 500万元购房款由甲公司垫付。下列各项中，甲公司应当作为职工薪酬进行会计处理的有（   ）。

A.为高管人员租房并支付租金
B.支付员工带薪休假期间的工资
C.为中层干部团购商品房垫付款项

审题要点

考查职工薪酬的概念。职工薪酬就是用人的总代价，凡是支付给职工以及为职工支付的款项均应作为职工薪酬。

D.向被辞退员工支付补偿

【本题答案】ABD

【本题解析】选项A、B、D均属于职工薪酬；选项C，为中层干部团购商品房垫付款项应计入其他应收款，不作为职工薪酬核算。

思维拓展

会计上的职工是有特定含义的"职工"，比人力资源部门的职工范围要大，目的是反映用人的总成本。即职工是指与企业订立劳动合同的所有人员，含全职、兼职和临时职工，也包括虽未与企业订立劳动合同但由企业正式任命的人员。比如，笔者在企业中担任独立董事，属于会计上的"职工"，但人力资源部没有考过勤。会计上的职工薪酬是用人的总代价。相关拓展内容请参见2021年单选题第6题。

坑点提示

总的说来，本题踩坑的可能性不大，因为像为高管租房、带薪休假支付的工资、向辞退员工支付补偿都是比较常见的业务，都是熟悉的职工薪酬的内容。稍微有可能踩坑的是选项C，考生恍惚间以为"为中层干部团购商品房垫付款项"属于职工薪酬，把"垫付款项"看成是"支付款项"。

7.2×18年，甲公司及其子公司发生的相关交易或事项如下：（1）因乙公司的信用等级下降，甲公司将持有并分类为以摊余成本计量的乙公司债券全部出售，同时将该类别的债权投资全部重分类为以公允价值计量且其变动计入其他综合收益的金融资产；（2）因考虑公允价值变动对净利润的影响，甲公司将持有丙公司8%的股权投资从以公允价值计量且其变动计入当期损益的金融资产，重分类为以公允价值计量且其变动计入其他综合收益的金融资产；（3）甲公司的子公司（风险投资机构）新取得丁公司36%股权并对其具有重大影响，对其投资采用公允价值计量；（4）甲公司对戊公司增资，所持戊公司股权由30%增加至60%，并能够对戊公司实施控制，甲公司将对戊公司的股权投资核算方法由权益法改为成本法。下列各项关于甲公司及其子公司上述交易或事项会计处理的表述中，正确的有（　　）。

A.风险投资机构对所持丁公司股权投资以公允价值计量

B.甲公司对戊公司股权投资核算方法由权益法改为成本法

C.甲公司出售所持乙公司债券后对该类别的债权投资予以重分类

审题要点

考查金融工具中的金融资产重分类、权益法核算范围以及权益法转成本法。

只有改变管理金融资产的业务模式时，才能对金融资产进行重分类。

投资方对被投资单位采用权益法核算，后因追加投资对被投资单位由重大影响转为控制，应由权益法转为成本法。

D.甲公司对所持丙公司股权投资予以重分类

【本题答案】AB

【本题解析】选项A正确，风险投资机构购买股权目的为获取收益，其购买的股权应划分为以公允价值计量且其变动计入当期损益；选项B正确，甲公司对戊公司增资，所持戊公司股权由30%增加至60%，并能够对戊公司达到控制，应由权益法核算转换为成本法核算；选项C不正确，企业改变其管理金融资产的业务模式时，应当按照规定对所有受影响的相关金融资产进行重分类，甲公司相关债券信用等级下降可能发生减值，并不意味着其改变管理金融资产的业务模式，不应将其进行重分类；选项D不正确，企业对相关金融资产进行重分类时，应考虑其业务模式是否改变，而不是出于对净利润的影响，由于业绩完不成而把原来公允价值变动计入当期损益的金融资产重分类为公允价值变动计入其他综合收益，目的是规避净利润的减少，这种为调节利润进行的重分类是完全不可接受的。

思维拓展

本题考查了比较冷僻的金融资产重分类、金融资产和长期股权投资区分中的一个特例和比较常见的权益法转成本法，本题没有复杂的计算。在复习中可作如下拓展：

（1）根据企业管理金融资产的业务模式和金融资产的合同现金流量特征，将金融资产划分为以下三类：①以摊余成本计量的金融资产；②以公允价值计量且其变动计入其他综合收益的金融资产；③以公允价值计量且其变动计入当期损益的金融资产。

（2）企业改变其管理金融资产的业务模式时，应当按照规定对所有受影响的相关金融资产进行重分类（极少见）。

（3）投资方对联营企业的权益性投资，其中一部分通过风险投资机构、共同基金、信托公司或包括投连险在内的类似主体间接持有的，无论以上主体是否对这部分投资具有重大影响，投资方可以按照《企业会计准则第22号——金融工具确认和计量》的有关规定，对间接持有的该部分投资选择以公允价值计量且其变动计入当期损益，并对其余部分采用权益法核算。

坑点提示

本题容易踩坑的是选项A，题干中明确说了"风险投资机构对丁公司持股36%并具有重大影响",认为就应该采用权益法核算。实际上,风险投资机构例外。会计准则规定:风险投资机构、共同基金以及类似主体持有的、在初始确认时按照金融工具准则的规定以公允价值计量且其变动计入当期损益的金融资产,无论以上主体是否对这部分投资具有重大影响,应按照金融工具准则的规定进行确认和计量。为什么例外呢?这是因为基于风险投资机构的运营模式、业绩考查和评价方式,主要是看相关投资公允价值的变动以及相应变动带来的即期获利能力,作为金融工具核算并以公允价值计量、公允价值变动计入当期损益的会计处理方式体现的信息相较于权益法信息对使用者的投资决策更相关。

抢分秘籍

本题的抢分技巧是,先记住金融资产初始分类,然后再记住重分类的前提是"改变管理金融资产业务模式";先记住股权投资下投资企业对被投资单位具有控制、共同控制和重大影响,应作为长期股权投资采用权益法核算,再记住例外情形,风险投资机构、共同基金等目的是赚取价差,哪怕有重大影响也应作为金融资产采用公允价值计量。先记一般情况,再记特殊情况,是一种很好的学习方法。

8.甲公司相关固定资产和无形资产减值的会计处理如下:(1)对于尚未达到预定可使用状态的无形资产,在每年末进行减值测试;(2)如果连续3年减值测试的结果表明,固定资产的可收回金额超过其账面价值的20%,且报告期间未发生不利情况,资产负债表日不需重新估计该资产的可收回金额;(3)如果固定资产的公允价值减去处置费用后的净额与该资产预计未来现金流量的现值中,有一项超过了该资产的账面价值,不需再估计另一项金额;(4)如果固定资产的公允价值减去处置费用后的净额无法可靠估计,以该资产预计未来现金流量的现值作为其可收回金额。不考虑其他因素,下列各项关于甲公司固定资产和无形资产减值的会计处理中,正确的有( )。

A.连续3年固定资产可收回金额超过其账面价值20%时的处理

B.固定资产的公允价值减去处置费用后的净额无法可靠估计时的处理

C.固定资产的公允价值减去处置费用后的净额与该资产预计未来现金流量的现值中有一项超过该资产账面价值时的处理

D.未达到预定可使用状态的无形资产减值测试的处理

【本题答案】ABCD

> **审题要点**
>
> 考查固定资产和无形资产减值。
> 固定资产等资产账面价值高于其可收回金额的,应当计提减值准备,关键是确定资产的可收回金额。
> 如果有确凿证据表明资产存在减值迹象的,应当进行减值测试;但商誉、使用寿命不确定的无形资产和尚未达到预定可使用状态的无形资产除外。
> 企业在判断资产减值迹象以决定是否需要估计资产可回收金额时,应当遵循重要性原则。

【本题解析】选项A正确，以前报告期间的计算结果表明，资产可收回金额显著高于其账面价值，之后又没有发生消除这一差异的交易或者事项的，资产负债表日可以不重新估计该资产的可收回金额；选项B正确，资产的公允价值减去处置费用后的净额如果无法可靠估计的，应当以该资产预计未来现金流量的现值作为其可收回金额；选项C正确，资产的公允价值减去处置费用后的净额与资产预计未来现金流量的现值，只要有一项超过了资产的账面价值，就表明资产没有发生减值，不需再估计另一项金额；选项D正确，对于尚未达到可使用状态的无形资产，由于其价值具有较大的不确定性，应当每年末进行减值测试。

思维拓展

固定资产、无形资产等长期资产在企业中通常金额大，在生产经营中扮演重要角色。因此，这些资产质量高低就严重影响整个企业的资产质量。计提资产减值是提高资产质量的有效手段，在复习中可作如下拓展：

（1）资产可能发生减值的迹象可从企业外部和企业内部进行分析，主要包括以下方面：①资产的市价在当期大幅度下跌，其跌幅明显高于因时间的推移或者正常使用而预计的下跌；②企业经营所处的经济、技术或者法律等环境以及资产所处的市场在当期或者将在近期发生重大变化，从而对企业产生不利影响；③市场利率或者其他市场投资报酬率在当期已经提高，从而影响企业计算资产预计未来现金流量现值的折现率，导致资产可收回金额大幅度降低；④有证据表明资产已经陈旧过时或者其实体已经损坏；⑤资产已经或者将被闲置、终止使用或者计划提前处置；⑥企业内部报告的证据表明资产的经济绩效已经低于或者将低于预期，如资产所创造的净现金流量或者实现的营业利润（或者亏损）远远低于（或者高于）预计金额等。

（2）在资产负债表日，如果资产出现了减值的迹象，应进行减值测试，即资产出现减值迹象，是进行减值测试的必要前提。但有三个例外：因企业合并所形成的商誉、使用寿命不确定的无形资产和尚未达到可使用状态的无形资产（研发支出），无论是否存在减值迹象，每年都应当进行减值测试。

（3）企业在判断资产减值迹象以决定是否需要估计资产的可收回金额时，应当遵循重要性原则。根据这一原则，资产存在下列情况的，可以不估计其可收回金额：①以前报告期间的计算结果表明，资产可收回金额远高于其账面价值，之后又没有发生消除这一差异的交易或者事项的，企业在资产负债表日可以不需要重新估计该资产的可收回金额。②以前报告期间的计算与分析表明，资产可收回金额对于资产减值准则中所列示的一种或多种减值迹象反应不敏感，在本报告期间又发生了这些减值迹象的，在资产负债表日企业可以不需因为上述迹象的出现而重新估计该资产的可收回金额。

坑点提示

本题容易踩坑的是选项A，考生误以为"如果连续3年减值测试的结果表明，固定资产的可收回金额超过其账面价值的20%，且报告期间未发生不利情况，资产负债表日不需重新估计该资产的可收回金额"是不正确的，因为印象中只要出现了减值迹象，每年都应进行减值测试。实际上，减值测试的工作量是很大的，为了减轻测试工作量，资产减值准则规定：企业在判断资产减值迹象以决定是否需要估计资产的可收回金额时，应当遵循重要性原则，也就是说，不重要的可以不测试。比如，以前报告期间的计算结果表明，资产可收回金额远高于其账面价值，之后又没有发生消除这一差异的交易或者事项的，企业在资产负债表日可以不需要重新估计该资产的可收回金额。正是根据重要性原则，"如果连续3年减值测试的结果表明，固定资产的可收回金额超过其账面价值的20%，且报告期间未发生不利情况，资产负债表日不需重新估计该资产的可收回金额"是正确的。

抢分秘籍

本题的抢分技巧是，先吃透固定资产减值的原理是"资产账面价值高于其可收回金额"，应计提减值；然后在有确凿证据表明减值迹象情况下，测试"可收回金额"，但有两个例外：一是有三种资产不管有无减值迹象都要测试；二是为减轻测试工作量，应根据重要性原则来决定是否估计可收回金额。记住了一般原理和例外事项，就掌握了准则的所有要点，得分自然就高了。

9. 2×18年1月1日，甲公司初次购买增值税税控系统专用设备，取得的增值税专用发票注明的价款为300万元，增值税额为39万元。甲公司将购买的增值税税控系统专用设备作为固定资产核算和管理。当年，甲公司计提增值税税控系统专用设备折旧80万元，发生技术维护费50万元。不考虑其他因素，下列各项关于甲公司上述交易或事项会计处理的表述中，正确的有（　　）。

> **审题要点**
>
> 考查增值税税控系统的会计处理。
>
> 购买增值税税控系统及其技术维护费所发生的支出，全部由国家负担，相应的增值税进项税额不得抵扣，购买税控设备形成固定资产的，进项税额计入固定资产成本，通过减免税款方式由国家负担。

A.发生的50万元技术维护费计入当期管理费用

B.购买增值税税控系统专用设备支付的增值税额39万元计入当期管理费用

C.购买增值税税控系统专用设备支付的价款及增值税额339万元计入固定资产的成本

D.计提的80万元折旧计入当期管理费用

【本题答案】ACD

【本题解析】选项B不正确，购买增值税税控系统专用设备支付的增值税额39万元应计入固定资产成本。

思维拓展

营改增全面铺开后，一个基本问题就是各企业应购买增值税税控系统专用设备，在此基础上进行增值税运作，这样一来必然加重了企业负担，显得很不合理。为此，国家税务总局承诺，由国家承担购买专用设备的费用及其后续的技术维护费。一般的思路是，由国家将相关款项支付给企业，再由企业支付给供应商和服务商，但这样处理太麻烦了。国家税务总局提出一个最简单的做法：把本来应该上缴给国家的增值税，免交一部分，用来支付购买增值税税控系统专用设备及技术维护费的款项，这样处理，双方都很省事。因此，按现行增值税制度规定，企业初次购买增值税税控系统专用设备支付的费用以及缴纳的技术维护费允许在增值税应纳税额中全额抵减：

（1）企业购入增值税税控系统专用设备，按照实际支付的金额，借记"固定资产"科目，贷记"银行存款"科目（增值税进项税额不得抵扣，应计入固定资产成本）；计提折旧时，借记"管理费用"科目，贷记"累计折旧"科目；按规定抵减的增值税应纳税额，借记"应交税费——应交增值税（减免税款）"科目，贷记"管理费用"等科目。管理费用借贷方相抵后为零，即所有固定资产购置费用都由国家承担了。

（2）企业发生技术维护费，按实际支付的金额，借记"管理费用"等科目，贷记"银行存款"科目；按规定抵减的增值税应纳税额，借记"应交税费——应交增值税（减免税款）"科目，贷记"管理费用"等科目。这样技术服务费也是由国家负担了！

抢分秘籍

本题的抢分技巧是，无论是购买增值税税控系统还是支付技术维护费,都分为两个步骤来做,第一个步骤按照正常情况,固定资产折旧和技术维护费计入管理费用;第二个步骤再将减免税控冲减管理费用。

历年考情

本题与2021年单选题第2题有点类似,均涉及购置增值税税控系统。

10. 2×18年1月1日,甲公司出售所持联营企业(乙公司)的全部30%股权,出售所得价款1 810万元(含应收现金股利)。出售当日,甲公司对乙公司股权投资的账面价值为1 200万元,其中投资成本为850万元,损益调整为120万元,因乙公司持有的非交易性权益工具投资公允价值变动应享有其他综合收益的份额为50万元,因乙公司所持丙公司股权被稀释应享有的资本公积份额为180万元。另外,甲公司应收乙公司已宣告但尚未发放的现金股利10万元。不考虑税费及其他因素,下列各项关于甲公司出售乙公司股权会计处理的表述中,正确的有( )。

A.应收股利10万元在出售当期确认为信用减值损失

B.因乙公司所持丙公司股权被稀释应享有资本公积份额180万元从资本公积转入出售当期的投资收益

C.因乙公司非交易性权益工具投资公允价值变动应享有其他综合收益份额50万元从其他综合收益转入出售当期的留存收益

D.确认出售乙公司股权投资的全部转让收益为780万元

> **审题要点**
> 考查权益法下长期股权投资的处置。
> 出售长期股权投资时,应将长期股权投资账面价值与取得价款之间的差额计入当期损益。采用权益法核算长期股权投资时,还应将与其相关的资本公积(其他资本公积)转入投资收益,将其他综合收益根据不同情况分别转入投资收益或留存收益。

【本题答案】BCD

【本题解析】选项A不正确,甲公司应收股利10万元应从贷方转销,而不是确认为信用减值损失;选项D正确,出售乙公司股权投资转让收益=(1 810-1 200-10)+180=780(万元);选项B、C表述正确。出售股权会计分录如下:

借:银行存款	1 810
贷:长期股权投资——投资成本	850
——损益调整	120
——其他综合收益	50
——其他权益变动	180
应收股利	10
投资收益	600
借:资本公积——其他资本公积	180

贷：投资收益		180
借：其他综合收益	50	
贷：盈余公积		5
利润分配——未分配利润		45

会计分录中投资收益金额与直接计算结果一致。

思维拓展

本题拓展内容请参见2023年真题计算分析题第2题。

坑点提示

　　本题容易踩坑的是选项B，因为这句话可能很多考生看不懂，而且考生一般认为资本公积不能转入当期损益。实际上，这句话是正确的：

　　首先搞清楚"乙公司所持丙公司股权被稀释应享有资本公积份额180万元"是什么意思。比如，甲公司持有乙公司30%股权，乙公司持有丙公司40%股权，对丙公司具有重大影响采用权益法核算。丙公司因为增资扩股，C公司投入资金2 000万元，丙公司计入实收资本500万元，计入资本公积（资本溢价）1 500万元。此时，乙公司作为丙公司的投资者，持有丙公司40%股权，采用权益法核算，乙公司应借记"长期股权投资——其他权益变动"科目600万元（1 500×40%），贷记"资本公积——其他资本公积"科目600万元；而更进一步，甲公司作为乙公司的投资者，持有乙公司30%股权，采用权益法核算，甲公司应借记"长期股权投资——其他权益变动"科目180万元（600×30%），贷记"资本公积——其他资本公积"科目180万元。甲公司的股权结构图示如下：

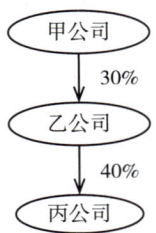

　　然后搞清楚"资本公积"能否转入当期损益。"资本公积"有两个明细科目"资本溢价（股本溢价）"和"其他资本公积"。"资本公积——资本溢价"是由投资者"投入"形成的，为了正确区分投入和产出，"资本公积——资本溢价"是不能转入当期损益的，可以用于转增资本；但"资本公积——其他资本公积"是由"经营"过程中形成的，是可以转入当期损益的。所以，选项B"资本公积——其他资本公积"在处置长期股权投资时，可以转入当期投资收益，考生应仔细分辨清楚。

抢分秘籍

本题的抢分技巧是，首先明确处置股权投资可以确认损益，再记住权益法下形成的"资本公积"一定是"其他资本公积"，可以转损益。

三、计算分析题（本题型共2小题20分。答案中的金额单位以万元表示，涉及计算的，要求列出计算步骤。）

1.（本小题10分。）2×17年至2×20年，甲公司及乙公司发生的相关交易或事项如下：

（1）2×17年3月10日，甲公司以6 000万元的价格取得一宗土地使用权，使用期限50年，自2×17年4月1日开始起算。该土地在甲公司所属的A酒店旁边，甲公司拟在新买的土地上建造A酒店2期。与土地使用权相关的产权登记手续于2×17年4月1日办理完成，购买土地使用权相关的款项已通过银行转账支付。

> **提醒**
> 关键词：在新买的土地上建造酒店。
> 甲公司建造酒店属于固定资产建造。

甲公司对该土地使用权按50年采用直线法摊销，预计净残值为零。

（2）2×17年3月20日，甲公司与乙公司签订一份固定造价合同，合同约定：乙公司为甲公司建造A酒店2期项目，合同价款为16 000万元，建造期间为2×17年4月1日至2×19年9月30日；乙公司负责工程的施工建造和管理，甲公司根据第三方工程监理公司确定的已完成工程量，每年末与乙公司结算一次；在A酒店2期项目建造过程中甲公司有权修改其设计方案；如甲公司终止合同，A酒店2期项目已建造的部分归甲公司所有；如果工程发生重大质量问题，乙公司应按实际损失支付赔偿款；双方确定合同价款的10%作为质量保证金，如果工程在完工之日起1年内没有发生重大质量问题，甲公司将支付

> **提醒**
> 关键词：乙公司为甲公司建造酒店。
> 这是建造合同，客户能够控制企业履约过程中在建的商品，乙公司应按时期确认收入。

工程质量保证金。

（3）2×17年4月10日，乙公司开始对A酒店2期项目进行施工，预计合同总成本为12 000万元。2×18年因建筑材料涨价等原因，乙公司将预计合同总成本调整为18 000万元。截至2×19年9月30日，累计实际发生的工程成本为17 500万元。乙公司采用成本法确定履约进度，每年实际发生的成本中60%为建筑材料费用，其余为工资薪金支出。与该项目合同相关的资料如下：

🔔 **提醒**
关键词：采取成本法确定履约进度。
在时期法下，按照履约进度确认收入。

单位：万元

项目	2×17年	2×18年	2×19年	2×20年
至年末累计实际发生成本	3 600	10 800	17 500	—
预计完成合同尚需发生的成本	8 400	7 200	—	—
年末结算合同价款	4 800	5 600	5 600	—
实际收到价款	4 000	5 500	4 900	1 600

（4）甲公司A酒店2期项目2×19年9月30日完工，达到合同约定的可使用状态，并经验收后交付使用。

🔔 **提醒**
关键词：酒店完工。
购建固定资产成本就是发生的所有成本费用。

其他有关资料：第一，甲公司与乙公司无关联方关系。第二，乙公司建造A酒店2期项目整体构成单项履约义务。第三，乙公司单独设置"合同结算"科目对工程项目进行核算，不设置"合同资产"和"合同负债"科目。第四，本题不考虑税费及其他因素。

要求：
（1）指出乙公司确认收入的时点，并说明理由。
（2）计算乙公司2×18年和2×19年分别应确认的收入。
（3）编制乙公司2×18年与履行合同义务相关的会计分录，说明乙公司因

🔔 **提醒**
关键词：设置"合同结算"科目。
涉及合同结算的账务处理和列报。

📝 **审题要点**
考查收入的确认。
收入确认有时点法和时期法。销售商品一般采用时点法，建造合同一般采用时期法。

📝 **审题要点**
考查收入的计量。
销售商品有固定对价和可变对价；建造合同按履约进度确认收入。

📝 **审题要点**
考查建造合同的账务处理和列报。
建造合同施工方设置"合同结算"科目核算，并视其余额列示在资产负债表"合同资产"或"合同负债"等项目中。

履行该合同义务确认的资产和负债在2×18年12月31日资产负债表中列示的项目名称及金额。

（4）计算甲公司A酒店2期项目的实际成本。

> 📌 **审题要点**
> 考查固定资产建造成本。
> 自行建造的固定资产，按建造该项资产达到预定可使用状态前所发生的必要支出作为入账价值，包括工程用物资成本、人工成本、交纳的相关税费、应予资本化的借款费用以及应分摊的间接费用等。

【本题答案】

（1）乙公司为甲公司建造A酒店2期项目属于在某一时段履行的履约义务，应在履约的各个期间确认收入。

理由：由于在甲公司所属土地上建造A酒店2期项目，在建造过程中甲公司能够控制乙公司在履约过程中在建的A酒店2期项目。

（2）2×17年：

履约进度=3 600/12 000×100%=30%；

应确认收入=16 000×30%=4 800（万元）。

2×18年：

履约进度=10 800/18 000×100%=60%；

应确认收入=16 000×60%-4 800=4 800（万元）

2×18年应确认的收入金额为4 800万元。

2×19年应确认收入=16 000-4 800-4 800=6 400（万元）。

（3）2×18年合同成本为10 800-3 600=7 200（万元）

借：合同履约成本　　　7 200
　　　贷：原材料
　　　　　（7 200×60%）4 320
　　　　　应付职工薪酬
　　　　　（7 200×40%）2 880
借：合同结算——收入结转
　　　　　　　　　　4 800

贷：主营业务收入	4 800
借：主营业务成本	7 200
贷：合同履约成本	7 200
借：主营业务成本	800
贷：预计负债	800

注：2×18年预计总成本为18 000万元，大于合同收入16 000万元，其中损失1 200万元[（18 000–16 000）×60%]已反映在损益中，因此应将剩余损失800万元{（18 000–16 000）×40%}确认为当期损失。

借：应收账款	5 600
贷：合同结算——合同价款（或价款结算）	5 600
借：银行存款	5 500
贷：应收账款	5 500

乙公司2×18年末合同结算贷方余额=（4 800–4 800）+（5 600–4 800）=800（万元），列示在"合同负债"项目800万元。

（4）土地使用权在酒店在建期间因摊销计入酒店成本的金额=6 000÷50÷12×（9+12+9）=300（万元）；

甲公司A酒店2期项目的实际成本=16 000+300=16 300（万元）。

思维拓展

本题作为10分的计算题，考查了两个知识点：一是从承接酒店工程的"乙方"角度，考查收入按"时期法"采用履约进度确认收入，建造合同的账务处理挺有难度；二是从建设酒店的"甲方"角度，考查固定资产购建。将工程建设"甲方""乙方"一起考进来，出题思路奇妙。在复习中可作如下拓展：

（1）按时期确认收入有三种情形，即满足下列条件之一的，属于在某一时段内履行的履约义务，相关收入应当在该履约义务履行的期间内确认：①客户在企业履约的同时即取得并消耗企业履约所带来的经济利益，应按时期确认收入；②客户能够控制企业履约过程中在建的商品，应按时期确认收入；③企业履约过程中所产出的商品具有不可替代用途，且该企业在整个合同期间内有权就累计至今已完成的履约部分收取款项，应按时期确认收入。本题考查的就是第②种情形。

（2）资产负债表中"合同资产"和"合同负债"项目，应根据"合同资产"和"合同负债"科目的相关明细科目期末余额分析填列，同一合同下的合同资产和合同负债应当以净额列示，其中净额为借方余额的，应当根据其流动性在"合同资产"或"其他非流动资产"项目中填列，已计提减值准备的，还应减去"合同资产减值准备"科目中相关的期末余额后的金额填列；其中净额为贷方余额的，应当根据其流动性在"合同负债"或"其他非流动负债"项目中填列。

特别注意：在建造合同业务中，"合同结算"科目为借方余额，应作为"合同资产"项目或"其他非流动资产"项目列示（1个营业周期以上）；"合同结算"科目为贷方余额，应作为"合同负债"项目或"其他非流动负债"项目列示（1个营业周期以上）。本题的酒店建造在一个营业周期内，列示在"合同资产"或"合同负债"就可以了。

坑点提示

本题容易踩坑的是合同结算的列报，考生误以为"合同结算"就是承接工程干活后应该结算的款项，其余额好像应该列示在"应收账款"，这是不对的。实际上，"合同结算"有两个明细科目，一是"价款结算"，表示按照合同条款应该结算的金额；二是"收入结转"，表示按照履约进度应该结转收入的金额。所以，"合同结算"是一个双重性质的科目：①如果"合同结算"是贷方余额，即"价款结算"大于"收入结转"，说明"收的款大于干的活"，相当于先收钱后干活，应列示在资产负债表中的"合同负债"项目，其本质就是预收账款；②如果"合同结算"是借方余额，即"价款结算"小于"收入结转"，说明"收的款小于干的活"，相当于先干活后收钱，应列示在资产负债表中的"合同资产"项目，其本质就是有条件的应收账款。可见，"合同结算"的双重属性挺难理解，考生容易踩坑！

2.（本小题10分。）2×17年至2×18年，甲公司发生的相关交易或事项如下：

（1）甲公司持有乙公司20%股权，能够对乙公司施加重大影响。2×17年1月1日，甲公司对乙公司股权投资的账面价值为4 000万元，其中投资成本为3 200万元，损益调整为500万元，以后期间可转入损益的其他综合收益为300万元。取得乙公司20%股权时，乙公司各项可辨认资产、负债的公允价值与其账面价值相同。

2×17年度，乙公司实现净利润1 800万元，分配现金股利1 200万元，无其他所有者权益变动事项。

（2）2×17年12月10日，甲公司与丙公司签订股权转让协议，协议约定：甲公司以发行本公司普通股为对价，受让丙公司所持的乙公司35%股权；双方同意以2×17年11月30日经评估乙公司全部股权公允价值15 000万元为依据，确定乙公司35%股权的转让价格为5 250万元，由甲公司以5元/股的价格向丙公司发行1 050万股本公司普通股作为支付对价。

2×18年1月1日，甲公司向丙公司定向发行本公司普通股1 050万股，丙公司向甲公司交付乙公司35%股权，发行股份的登记手续以及乙公司股东的变更登记手续已办理完成。当日，甲公司对乙公司董事会进行改选，改选后甲公司能够控制乙公司的相关活动。

⚠️ 提醒
关键词：甲公司持有乙公司20%股权。
甲公司对乙公司能够施加重大影响，采用权益法核算。

⚠️ 提醒
关键词：甲公司受让丙公司所持乙公司35%股权。
多次投资持股达到55%（20%+35%），实现企业合并。

⚠️ 提醒
关键词：2×18年1月1日甲公司能够控制乙公司。
2×18年1月1日为购买日，该日甲公司应并账并表。

购买日，甲公司股票的公允价值为7.5元/股，原持有乙公司20%股权的公允价值为4 500万元；乙公司净资产的账面价值为14 000万元（其中股本为8 000万元，盈余公积为2 000万元，未分配利润为4 000万元），可辨认净资产的公允价值为16 000万元，除一项固定资产的公允价值大于其账面价值2 000万元外，其他各项资产、负债的公允价值与账面价值相同。

其他有关资料：第一，在取得乙公司35%股权前，甲公司与丙公司不存在关联方关系；第二，甲公司与乙公司之间未发生内部交易；第三，本题不考虑税费及其他因素。

要求：

（1）根据资料（1），编制甲公司2×17年对乙公司股权投资进行权益法核算的会计分录，计算甲公司对乙公司股权投资2×17年12月31日的账面价值。

（2）根据资料（2），编制甲公司取得乙公司35%股权的会计分录，计算甲公司取得股权日在其个别财务报表中对乙公司股权投资的账面价值。

（3）根据上述资料，判断甲公司合并乙公司的企业合并类型，并说明理由；如为非同一控制下企业合并，说明购买日，计算甲公司购买乙公司的合并成本和商誉，并编制甲公司购买日在合并财务报表中的调整和抵销分录。

【本题答案】

（1）①甲公司对乙公司投资进行权益法核算。

> ⚠️ 提醒
>
> 关键词：甲公司与丙公司不存在关联方关系。这是非同一控制下企业合并最经典的表述。

> ✏️ 审题要点
>
> 考查权益法核算的初始计量和后续计量。
> 权益法下投资时先确定初始投资成本，然后调整初始投资成本。
> 权益法下持有期间随着被投资单位所有者权益的变化调整长期股权投资账面价值，同时调整投资收益、其他综合收益、资本公积等。

> ✏️ 审题要点
>
> 考查长期股权投资由权益法转成本法（20%+35%=55%）。
> 第1次投资持股20%采用权益法，追加投资持股35%，合计持股55%实现企业合并，母公司长期股权投资由权益法转为成本法。
> 投资方因追加投资等原因能够对非同一控制下的被投资单位实施控制的，在编制个别财务报表时，应当按照原持有的股权投资账面价值加上新增投资成本之和，作为改按成本法核算的初始投资成本。购买日之前持有的股权投资因采用权益法核算而确认的其他综合收益，应当在处置该项投资时采用与被投资单位直接处置相关资产或负债相同的基础进行会计处理。

> ✏️ 审题要点
>
> 考查企业合并中合并类型的判断、非同一控制下企业合并在购买日的并账并表。
> 非同一控制下的企业合并，是指参与合并各方在合并前后不受同一方或相同的多方最终控制的合并交易。

乙公司实现净利润1 800万元：

借：长期股权投资——损益调整　　　　　　　　　　　360
　　贷：投资收益　　　　　　　　　　　　　（1 800×20%）360

乙公司分配现金股利1 200万元：

借：应收股利　　　　　　　　　　　　　　　　　　　240
　　贷：长期股权投资——损益调整　　　　　（1 200×20%）240

借：银行存款　　　　　　　　　　　　　　　　　　　240
　　贷：应收股利　　　　　　　　　　　　　　　　　240

②甲公司对乙公司股权投资2×17年12月31日的账面价值=4 000+360–240=4 120（万元）

（2）①编制甲公司取得乙公司35%股权的会计分录：

借：长期股权投资　　　　　　　　　　　　（1 050×7.5）7 875
　　贷：股本　　　　　　　　　　　　　　　（1 050×1）1 050
　　　　资本公积——股本溢价　　　　　　　　　　　　6 825

②甲公司取得股权日在其个别财务报表中对乙公司股权投资的账面价值=4 120+7 875=11 995（万元）

（3）企业合并类型：属于非同一控制下企业合并。

理由：甲公司与丙公司在该项交易发生前不存在关联方关系；不存在交易发生前后均对参与合并各方实施最终控制的一方。

购买日：2×18年1月1日。

理由：甲公司对乙公司董事会进行改选，改选后能够控制乙公司。

合并成本=原股权投资公允价值4 500+新增投资成本7 875=12 375（万元）

商誉=合并成本12 375–取得的被购买方净资产公允价值份额16 000×（20%+35%）=3 575（万元）

编制调整分录：

将固定资产调整为公允价值：

借：固定资产　　　　　　　　　　　　　　　　　　2 000
　　贷：资本公积　　　　　　　　　　　　　　　　2 000

将20%股权投资调整为公允价值（视同先卖后买）：

借：长期股权投资　　　　　　　　　　　　（4 500–4 120）380
　　贷：投资收益　　　　　　　　　　　　　　　　380

借：其他综合收益　　　　　　　　　　　　　　　　300
　　贷：投资收益　　　　　　　　　　　　　　　　300

编制抵销分录：

将母公司长期股权投资与子公司所有者权益抵销：

借：股本	8 000
资本公积	2 000
盈余公积	2 000
未分配利润	4 000
商誉	3 575
贷：长期股权投资	12 375
少数股东权益	（16 000×45%）7 200

注：购买日乙公司净资产公允价值=8 000+2 000+2 000+4 000=16 000（万元）。

思维拓展

本题考查了两个大考点，一是长期股权投资权益法的核算；二是企业合并在购买日的并账并表，而且在出题思路上天衣无缝：先持有20%股权，采用权益法；然后再增持股份35%，实现企业合并。在复习时可作如下拓展：

多次投资增持股份在会计核算上有三种可能：①由公允价值计量转权益法，如5%+20%=25%；②由公允价值计量转成本法，如5%+50%=55%；③由权益法转成本法，如本题20%+35%=55%。这些业务在实务中很常见，由此核算方法的转换是考试的重点，这些年考得很多，考生应予以重视。

坑点提示

本题容易踩坑的是合并成本的计算，出题老师故意提供了两个股票价格，一个是2×17年12月10日签订股权转让协议时甲公司股票价格为5元/股；另一个是2×18年1月1日购买日甲公司股票的公允价值为7.5元/股，考生容易误以为应该采用签订合同时的股票价格5元/股来计算合并成本，这就踩坑了！实际上，签订股权转让时的甲公司股票价格，是用来计算应该发行的股票数量。通俗地说，就是乙公司评估后全部股权价值为1.5亿元，甲公司增持35%，应支付对价5 250万元（1.5亿×35%），甲公司不支付现金，而是给丙公司股票；给多少股呢？甲公司当时股价为5元/股，那就给1 050万股（5 250/5）吧。所以，当时的股价是用来计算股票数量用的。等到了购买日，甲公司股价已经是7.5元/股，定向发行1 050万股给丙公司，这时的市值为7 875万元（1 050×7.5）。合并成本就是取得子公司当日付出的代价，即原20%股权的公允价值4 500万元，加上新增35%的公允价值7 875万元，合计为12 375万元。因此，一定采用购买日甲公司股票公允价值来计算合并成本，考生应仔细分辨清楚。

四、综合题（本题型共2小题。每小题18分。本题型共36分。要求计算的，应列出计算过程。答案中的金额单位以万元表示，有小数的，保留两位小数，两位小数后四舍五入）

1．（本小题18分）甲公司为增值税一般纳税人，销售货物适用的增值税税率为13%，适用的企业所得税税率为25%。2×18年甲公司发生的相关交易或事项如下：

（1）2月20日，甲公司与子公司（乙公司）签订销售合同，向其销售100件A产品，每件销售价格为20万元，每件生产成本为12万元。甲公司于3月25日发出A产品，并开出了增值税专用发票。根据销售合同的约定，如甲公司销售的A产品存在质量问题，乙公司可在1年内退货。甲公司根据历史经验，估计该批产品的退货率为8%。

乙公司于3月28日收到所购A产品并验收入库，当日通过银行转账支付上述货款。

（2）3月15日，因存在质量问题，甲公司收到丙公司退回的10件A产品，同时收到税务部门开具的红字增值税专用发票，甲公司通过银行转账退回了相关款项。该退回的A产品是甲公司2×17年出售给丙公司200件A产品中的其中一部分，每件销售价格为19万元，每件生产成本为12万元。2×17年末，甲公司估计该批A产品的退货率为8%。

2×18年3月15日，该批产品的退货期已满，除上述10件A产品退货外，无其他退货情况。

（3）5月30日，甲公司与丁公司签订销售合同，向丁公司销售500件B产品。根据销售合同的约定，甲公司11月20日前向丁公司交付产品，销售价格总额为9 800万元；如果该批产品在<u>1年之内发生质量问题，甲公司负责免费维修</u>，但如因丁公司保管不善或使用不当造成的损坏，甲公司不提供免费维修服务，B产品质保期满后，甲公司可以为该批产品提供未来3年维修服务，但丁公司<u>需另外支付维修服务费用</u>300万元。11月5日，甲公司按照合同约定发出B产品，开具增值税专用发票，并收取货款。

> 💧 提醒
> 关键词：保修期内免费维修。
> 保障型免费维修，维修费计入销售费用。

> 💧 提醒
> 关键词：支付维修费。
> 服务型维修应作为单项履约义务，确认劳务收入。

（4）2×18年末，甲公司本年销售给乙公司的A产品尚未发生退货，甲公司<u>重新评估A产品的退货率为5%</u>，乙公司本年从甲公司购入的A产品对外销售50%，其余形成存货。

> 💧 提醒
> 关键词：重估退货率为5%。
> 重新估计退回率，调整收入。

（5）2×18年末，甲公司出租给乙公司办公楼的公允价值为3 300万元。该出租办公楼系甲公司从2×17年6月30日起出租给乙公司以供其办公使用；租赁期开始日，该办公楼的账面原价为2 500万元，采用年限平均法计提折旧，预计使用50年，预计净残值为零，截至租赁期开始日已计提折旧500万元，未计提减值准备。根据租赁合同的约定，该办公楼租赁期为5年，每年租金为100万元。<u>甲公司对投资性房地产采用公允价值模式进行后续计量</u>。上述出租办公楼2×17年6月30日的公允价值为2 800万

> 💧 提醒
> 关键词：投资性房地产采用公允价值模式。
> 企业采用公允价值模式进行后续计量的，不对投资性房地产计提折旧或进行摊销；在资产负债表日投资性房地产应当以公允价值计量，公允价值与原账面价值之间的差额计入当期损益；投资性房地产取得的租金收入，确认为其他业务收入。

元，2×17年12月31日的公允价值为3 000万元。

其他有关资料：第一，上述销售价格不含增值税额。第二，投资性房地产持有期间公允价值变动不计入应纳税所得额，以取得成本按期计提的折旧（与按转换为投资性房地产前会计上计提的折旧金额相同）可从应纳税所得额中扣除；存货按取得时的成本确定计税基础，除上所述外，甲公司其他交易或事项的会计处理与税法规定的税务处理不存在差异。第三，甲公司预计未来年度有足够的应纳税所得额用以抵扣可抵扣暂时性差异。第四，乙公司适用的企业所得税税率为25%。第五，本题不考虑除增值税和企业所得税以外的税费及其他因素。

要求：

（1）根据资料（1），编制甲公司销售100件A产品的会计分录。

（2）根据资料（2），编制甲公司收到退回A产品的会计分录。

（3）根据资料（3），指出甲公司销售B产品合同附有的单项履约义务，并说明理由；计算每一单项履约义务应分摊的合同价格；说明甲公司销售B产品在质保期内提供的维修服务和质保期满后所提供维修服务分别应当如何进行会计处理。

（4）根据资料（4），编制甲公司与重新评估A产品退货率相关的会计分录。

（5）根据上述资料，编制甲公司2×18年度合并财务报表的调整和抵销分录（不考虑与乙公司已确认的使用权

审题要点
考查收入中销售商品的确认与计量。
销售商品在控制权转移时确认收入。

审题要点
考查收入中销售退回的会计处理。
销售退回有两种情况：一般情况冲回退回当月的收入；日后事项中的退回冲减以前年度的收入。
本处没有提到日后事项，应该属于冲回当月收入。

审题要点
考查收入中五步法模型的运用，如何识别单项履约义务、如何将交易价格分摊到单项履约义务。
企业向客户转让可明确区分商品的承诺，应作为单项履约义务。
合同中包含两项或多项履约义务的，企业应当在合同开始日，按照各单项履约义务所承诺商品的单独售价的相对比例，将交易价格分摊至各单项履约义务。

审题要点
考查附有销售退回条件的销售。

审题要点
考查合并报表编制中的调整分录和抵销分录。
读题时注意有哪些内部交易？常见的有存货、固定资产、租赁等内部交易。

资产及租赁负债相关的调整和抵销分录）。

【本题答案】

（1）借：银行存款　　　　　　　　　　　　　　　　　　　　2 260
　　　　贷：主营业务收入　　　　　　　　　　　（100×20×92%）1 840
　　　　　　预计负债　　　　　　　　　　　　　（100×20×8%）160
　　　　　　应交税费——应交增值税（销项税额）（100×20×13%）260
　　借：主营业务成本　　　　　　　　　　　　　　（100×12×92%）1 104
　　　　应收退货成本　　　　　　　　　　　　　　（100×12×8%）96
　　　　贷：库存商品　　　　　　　　　　　　　　　　（100×12）1 200

（2）借：库存商品　　　　　　　　　　　　　　　　　　120（10×12）
　　　　预计负债　　　　　　　　　　　　　　　　（200×19×8%）304
　　　　主营业务成本　　　　　　　　　　　（200×12×8%-10×12）72
　　　　应交税费——应交增值税（销项税额）　　　　　　　　24.7
　　　　贷：银行存款　　　　　　　　　　　　　　（10×19×1.13）214.7
　　　　　　主营业务收入　　　　　　　　　（200×19×8%-10×19）114
　　　　　　应收退货成本　　　　　　　　　　　　（200×12×8%）192

（3）①甲公司销售B产品的合同附有两项单项履约义务：

第一，销售500件B产品并提供质保期内的维修服务；

第二，质保期满后提供未来3年的产品维修服务。

理由：两项单项履约义务中，每一项履约义务均可单独区分；并按合同约定各自单独履行义务。

②销售B产品应分摊的合同价格=9 800万元

质保期满后未来3年的维修服务价格=300万元

③甲公司在销售B产品1年的质保期内因质量问题提供的维修服务，应当按照或有事项的会计处理原则进行确认和计量；

质保期满后未来3年对甲公司销售给丁公司的B产品提供的维修服务，应当按照收入准则的规定，于提供维修服务的各期确认相关的收入。

　　借：预计负债　　　　　　　　　　　　　　　　（100×20×3%）60
　　　　主营业务成本　　　　　　　　　　　　　　　　　　　36
　　　　贷：应收退货成本　　　　　　　　　　　　　（100×12×3%）36
　　　　　　主营业务收入　　　　　　　　　　　　　　　　　60

（5）①与存货有关内部交易调整与抵销分录：

　　借：营业收入　　　　　　　　　　　（100×20×95%×50%）950
　　　　贷：营业成本　　　　　　　　　　（100×12×95%×50%）570

存货 　　　　　　　　　　　　　　　［(20−12)×100×95%×50%］380

注：甲、乙公司为母子公司（丙丁公司不是甲公司的子公司），甲公司向乙公司销售100件，每件20万元，预计不会退95%确认收入，尚未对外销售50%。

借：递延所得税资产　　　　　　　　　　　　　　　（380×25%）95
　　贷：所得税费用　　　　　　　　　　　　　　　　　　　　　　95

②甲、乙公司与投资性房地产有关内部交易相关抵销分录

将投资性房地产转回固定资产：

借：固定资产　　　　　　　　　　　　　　　　　　　　　　2 000
　　其他综合收益　　　　　　　　　　　　　　　　　　　　　 800
　　贷：投资性房地产　　　　　　　　　　　　　　　　　　 2 800

同时，抵销转换时确认的递延所得税负债：

借：递延所得税负债　　　　　　　　　　　　　　（800×25%）200
　　贷：其他综合收益　　　　　　　　　　　　　　　　　　　　 200

抵销2×17年下半年公允价值变动计入当期损益的金额：

借：年初未分配利润　　　　　　　　　　　　（3 000−2 800）200
　　贷：投资性房地产　　　　　　　　　　　　　　　　　　　　 200

按照固定资产补提2×17年下半年折旧：

借：年初未分配利润　　　　　　　　　　　　　　　　　　　　　25
　　贷：固定资产　　　　　　　　　　　　　　　　（2 500÷50/2）25

抵销2×18年公允价值变动：

借：公允价值变动收益　　　　　　　　　　　　　　　　　　　 300
　　贷：投资性房地产　　　　　　　　　　　　　　（3 300−3 000）300

按照固定资产补提补提2×18年折旧：

借：管理费用　　　　　　　　　　　　　　　　　　　　　　　　50
　　贷：固定资产　　　　　　　　　　　　　　　　　（2 500÷50）50

抵销租金收入：

借：营业收入　　　　　　　　　　　　　　　　　　　　　　　 100
　　贷：管理费用　　　　　　　　　　　　　　　　　　　　　　 100

抵销个表中因投资性房地产确认的递延所得税负债：

借：递延所得税负债　　　　　　　　　　［(3 300−1 925)×25%−200］143.75
　　贷：年初未分配利润　　　　　　　　［(3 300−1 925)×25%−200−75）］68.75
　　　　所得税费用　　　　　　　　　　　　　　　　　（300×25%）75

注：2×18年末资产账面价值3 300万元，其计税基础为1 925万元（2 500−500−75），产生应纳税暂时性差异1 375万元，应确认递延所得税负债343.75万元

（1 375×25%），其中200万元计入其他综合收益，其余143.75万元计入所得税费用；2×18年公允价值变动产生应纳税暂时性差异的部分计入当期所得税费用75万元，其余部分计入上年所得税费用。

思维拓展

本题是一道跨了4章的综合题，考查了"收入"章中八项特殊销售业务中最难的一个，即附有退回条款的销售，以及考查了销售产品维修费的处理（涉及"收入"章和"或有事项"章）；还考查了母子公司内部交易的处理（涉及"合并财务报表"章和"所得税"章）。本题出题思路很精彩：销售产品有不同方式，特意选取了最难的附有退回条款的销售；销售产品后销售方进行维修是最常见的事，这就把保修期内维修（保障型）、保修期外维修（服务型）考进来了；而销售发生在母、子公司之间，这又把合并报表抵销分录考进来了！在复习中可作如下拓展：

（1）附有退回条款的销售之所以在八项特定业务中最难，是因为难在两个地方：一是在控制权转移确认收入时，其账务处理是一个复合分录，很难记住；二是在退货期内要不断重估退货率，不断调整收入确认的金额，其账务处理也很难。记住了这个业务的处理，其他都容易多了。

（2）销售方提供的维修服务会计处理有些难度。维修分为保障型维修（保修期内）和服务型维修（保修期外），服务型维修应收取维修费，执行《企业会计准则第14号——收入》；保障型维修不收取维修费，执行《企业会计准则第13号——或有事项》。有了这个思路，维修费的处理就变得简单了。

（3）内部交易抵销中比较难的是租赁。出租建筑物出租人按照投资性房地产核算，尤其是按照公允价值模式计量，会计上按公允价值确定的资产账面价值与按照历史成本抵税形成的计税基础必然有差异，公允价值上涨形成应纳税暂时性差异、公允价值下降形成可抵扣暂时性差异，考试时基本上都会与所得税结合来考，难度立即上去了。所以，这个考点综合度很高。

坑点提示

本题容易踩坑的是销售B产品维修费的处理，题干中提供了不同的维修费，考生疑惑是否按照相同的原则进行处理，比如将所有维修费应计入销售费用，这就踩坑了！实际上，对于产品维修费，应分为两个层面进行分析：①首先分析维修发生在保修期内或保修期外。如果维修发生在保修期外，销售方应作为服务型维修，收取维修费，执行"收入准则"，作为一项单独履约义务，履行维修义务后确认维修的劳务收入。②然后进一步分析，保修期内发生的维修，是由于产品质量问题还是客户使用不当。如果是产品质量问题，销售方应作为保障型维修，维修不是单独履约义务（因为必须提供合格产品，此时维修就与提供合格产品不可区分），不收取维修费，应执行"或有事项准则"，将维修费计入销售费用；如果是由于客户使用不当造成产品无法使用而维修，销售方应收取维修费，执行"收入准则"，确认维修的劳务收入。由此可见，维修费如何处理，考生应仔细辨别，千万不要踩坑。

抢分秘籍

搞清楚附有销售退回条款的销售的处理办法；搞清楚维修的各种处理办法；搞清楚内部存货交易和内部租赁的抵销办法。通过三个"搞清楚"，就抢到分了！

2.（本小题18分）2×18年，甲公司发生的相关交易或事项如下：

（1）1月1日，甲公司以2 500万元从乙公司<u>购入其发行的3年期资产管理计划的优先级A类资产支持证券</u>，该证券的年收益率为5.5%。

该资产管理计划系<u>乙公司将其所有的股权投资和应收款项作为基础资产</u>履行的资产支持证券，该证券分为优先级A类、优先级B类和次级类三种。按照发行协议的约定，优先级A类和优先级B类按固定收益率每年初支付上一年的收益，到期偿还本金和最后一年的收益，基础资产中每年产生的现金流量，按优先级和次级顺序依次支付优先级A类、优先级B类和次级类持有者的收益。该资产管理计划到期时，基础资产所产生的现金流量按上述顺序依次偿付

> **提醒**
> 关键词：购入优先级A类资产支持证券。
> 该证券年收益率为5.5%，存在优先级，说明有先有后，不满足未来现金流"仅为本加息"。
> 持有该债券应分类为金融资产第Ⅲ类。

> **提醒**
> 关键词：股权投资和应收款项作为基础资产。
> 乙公司用"股权投资和应收款项"取得的现金流入，作为支付"资产支持证券"的本金和利息，因为股权投资的收益高度不确定，使得证券的未来现金流量不符合"在特定日期产生的现金流量，仅为对本金和以未偿付本金金额为基础的利息的支付"。
> 持有本证券只能分类为金融资产第Ⅲ类。

持有者的本金及最后一年的收益；如果基础资产产生的现金流量不足以支付所有持有者的本金及收益的，按上述顺序依次偿付。

（2）8月7日，甲公司以2 000万元购入由某银行发行的两年期理财产品，预计年收益率为6%。根据该银行理财产品合同的约定，将客户投资理财产品募集的资金投资于3A级公司债券、申购新股和购买国债。

> 🔔 **提醒**
> 关键词：投资于债券、申购新股、购买国债。
> 银行将客户投资理财产品募集的资金投资于3A级公司债券、申购新股和购买国债，预计年收益率为6%，说明通过将资产投资于打新、债券，赚得多就回报高，赚得少就回报少。因此，购买理财产品的未来现金流量不符合"在特定日期产生的现金流量，仅为对本金和以未偿付本金金额为基础的利息的支付"。
> 持有银行理财产品只能分类为金融资产第Ⅲ类。

（3）9月30日，甲公司与其开户银行签订保理协议，将一年后到期的5 000万元不带息应收账款，按照4 800万元的价格出售给其开户银行。按照保理协议的约定，如果应收账款到期后债务人不能按期支付款项，甲公司有义务向其开户银行偿付。当日，甲公司收到其开户银行支付的4 800万元款项。甲公司对应收账款进行管理的目标是，将应收账款持有到期后收取款项，同时兼顾流动性要求转让应收账款。

> 🔔 **提醒**
> 关键词：对应收账款管理目标是持有和转让。
> 在应收账款未来现金流量符合"仅为本加息"的前提下，企业管理应收账款的业务模式既以收取合同现金流量为目标又以出售该金融资产为目标，该应收账款分类为金融资产第Ⅱ类。

（4）10月1日，甲公司向特定的合格机构投资者按面值发行永续债3 000万元。根据募集说明书的约定，本次发行的永续债无期限，票面年利率为4.8%，按年支付利息；5年后甲公司可以赎回，如果不赎回，票面年利率将根据当时的基准利率上浮1%，除非利息支付日前12个月发生甲公司向普通股股东支付股利等强制付息事件，甲公司有权取消支付永续债当期的利息，且不构成违约，在支付约定的永续债当期利息前，甲公司不得向普通股股东分配股利；甲公司有权按照永续债票面金额加

> 🔔 **提醒**
> 关键词：发行永续债。
> 发行永续债关键是分类为金融负债还是权益工具。

> 🔔 **提醒**
> 关键词：永续债无期限、发行方有权取消利息、不设置投资者回售条款、支付利息前不得分配股利但发行方能自主决定股利的支付。
> 这些条款说明发行方能够无条件避免支付现金，该永续债分类为权益工具。

上当期已决议支付但尚未支付的永续债利息之和赎回本次发行的永续债，本次发行的永续债不设置投资者回售条款，也不设置强制转换为普通股的条款；甲公司清算时，永续债持有者的清偿顺序劣后于普通债务的债权人，但在普通股股东之前。

甲公司根据相应的议事机制，能够自主决定普通股股利的支付。

（5）12月31日，经董事会批准，甲公司与丙公司签订出售其所持丁公司20%股权的协议。协议约定，出售价格为3 500万元，甲公司应于2×19年4月末前办理完成丁公司股权的产权转移手续。甲公司预计能够按照协议约定完成丁公司股权的出售，预计出售该股权发生的税费为400万元。

甲公司持有丁公司30%股权并对其具有重大影响。截至2×18年12月31日，甲公司对丁公司股权投资的账面价值为3 600万元，其中投资成本为2 400万元，损益调整为900万元，其他综合收益为300万元。

本题不考虑税费及其他因素。

要求：

（1）根据资料（1），判断甲公司购入的优先级A类资产支持证券在初始确认时应当如何分类，并说明理由。

（2）根据资料（2），判断甲公司购入的银行理财产品在初始确认时应当如何分类，并说明理由。

（3）根据资料（3），判断甲公司保理的应收账款在初始确认时应当如何分类，并说明理由；判断甲公司保理的应

> **提醒**
>
> 关键词：12月31日签订股权转让协议，次年4月末前办理完产权转移手续。
> 非流动资产划分为持有待售类别，应当同时满足下列条件：①可立即出售；②出售极可能发生，即企业已经就一项出售计划作出决议且获得确定的购买承诺，预计出售将在一年内完成。
> 该出售20%股权应划分为持有待售资产。

> **审题要点**
>
> 考查资产支持证券的金融资产分类。
> 金融资产分为三类，其中：金融资产同时符合下列条件的，分类为以摊余成本计量的金融资产：①企业管理该金融资产的业务模式是以收取合同现金流量为目标；②该金融资产的合同条款规定，在特定日期产生的现金流量，仅为对本金和以未偿付本金金额为基础的利息的支付。
> 金融资产同时符合下列条件的，应当分类为以公允价值计量且其变动计入其他综合收益的金融资产：①企业管理该金融资产的业务模式既以收取合同现金流量为目标又以出售该金融资产为目标；②该金融资产的合同条款规定，在特定日期产生的现金流量，仅为对本金和以未偿付本金金额为基础的利息的支付。
> 对于分类为以摊余成本计量的金融资产和分类为以公允价值计量且其变动计入其他综合收益的金融资产之外的金融资产，企业将其分类为以公允价值计量且其变动计入当期损益的金融资产。
> 如果购入的资产支持证券未来现金流量仅为本和息，则可能分为第Ⅰ、第Ⅱ类，否则只能分为第Ⅲ类。

> **审题要点**
>
> 考查银行理财产品的金融资产分类。
> 应根据管理银行理财产品的业务模式和合同现金流量特征进行分类。

收账款能否终止确认，说明理由，并编制与应收账款保理相关的会计分录；说明该保理应收账款在甲公司2×18年12月31日资产负债表中列示的项目名称。

（4）根据资料（4），**判断甲公司发行的永续债在初始确认时应当如何分类**，说明理由，并编制相关会计分录。

（5）根据资料（5），**判断甲公司对拟出售的丁公司股权应当如何分类及计量，编制相关会计分录；说明甲公司保留所持丁公司10%股权投资在完成出售20%股权前的会计处理原则**。

【本题答案】

（1）甲公司应将购入的优先级A类资产支持证券在初始确认时将其分类为以公允价值计量且其变动计入当期损益的金融资产。

理由：甲公司购入的优先级A类资产支持证券所属的基础资产不满足合同现金流量特征的条件。

（2）甲公司应将购入的银行理财产品分类为以公允价值计量且其变动计入当期损益的金融资产核算。

理由：由于甲公司购买的理财产品合同规定所作的三类投资项目，不全部是仅为对本金和以未偿付本金金额为基础的利息支付，不满足合同现金流量特征的条件。

（3）①甲公司保理的应收账款在初始确认时应当分类为以公允价值计量且其变动计入其他综合收益的金融资产核算。

理由：甲公司管理应收账款的业务模式既以收取合同现金流量为目标，又

> 📝 **审题要点**
>
> 考查保理的应收账款的金融资产分类。
> 应收账款的合同未来现金流量满足"在特定日期产生的现金流量，仅为对本金和以未偿付本金金额为基础的利息的支付"，而且保理业务就是把应收账款出售给银行进行融资，其管理应收账款模式为"既以收取合同现金流量为目标又以出售该金融资产为目标"。保理的应收账款应分类为金融资产第Ⅱ类。

> 📝 **审题要点**
>
> 考查发行的永续债的分类。
> 发行的永续债如果存在"合同义务"分类为金融负债，不存在"合同义务"分类为权益工具。

> 📝 **审题要点**
>
> 考查对拟出售的股权的分类。
> 拟出售的股权符合持有待售资产的定义，应分类为持有待售资产。

以出售该金融资产为目标。

②甲公司保理的应收账款不应终止确认。

理由：按照保理协议的约定，如果应收账款到期债务人不能按期支付款项，甲公司具有偿付的义务；该保理的应收账款的风险和报酬尚未转移，不应终止确认相应的应收账款。

借：银行存款　　　　　　　　　　　　　　　　　　　4 800
　　贷：短期借款　　　　　　　　　　　　　　　　　　4 800
借：财务费用　　　　　　　　　　　　　　　　　（200/4）50
　　贷：短期借款　　　　　　　　　　　　　　　　　　　50

注：1年利息200万元，1个季度50万元。

③该项应收账款在2×18年资产负债表中列示于"应收款项融资"项目。

（4）甲公司发行的永续债应当分类为权益工具。

理由：甲公司能够无条件避免交付现金或其他金融资产的合同义务。

借：银行存款　　　　　　　　　　　　　　　　　　　3 000
　　贷：其他权益工具　　　　　　　　　　　　　　　　3 000

（5）甲公司对拟出售的丁公司股权部分应当分类为持有待售资产。

甲公司对拟出售的丁公司股权部分应当按照公允价值减出售费用后的净额3 100万元（3 500–400），与其账面价值2 400万元孰低计量。

注：甲公司持有丁公司30%股权账面价值为3 600万元，拟出售20%部分账面价值为2 400万元（3 600/30%×20%）。

会计处理如下：

借：持有待售资产——长期股权投资　　　　　　　　　2 400
　　贷：长期股权投资——投资成本　　　　　　　　　　1 600
　　　　　　　　　　——损益调整　　　　　　　　　　　600
　　　　　　　　　　——其他综合收益　　　　　　　　　200

对于未划分为持有待售资产的剩余10%权益性投资，应当在划分为持有待售的那部分权益性投资出售前继续采用权益法进行会计处理。

思维拓展

本题以"分类"为主线，考查了金融资产分类、金融负债分类、持有待售分类，是历年考查分类考得最狠的一次，18分竟然都是考分类。本题有相当难度，体现在三个方面：一是"资产管理计划"等概念不熟悉；二是金融资产三分类很难理解；三是发行复合金融工具分类难处理。在复习中可作如下拓展：

（1）关于"资产管理计划"。资产管理计划是集合客户的资产，由专业的投资者（如券商）进行管理，是证券公司等针对高端客户开发的理财服务创新产品，投资于产品约定的权益类或固定收益类投资产品的资产。资产管理计划与普通投资基金主要区别是投资者定位不同，基金是大众化的理财品种，如公募基金；资产管理计划带有一定的私募基金性质，它目标群多为中高端客户。简单地说，"资产管理计划"就是有钱人将资金交给专业投资机构代为管理，投资于双方约定的权益类或固定收益类金融产品（如本题投资于"资产支持证券"），其回报依赖于专业投资机构的业务水平，风险大报酬高。

（2）关于"资产支持证券"。资产支持证券是由受托机构发行的、代表特定目的信托的信托受益权份额。受托机构以信托财产为限向投资机构承担支付资产支持证券收益的义务，其支付基本来源于支持证券的资产池产生的现金流。可作为资产池的资产包括贷款、应收账款等金融资产，也可以是生产线等固定资产，还可以是高速公司的收费权等无形资产。本题的资产池资产包括"乙公司所有的股权投资和应收款项"。所以，甲公司持有"资产支持证券"的回报，取决于乙公司股权投资和应收账款取得的回报。

（3）关于"银行理财产品"。银行理财产品是商业银行针对特定目标客户群开发设计并销售的资金投资和管理计划。在理财产品这种投资方式中，银行只是接受客户的授权管理资金，投资收益与风险由客户或客户与银行按照约定方式双方承担。根据客户获取收益方式的不同，理财产品分为保证收益理财产品和非保证收益理财产品。如本题企业购买的银行理财产品为非保证收益理财产品，将资金用于打新等，"预计"年收益率为6%。

（4）关于"保理业务"。在2014年由银监会公布的《商业银行保理业务管理暂行办法》中称："保理业务是以债权人转让其应收账款为前提，集应收账款催收、管理、坏账担保及融资于一体的综合性金融服务。债权人将其应收账款转让给商业银行，由商业银行向其提供下列服务中至少一项的，即为保理业务：①应收账款催收；②应收账款管理（商业银行根据债权人的要求，定期或不定期向其提供关于应收账款的回收情况、逾期账款情况、对账单等财务和统计报表，协助其进行应收账款管理）；③坏账担保（商业银行与债权人签订保理协议后，为债务人核定信用额度，并在核准额度内，对债权人无商业纠纷的应收账款，提供约定的付款担保）；④保理融资（以应收账款合法、有效转让为前提的银行融资服务）"。本题的"保理业务"就是第④项保理融资，即甲公司将应收账款出售给银行，进行保理融资。

（5）关于"金融资产分类"。金融资产三分类的名字虽然是怪怪的，但其分类目的很明确，就是为了反映不同类别金融资产的风险与报酬：

①如果持有金融资产是"以收取合同现金流量为目标"，同时该金融资产未来

现金流"仅为本加息",说白了就是将资金老老实实吃利息,风险小报酬低,则分类为第Ⅰ类。比如,3年定期存款,年利率2.6%,这笔存款应分类为"以摊余成本计量的金融资产",在资产负债表中列示在"货币资金"项目。

②如果持有金融资产是"既以收取合同现金流量为目标又以出售该金融资产为目标",同时该金融资产未来现金流"仅为本加息",则分类为"以公允价值计量且其变动计入其他综合收益的金额资产"。比如,某企业进行保理融资,将保理的应收账款分类为"以公允价值计量且其变动计入其他综合收益的金额资产",在资产负债表中列示在"应收款项融资"项目。

③如果持有的金融资产未来现金流"仅为本加息",但没有分类为第Ⅰ、第Ⅱ类,或者持有的金融资产未来现金流不是"仅为本加息",则只能分类为第Ⅲ类,即分类为"以公允价值计量且其变动计入当期损益的金融资产"。比如,购买理财产品10万元,该理财产品的未来现金流量不符合"仅为本加息"的特征,则应分类为"以公允价值计量且其变动计入当期损益的金融资产",在资产负债表中列示在"其他流动资产"项目(1年内到期)或"其他非流动资产"项目(1年以上到期)。

(6)关于"发行永续债的分类"。发行永续债是近年上市公司融资的热点,其特点是资金可以长久使用(类似股票),但又不会稀释股权;并且千方百计将永续债分类为权益工具,降低很难看的资产负债率,从而降低融资成本。永续债作为复合金融工具,其分类方法是:

$$发行永续债\begin{cases}能够无条件避免支付现金\rightarrow权益工具\\不能够无条件避免支付现金\rightarrow金融负债\end{cases}$$

坑点提示

本题容易踩坑的是购入的资产支持证券,考生误以为应分类为以摊余成本计量的金融资产,因为题干中说了"该证券的年收益率为5.5%",好像是该证券的未来现金流符合合同现金流量特征,即"仅为本加息",这是不对的。实际上,企业购入"资产支持证券"是一种特殊的证券,并不是普通债券,该证券的报酬取决于其基础资产(本题为乙公司的全部股权投资和应收账款)。表面看"资产支持证券"年利率为5.5%,而且设置了"优先级"和"次级",优先级优先保障利息的支付,但能够取得固定回报取决于"股权投资",而股权投资的回报是高度不确定的。因此,该"资产支持证券"未来现金流量不符合"仅为本加息"的特征。该证券只能分类为"以公允价值计量且其变动计入当期损益的金融资产"。

历年考情

　　金融资产的分类、计量在近五年中，竟然出了6次题，其中，3次客观题（单2、多1）、3次主观题（计2、综1），属于全书中与并购会计、收入几乎并列的重要考点！本题可与2022年计算题第2题（考查其他权益工具投资、交易性金融资产）、2019年计算题第1题（考查其他权益工具投资）和计算题第2题（考查其他债权投资、交易性金融资产）进行对比复习，这些年把金融资产三分类考了个遍！

2019年注册会计师全国统一考试《会计》真题详解

一、单项选择题（本题型共12小题，每小题2分，共24分。每小题只有一个正确答案，请从每小题的备选答案中选出一个你认为正确的答案，用鼠标点击相应的选项。）

1.甲公司注册在乙市，在该市有大量的投资性房地产。由于地处偏僻，乙市没有活跃的房地产交易市场，无法取得同类或类似房地产的市场价格。以前年度，甲公司对乙市投资性房地产采用公允价值模式进行后续计量。经董事会批准，甲公司从20×9年1月1日起将投资性房地产的后续计量由公允价值模式改变为成本模式。假定投资性房地产后续计量模式的改变对财务报表的影响重大，甲公司正确的会计处理方法是（　　）。

A.作为会计政策变更采用未来适用法进行会计处理

B.作为会计估计变更采用未来适用法进行会计处理

C.作为会计政策变更采用追溯调整法进行会计处理，并相应调整可比期间信息

D.作为前期差错更正采用追溯重述法进行会计处理，并相应调整可比期间信息

【本题答案】D

【本题解析】选项D正确，已采用公允价值模式计量的投资性房地产，不得从公允价值模式转为成本模式。在极少数情况下，已经采用公允价值对投资性房地产进行后续计量的企业，有证据表明某项房地产在完成建造活动后首次转为投资性房地产时，该投资性房地产的公允价值不能持续可靠取得的，应对该投资性房地产采用成本模式计量直至处置，并且假设无残值。甲公司从20×9年1月1日起将投资性房地产的后续计量由公允价值模式改变为成本模式，并且对财务报表有重大影响，属于重大差错，甲公司应将其作为前期差错更正采用追溯重述法进行会计处理，并相应调整可比期间信息；选项A、B、C不正确。

思维拓展

本题将投资性房地产的两种计量模式与会计政策变更等相结合，是比较常见的出题思路。在复习中可作如下拓展：

审题要点

考查会计政策变更、会计估计变更和前期重大差错的会计处理方法。

投资性房地产从成本模式转为公允价值模式的，应当作为会计政策变更。

已采用公允价值模式计量的投资性房地产，不得从公允价值模式转为成本模式。

前期重大会计差错应采取追溯重述法进行处理。

（1）投资性房地产采用公允价值模式的前提条件

企业只有存在确凿证据表明投资性房地产的公允价值能够持续可靠取得，才可以采用公允价值模式对投资性房地产进行后续计量。企业一旦选择采用公允价值计量模式，就应当对其所有投资性房地产均采用公允价值模式进行后续计量。

（2）在极少数情况下，已经采用公允价值对投资性房地产进行后续计量的企业，有证据表明某项房地产在完成建造活动后首次转为投资性房地产时，该投资性房地产的公允价值不能持续可靠取得的，应对该投资性房地产采用成本模式计量直至处置，并且假设无残值。

（3）发生会计政策变更时，可以采用追溯调整法和未来适用法分别进行处理。

（4）对于会计估计变更，企业应采用未来适用法：会计估计变更仅影响变更当期的，其影响数应当在变更当期予以确认；既影响变更当期又影响未来期间的，其影响数应当在变更当期和未来期间予以确认。

（5）企业应当采用追溯重述法更正重要的前期差错，但确定前期差错累积影响数不切实可行的除外。

> **审题要点**
>
> 考查非货币性资产交换准则的适用范围。
>
> 非货币性资产交换是指企业主要以固定资产、无形资产、投资性房地产和长期股权投资等非货币性资产进行的交换，该交换不涉及或只涉及少量的货币性资产。

2.对于甲公司而言，下列各项交易中，应当认定为非货币性资产交换进行会计处理的是（　　）。

A.甲公司以一批产成品交换乙公司一台汽车

B.甲公司以所持丙公司2%股权交换乙公司一批原材料

C.甲公司以应收丁公司的2 200万元银行承兑汇票交换乙公司一栋办公用房

D.甲公司以一项专利权交换乙公司一项非专利技术，并以银行存款收取补价，所收取补价占换出专利权公允价值的30%

【本题答案】B

【本题解析】选项B正确，甲公司以所持丙公司2%股权交换乙公司一批原材料属于非货币性资产交换；选项A不正确，企业以存货换取客户的非货币性资产，适用《企业会计准则第14号——收入》；选项C不正确，甲公司换出的应收票据属于货币性资产，其交换不属于非货币性资产交换；选项D不正确，因收取的补价占换出资产公允价值30%，超出25%的比重，不属于非货币性资产交换。

思维拓展

这是2019年对非货币性资产交换准则进行修订后第一次考试，考查了最简单的非货币性资产交换准则的适用范围。在非货币性资产交换准则中强调,"企业以存货换取客户的非货币性资产的,适用《企业会计准则第 14 号——收入》"。这将两个准则进行了联通,在收入准则中,用存货换取客户的非货币性资产称为销售商品、提供劳务"收取非现金对价",其会计处理要点是:企业在销售时,有时收到非现金对价,非现金对价包括实物资产、无形资产、股权、客户提供的广告服务等。收到非现金对价会计处理时,会计处理如下表:

非现金对价的处理

项目	相关规定
交易价格的确定	客户支付非现金对价的,通常情况下,企业应当按照非现金对价在合同开始日的公允价值确定交易价格
后续价值变动	①非现金对价的公允价值可能会因对价的形式而发生变动(例如,企业有权向客户收取的对价是股票,股票本身的价格会发生变动),合同开始日后,非现金对价的公允价值因对价形式而发生变动的,该变动金额不应计入交易价格。 ②非现金对价的公允价值也可能会因为其形式以外的原因而发生变动(例如,企业有权收取非现金对价的公允价值因企业的履约情况而发生变动),合同开始日后,应当作为可变对价,按照与计入交易价格的可变对价金额的限制条件相关的规定进行处理

可见,在收入准则中,对"非现金对价"作了详细的规定,这是非货币性资产交换准则不方便做到的。

坑点提示

本题容易踩坑的是选项 A,考生误以为"甲公司以一批产成品交换乙公司一台汽车"应当认定为非货币性资产交换进行会计处理,因为换出的产成品属于非货币性资产、换入的汽车也属于非货币性资产,当然属于非货币性资产交换。实际上,该事项的确符合非货币性资产交换的定义,但基于特殊考虑,并不采用非货币性资产交换准则进行处理,而是采用《企业会计准则第 14 号——收入》进行处理。为什么有这个例外呢?这是因为产成品(存货)是制造型企业的目的物,将产成品与客户的非货币性资产交换,相当于将产成品销售出去了,只不过收取的价款不是现金,而是固定资产、无形资产等非现金对价,不改变销售商品的属性,应采用收入准则进行确认和计量。而如果采用非货币性交换准则,则应判断该交换是否具有商业实质、公允价值能否可靠计量,从而分别按"公允价值"或"账面价值"确定换入资产的入账价值,在按照"账面价值"入账情况下,不能确认换出资产的损益,对企业相当不利。

审题要点

考查企业接受控股股东直接代为偿债。

企业接受控股股东直接代为偿债，不属于利得，而是属于资本性投入，应确认为资本公积（资本溢价或股本溢价）。

3. 20×8年5月，甲公司以固定资产和无形资产作为对价，自独立第三方购买了丙公司80%股权。由于作为支付对价的固定资产和无形资产发生增值，甲公司产生大额应交企业所得税的义务。考虑到甲公司的母公司（乙公司）承诺为甲公司承担税费，甲公司没有计提因上述企业合并产生的相关税费。20×8年12月，<u>乙公司按照事先承诺为甲公司支付了因企业合并产生的相关税费</u>。不考虑其他因素，对于上述乙公司为甲公司承担相关税费的事项，甲公司应当进行的会计处理是（　　）。

A. 无需进行会计处理

B. 确认费用，同时确认收入

C. 确认费用，同时确认所有者权益

D. 不作账务处理，但在财务报表附注中披露

【本题答案】C

【本题解析】选项C正确，企业接受控股股东直接或间接代为偿债、债务豁免或捐赠，经济实质表明属于控股股东对企业的资本性投入，应当将相关利得计入所有者权益（资本公积——资本溢价、股本溢价），不能计入当期损益；其余选项不正确。甲公司对该业务的账务处理是：

借：所得税费用
　　贷：应交税费——应交所得税
借：应交税费——应交所得税
　　贷：资本公积——资本溢价（股本溢价）

思维拓展

本题有点怪，粗看好像考查的是企业合并的事，细看其实考查的是母公司代替子公司还债（交所得税）的事。在复习时可作如下扩展：

（1）根据财政部发布的《企业会计准则解释第5号》规定，<u>一般情况</u>下，企业接受代为偿债、债务豁免或捐赠，其性质属于利得，按照企业会计准则规定符合确认条件的，应当确认为当期营业外收入。比如，本题如果是接受非关联方代为交纳所得税，应借记"应交税费——应交所得税"科目，贷记"营业外收入"科目。

（2）根据财政部发布的《企业会计准则解释第5号》规定，<u>特殊情况</u>下，企业接受非控股股东（或非控股股东的子公司）直接或间接代为偿债、债务豁免或捐赠，经济实质表明属于非控股股东对企业的资本性投入，应当将相关利得计入所有者权益（资本公积——资本溢价、股本溢价），不能计入当期损益，也不能计入其他综合收益，否则就混淆了

经营者业绩与投资者投入之间的关系了。

坑点提示

本题容易踩坑的是选项A，考生误以为反正本企业不用交纳所得税，由母公司代缴了，本企业就"无需进行会计处理了"，这是错误的。实际上，甲公司用固定资产、无形资产为对价，取得一个子公司（丙公司），相当于把固定资产、无形资产出售了，是需要交纳所得税的。所以，甲公司必须在自己的账上记录"应交税费——应交所得税"这个纳税义务。如果甲公司自己用银行存款交，则借记"应交税费——应交所得税"科目，贷记"银行存款"科目。但是，由于甲公司的母公司出于"好意"，替甲公司交了，如果不作处理，应交所得税就转不出去了！因此，必须在母公司替甲公司完税后，甲公司借记"应交税费——应交所得税"科目，贷记"资本公积——资本溢价（股本溢价）"科目。可见，"无需进行会计处理"是误解。

抢分秘籍

理解"资本性投入"有不同的形式，直接将款项打入甲公司，属于资本性投入，替甲公司还债也属于资本性投入。所以，会计处理要看经济实质！

历年考情

本题与2021年计算题第2题中第2问非常类似，均涉及关联方（母公司）免除债务。

4.甲公司是一家上市公司，经股东大会批准，向其子公司（乙公司）的高级管理人员授予其自身的股票期权。对于上述股份支付，在甲公司和乙公司的个别财务报表中，正确的会计处理方法是（　　）。

A.均作为以权益结算的股份支付处理
B.均作为以现金结算的股份支付处理
C.甲公司作为以权益结算的股份支付处理，乙公司作为以现金结算的股份支付处理
D.甲公司作为以现金结算的股份支付处理，乙公司作为以权益结算的股份支付处理

【本题答案】A

【本题解析】选项A正确，本业务属于集团内股份支付，结算企业

> **审题要点**
> 考查集团内股份支付。集团内股份支付分为结算企业和接受服务企业分别处理。

为母公司,接受服企业为子公司。结算企业(母公司)以其本身权益工具结算的,应当将该股份支付交易作为权益结算的股份支付进行会计处理;接受服务企业没有结算义务,应当将该股份支付交易作为权益结算的股份支付进行会计处理;其余选项不正确。

📖 思维拓展

本题考查了集团内股份支付中的基本问题,即结算企业和接受服务企业如何将股份支付分类为权益结算或现金结算的问题。为便于记忆,现将分类图示如下:

结算企业 { 以其本身权益工具结算→权益结算
         { 以集团内其他企业的权益工具结算→现金结算

接受服务企业 { 没有结算义务或有结算义务但授予其本身权益工具→权益结算
            { 有结算义务且授予集团内其他企业权益工具→现金结算

所以集团内股份支付对比单个企业的股份支付,也是先判断相关企业的股份支付是属于权益结算还是现金结算;然后在明确了权益结算或现金结算的基础上,分别按照权益结算和现金结算进行处理就行了。

📖 坑点提示

本题容易踩坑的是选项C,因为认为甲公司用自身的股票期权结算属于权益结算,乙公司的高管有经济利益好像拿了现金,应该属于现金结算。实际上,甲公司用自身的股票期权结算属于权益工具,而乙公司作为接受服务的企业没有结算义务,也属于权益结算。

📖 抢分秘籍

本题的抢分技巧是,分别记住母、子公司双方何种情况属于权益结算、何种情况属于现金结算就得分了。

📖 历年考情

本题与2021年单选题第9题类似,均考查集团内股份支付。

5.下列各项关于**外币折算会计处理**的表述中,正确的是( )。

A.期末外币预收账款以当日即期汇率折算并将由此产生的汇兑差额计入当期损益

B.以公允价值计量且其变动计入其他综合收益的外币货币性金融

审题要点

考查外币交易折算中的交易日折算和期末折算。
交易日的折算,企业收到投资者以外币投入的资本,无论是否有合同约定汇率,均不采用合同约定汇率和即期汇率的近似汇率折算,而是采用交易日即期汇率折算。
期末折算,以历史成本计量的外币非货币性项目(如预付账款、预收账款、固定资产、实收资本等)不改变其入账时的记账本位币金额,不产生汇兑差额。

资产形成的汇兑差额计入其他综合收益

C.以公允价值计量且其变动计入其他综合收益的外币非交易性权益工具投资形成的汇兑差额计入其他综合收益

D.收到投资者以外币投入的资本时，外币投入资本与相应的货币性项目均按合同约定汇率折算，不产生外币资本折算差额

【本题答案】C

【本题解析】选项C正确，以公允价值计量且其变动计入其他综合收益的外币非交易性权益工具投资形成的汇兑差额计入其他综合收益；选项A不正确，预收账款属于非货币性负债，采用历史成本计量，对于以历史成本计量的外币非货币性项目，已在交易发生日按当日即期汇率折算，资产负债表日不应改变其原记账本位币金额，不产生汇兑差额；选项B不正确，以公允价值计量且其变动计入其他综合收益的外币货币性金融资产形成的汇兑差额应计入当期损益；选项D不正确，收到投资者以外币投入的资本时，外币投入资本与相应的货币性项目均按即期汇率折算。

思维拓展

本题考查了期末外币折算中汇兑差额的处理。资产负债表日，企业应当分别外币货币性项目和外币非货币性项目计算汇兑差额，将汇兑差额进行费用化或资本化处理，见下表：

汇兑差额的列支渠道

项目		列支渠道
货币性金融资产、负债产生的汇兑差额	费用化部分	计入财务费用或投资收益
	资本化部分	计入在建工程等
存货产生的汇兑差额		计入资产减值损失
以公允价值计量且其变动计入当期损益的金融资产产生的汇兑差额		计入公允价值变动损益
以公允价值计量且其变动计入其他综合收益的金融资产产生的汇兑差额		计入投资收益、其他综合收益

坑点提示

本题容易踩坑的是选项B，直观感觉该金融资产公允价值变动计入其他综合收益，很自然地汇兑差额也应计入其他综合收益，两者处理方法一致，这是错误的。实际上，外币折算准则规定了债权类和股权类分类为"以公允价值计量且其变动计入其他综合收益的金融资产"时，对

汇兑差额的处理是不一样的：

（1）以公允价值计量且其变动计入其他综合收益的金融资产中的外币货币性金融资产（如持有的美元债券分类为其他债权投资）形成的汇兑差额，应当计入当期损益（投资收益）。

（2）以公允价值计量且其变动计入其他综合收益的金融资产中的非货币性金融资产（如持有的美元股票分类为其他权益工具投资）形成的汇兑差额，与其公允价值变动一并计入其他综合收益。

为何汇兑差额的处理不一样呢？这是因为债权类投资（货币性金融资产）风险小、波动小，汇兑差额计入当期损益；股权类投资（非货币性金融资产）风险大、波动大，汇兑差额计入其他综合收益。

抢分秘籍

本题的抢分技巧是，记住期末外币折算中汇兑差额的去向，一般计入当期损益（财务费用、投资收益、公允价值变动损益），特殊的计入其他综合收益、在建工程等。

> **审题要点**
> 考查应付股利的确认。确认应付股利的时点是股东大会审议批准利润分配方案时。

6.根据我国公司法的规定，上市公司在弥补亏损和提取法定公积金后所余税后利润，按照股份比例向股东分配利润。上市公司因分配现金利润而确认应付股利的时点是（　　）。

A.实际分配利润时

B.实现利润当年年末

C.董事会通过利润分配预案时

D.股东大会批准利润分配方案时

【本题答案】D

【本题解析】选项D正确，企业经股东大会或类似机构审议批准利润分配方案时，确认应付股利，借记"利润分配——应付股利"科目，贷记"应付股利"科目；其余选项不正确：选项A，实际分配利润时，借记"应付股利"科目，贷记"银行存款"等科目；选项B，实现利润当年年末，按规定提取法定盈余公积时，借记"利润分配——提取法定盈余公积"科目，贷记"盈余公积——法定盈余公积"科目；选项C，企业董事会通过的利润分配方案中拟分配的现金股利，不应确认负债，但应在附注中披露。

思维拓展

利润分配考得不多，利润分配的顺序依次是：提取法定盈余公积；

提取任意盈余公积；向投资者分配利润。在实务中对利润分配的处理并不容易，经常混淆。现将利润分配的事项性质、账务处理和财务报表列报方式归纳如下表，考生熟练掌握后对提高专业素养很有帮助：

利润分配会计处理方法

业务事项	事项性质		账务处理		财务报表列报
	调整事项	非调整事项	会计处理时点	会计分录	
提取法定盈余公积	√		年度结账时	借：利润分配——提取法定盈余公积 　　贷：盈余公积——法定盈余公积	列示在报告年度报表中；在报表附注中披露
提取任意盈余公积		√	股东大会批准后	借：利润分配——提取任意盈余公积 　　贷：盈余公积——任意盈余公积	列示在次年年报；在报告年度报表附注中披露
分配现金股利		√	股东大会批准后	借：利润分配——应付股利 　　贷：应付股利	列示在次年年报；在报告年度报表附注中披露
分配股票股利		√	工商行政管理部门办理完变更手续后	借：利润分配——转作普通股股利 　　贷：股本	列示在次年年报；在报告年度报表附注中披露

坑点提示

本题容易踩坑的是选项C，考生误以为"董事会通过利润分配预案时"应确认应付股利，因为董事会决定企业的财务政策和经营政策，好像董事会通过后就应该作账了，这是不对的。实际上，根据公司法的规定，利润分配不是由董事会决定的，董事会是审议通过"预案"，最终由公司权力机构（股东大会）决定利润分配"方案"。所以，"应付股利"的义务只有股东大会通过利润分配方案后才能确认。

抢分秘籍

首先应了解公司法中董事会和股东大会的职能，然后结合资产、负债确认条件。

7.甲公司持有非上市的乙公司5%股权。以前年度，甲公司采用上市公司比较法、以市盈率为市场乘数估计所持乙公司股权投资的公允价值。由于客观情况发生变化，为使计量结果更能代表公允价值，甲公司从20×9年1月1日起变更估值方法，采用以市净率为市场乘数估计所持乙公司股权投资的公允价值。对于上述**估值方法的变更**，甲公司正确

审题要点

考查公允价值估值技术方法的变更。
企业公允价值计量中应用的估值技术应当在前后各会计期间保持一致，除非变更估值技术或其应用方法能使计量结果在当前情况下同样或者更能代表公允价值。企业变更估值技术及其应用方法的，应当按照会计估计变更处理，并对估值技术及其应用方法的变更进行披露。

的会计处理方法是（　　）。

A.作为会计估计变更进行会计处理，并按照《企业会计准则第39号——公允价值计量》的规定对估值技术及其应用的变更进行披露

B.作为会计估计变更进行会计处理，并按照《企业会计准则第28号——会计政策、会计估计变更和差错更正》的规定对会计估计变更进行披露

C.作为前期差错更正进行会计处理，并按照《企业会计准则第28号——会计政策、会计估计变更和差错更正》的规定对前期差错更正进行披露

D.作为会计政策变更进行会计处理，并按照《企业会计准则第28号——会计政策、会计估计变更和差错更正》的规定对会计政策变更进行披露

【本题答案】A

【本题解析】选项A正确，企业在公允价值计量中使用的估值技术一经确定，不得随意变更，除非变更估值技术或其应用方法能使计量结果在当前情况下同样或更能代表公允价值，企业变更估值技术及其应用方法的，应当按照会计估计变更处理，并对估值技术及其应用方法的变更进行披露。其余选项不正确。

思维拓展

本题将会计估计变更和公允价值结合在一起来考，主要考查会计估计变更。在复习中可作如下拓展：

（1）会计估计是指财务报表中具有计量不确定性的货币金额。重要的会计估计有：存货可变现净值的确定；投资性房地产、金融资产等公允价值的确定；固定资产预计使用寿命与净残值、折旧方法；无形资产预计使用寿命和净残值；合同完工进度的确定；预计负债初始计量的最佳估计数的确定等。因此，估值技术属于会计估计，不属于会计政策。

（2）会计估计变更是指由于资产和负债的当前状况及预期经济利益和义务发生了变化，从而对资产或负债的账面价值或者资产的定期消耗金额进行调整。通常情况下，企业可能由于以下原因发生会计估计变更：①赖以进行估计的基础发生了变化；②取得了新的信息、积累了更多的经验以及后来的发展变化。因此，估值技术的变更属于会计估计变更。

(3)对于会计估计变更,企业应采用未来适用法:即会计估计变更仅影响变更当期的,其影响数应当在变更当期予以确认;既影响变更当期又影响未来期间的,其影响数应当在变更当期和未来期间予以确认。

坑点提示

本题容易踩坑的是选项B,估值方法的变更确实属于会计估计变更,那么会计估计变更自然应该按照《企业会计准则第28号——会计政策、会计估计变更和差错更正》的规定对会计估计变更进行披露,但这是不对的。实际上,在公允价值准则中对估值技术的变更作了专门的规定:一是作为会计估计变更,也就是采用未来适用法,无需进行追溯调整;二是该变更按照公允价值准则的规定进行披露,即要求"对估值技术及其应用方法的变更进行披露",而不是根据会计估计变更准则的规定。在会计估计变更准则中规定:企业应当在附注中披露与会计估计变更有关的下列信息:①会计估计变更的内容和原因;②会计估计变更对当期和未来期间的影响数;③会计估计变更的影响数不能确定的,披露这一事实和原因。所以,对于按照不同准则进行估值技术变更的披露这一细节,考生一般不太在意,特别容易踩坑。

8. 20×8年12月31日,甲公司应收乙公司货款1 000万元,由于该应收款项尚在信用期内,甲公司按照5%的预期信用损失率计提坏账准备50万元。甲公司20×8年度财务报表于20×9年3月15日经董事会批准对外报出。下列各项中,属于资产负债表日后调整事项的是(   )。

A.乙公司于20×9年1月10日宣告破产,甲公司应收乙公司货款很可能无法收回

B.乙公司于20×9年2月24日发生火灾,甲公司应收乙公司货款很可能无法收回

C.乙公司于20×9年3月5日被另一公司吸收合并,甲公司应收乙公司货款可以全部收回

D.乙公司于20×9年3月10日发生安全生产事故,被相关监管部门责令停业,甲公司应收乙公司货款很可能无法收回

【本题答案】A

【本题解析】选项A属于调整事项,因为资产负债表日后取得确凿证据,表明某项资产在资产负债表日发生了减值或者需要调整该项资产原先确认的减值金额;选项B、C、D,资产负债表日后发生火灾或发生

> **审题要点**
> 考查资产负债表日后调整事项。
> 资产负债表日后调整事项,是指对资产负债表日已经存在的情况提供了新的或进一步证据的事项。
> 常见的调整事项有四种类型。

安全事故导致应收账款无法收回，以及日后发生吸收合并导致应收款可以全部收回，属于非调整事项。

思维拓展

本题是资产负债表日后事项最常出的题，隔三岔五就会出一道客观题"下列各项中，属于资产负债表日后调整事项的是"或者"下列各项中，属于资产负债表日后非调整事项的是"，要求考生选出调整事项或非调整事项。在复习中可作如下拓展：

（1）日后事项的概念。资产负债表日后事项，是指资产负债表日至财务报告批准报出日之间发生的有利或不利事项。

（2）日后事项的分类。日后事项分为调整事项和非调整事项。资产负债表日后调整事项，是指对资产负债表日已经存在的情况提供了新的或进一步证据的事项。

（3）常见的调整事项。企业发生的调整事项通常包括：①资产负债表日后诉讼案件结案，法院判决证实了企业在资产负债表日已经存在现时义务，需要调整原先确认的与该诉讼案件相关的预计负债，或确认一项新负债；②资产负债表日后取得确凿证据，表明某项资产负债表日后发生了减值或者需要调整该项资产原先确认的减值金额；③资产负债表日后进一步确定了资产负债表日前购入资产的成本或售出资产的收入；④资产负债表日后发现了财务报表舞弊或差错。

坑点提示

本题容易踩坑的是选项A，误以为属于非调整事项，因为破产是在资产负债表日后（次年1月10日）发生，应该属于非调整事项，这是不对的。实际上，发生坏账的事实在20×8年12月31日已经发生，只不过在资产负债表日后取得确凿证据而已，所以选项A属于调整事项。而发生火灾、发生安全事故以及发生企业合并，这些都是资产负债表日后新发生的事，与资产负债表日存在状况无关，属于非调整事项。

抢分秘籍

本题的抢分技巧是，理解调整事项和非调整事项的区别，即调整事项与非调整事项的区别在于，该事项表明的情况在资产负债表日或资产负债表日以前是否"已经存在"。若该情况在资产负债表日或之前已经存在，则属于调整事项；反之，则属于非调整事项。按照这一原则判断调整事项还是非调整事项，非常准确。

9.甲公司将原自用的办公楼用于出租，以赚取租金收入。租赁期开始日，该办公楼账面原价为14 000万元，已计提折旧为5 600万元，公允价值为12 000万元。甲公司对投资性房地产采用公允价值模式进行后续计量。甲公司上述<u>自用办公楼转换为投资性房地产时公允价值大于原账面价值的差额在财务报表中列示的项目</u>是（　　）。

A.资本公积　　　　　　B.营业收入
C.其他综合收益　　　　D.公允价值变动收益

【本题答案】C

【本题解析】选项C正确，房地产开发商将开发的商品房出租或企业将自用的建筑物、土地使用权出租，应按转换日的资产的公允价值作为投资性房地产的入账价值，公允价值与原账面价值之间的差额，如果公允价值大于账面价值，其差额计入"其他综合收益"；如果公允价值小于账面价值，其差额计入"公允价值变动损益"；其余选项不正确。

> **审题要点**
> 考查投资性房地产按公允价值模式下，固定资产转为投资性房地产在转换日的处理。
> 企业将自用的建筑物出租，应按转换日的资产的公允价值作为投资性房地产的入账价值，公允价值与原账面价值之间的差额，如果公允价值大于账面价值，其差额计入"其他综合收益"。

思维拓展

本题考查了投资性房地产公允价值模式下的一个特殊考点，也是很多考生都感到迷糊的知识点：即企业将自用的建筑物、土地使用权出租，应按转换日的资产的公允价值作为投资性房地产的入账价值，公允价值与原账面价值之间的差额，如果公允价值大于账面价值，其差额计入"其他综合收益"；如果公允价值小于账面价值，其差额计入"公允价值变动损益"。

为什么"公允价值大于账面价值"（浮盈）其差额计入"其他综合收益"？因为房地产的浮盈往往金额很大，将其计入利润有两个毛病：一是可以通过用途转换有意调高利润，操纵业绩；二是浮盈计入利润容易造成超额利润分配。

那为什么"公允价值小于账面价值"（浮亏），其差额计入"公允价值变动损益"呢？这是因为房地产浮亏金额很大，造成公司财务状况不佳，不应该多分配利润，通过计入损益调减利润，达到减少利润分配的目的。

抢分秘籍

本题的抢分技巧是，搞清楚特殊处理背后的机理，就能够深度记忆，不容易搞错。

> **审题要点**
>
> 考查商誉减值。
> 商誉难以独立产生现金流量,商誉应当结合相关资产组一起计提减值。
> 将包含商誉的资产组账面价值与该资产组的可收回金额进行比较,账面价值高于可收回金额的差额计提减值。该减值的金额应当先抵减商誉,商誉不足抵减时再计提可辨认资产的减值。

10. 20×9年1月1日,甲公司以非同一控制下企业合并的方式购买了乙公司60%的股权,支付价款1 800万元。在购买日,乙公司可辨认资产的账面价值为2 300万元,公允价值为2 500万元,没有负债和或有负债。20×9年12月31日,乙公司可辨认资产的账面价值为2 500万元,按照购买日的公允价值持续计算的金额为2 600万元,没有负债和或有负债。甲公司认定乙公司的所有资产为一个资产组,确定该资产组在20×9年12月31日的可收回金额为2 700万元。经评估,甲公司判断乙公司资产组不存在减值迹象。不考虑其他因素,甲公司在20×9年度<u>合并利润表中应当列报的资产减值损失金额</u>是(   )。

A. 零　　　　　　　　　B. 200万元

C. 240万元　　　　　　D. 400万元

【本题答案】C

【本题解析】选项C正确,计算过程如下:

20×9年1月1日,在购买日产生的合并商誉=合并成本1 800-取得的被购买方可辨认净资产公允价值份额(2 500×60%)=1 800-1 500=300(万元)。

20×9年12月31日,乙公司资产组总资产价值=可辨认资产账面价值2 600+不可辨认资产(商誉)账面价值300/60%=2 600+500=3 100(万元)。

乙公司资产组应计提减值总额=乙公司资产组总资产价值3 100-该资产组可收回金额2 700=400(万元)。该资产减值400万元应先冲减商誉账面价值400万元,其中归属于母公司商誉减值240万元(400×60%),归属于少数股东商誉减值160万元(400×40%)。

在合并报表中,只反映归属于母公司商誉减值,因此,甲公司在20×9年度合并利润表中应当列报的资产减值损失金额为240万元。

思维拓展

本题是很难的客观题,弯弯绕相当多。在复习中可作如下拓展:

(1)资产组计提减值准备需要预计资产组的可收回金额和计算资产组的账面价值,并将两者进行比较,如果资产组的可收回金额低于其账面价值,应当确认相应的减值损失。

(2)企业如果拥有因企业合并所形成的商誉,至少应当在每年年度终了进行减值测试。鉴于商誉难以独立产生现金流量,因此,商誉应当结合与其相关的资产组或者资产组组合进行减值测试。

（3）企业在对包含商誉的相关资产组或者资产组组合进行减值测试时，如与商誉相关的资产组或者资产组组合存在减值迹象的，应当首先对不包含商誉的资产组或者资产组组合进行减值测试，计算可收回金额，并与相关账面价值相比较，确认相应的减值损失。然后再对包含商誉的资产组或者资产组组合进行减值测试，比较这些相关资产组或者资产组组合的账面价值（包括所分摊的商誉的账面价值部分）与其可收回金额，如相关资产组或者资产组组合的可收回金额低于其账面价值的，应当就其差额确认减值损失，减值损失金额应当首先抵减分摊至资产组或者资产组组合中商誉的账面价值（因为商誉的本质是超常的获利能力，现在资产减值了，超常获利能力消失了，当然应先抵减商誉）；然后根据资产组或者资产组组合中除商誉之外的其他各项资产的账面价值所占比重，按比例抵减其他各项资产的账面价值。

（4）如果因企业合并所形成的商誉是母公司根据其在子公司所拥有的权益而确认的商誉，在这种情况下，子公司中归属于少数股东权益的商誉并没有在合并财务报表中予以确认。因此，在对与商誉相关的资产组（或者资产组组合，下同）进行减值测试时，由于其可收回金额的预计包括了归属于少数股东权益的商誉价值部分，因此为了使减值测试建立在一致的基础上，企业应当调整资产组的账面价值，将归属于少数股东权益的商誉包括在内，然后根据调整后的资产组账面价值与其可收回金额进行比较，以确定资产组（包括商誉）是否发生了减值。

上述资产组如发生减值的，企业应当首先抵减商誉的账面价值，由于根据上述方法计算的商誉减值损失包括了应由少数股东权益承担的部分，而少数股东权益享有的商誉价值及其减值损失都没有在合并财务报表中反映，合并财务报表只反映归属于母公司的商誉，因此应当将商誉减值损失在可归属于母公司和少数股东权益之间按比例进行分摊，以确认归属于母公司的商誉减值损失，并将其反映于合并财务报表中。

坑点提示

本题容易踩坑的是，在计算减值总额过程中，考生误以为"20×9年12月31日该资产组的账面价值"就是题干提供的"可辨认资产的账面价值2 500万元"，这是不正确的。实际上，在20×9年12月31日计提商誉减值的该资产组资产账面价值应通过两个调整：一是该资产组（乙公司）是通过非同一控制下企业合并形成的，所谓账面价值实际上是"购买日的公允价值持续计算的金额"；二是该资产组账面价值包括可辨认资产账面价值和不可辨认的商誉账面价值之和,而商誉的账面价值一定要将母公司拥有商誉的账面价值300万元,还原成总商誉的账面价值500万元(300/60%)。只有通过两次调整后的资产组账面价值,才能与该资产组可收回金额的口径一致,两者相匹配,该资产组可收回金额是全部资产所创造的,当然包括了全部商誉在内。可见,要做对商誉减值的金额,实在太难了,考生太容易踩坑了!所以,考过了"6+1"的人,都是神人!

历年考情

本题与2021年综合题第2题第4问类似,均涉及商誉减值的计算。

11.甲公司适用的企业所得税税率为25%。20×9年6月30日,甲公司以3 000万元(不含增值税)的价格购入一套环境保护专用设备,并于当月投入使用。按照企业所得税法的相关规定,甲公司对上述环境保护专用设备投资额的10%可以从当年应纳税额中抵免,当年不足抵免的,可以在以后5个纳税年度抵免。20×9年度,甲公司实现利润总额1 000万元。假定甲公司未来5年很可能获得足够的应纳税所得额用来抵扣可抵扣亏损和税款抵减,不考虑其他因素,甲公司在20×9年度利润表中应当列报的**所得税费用**金额是(   )。

> **审题要点**
> 考查所得税费用的计算。
> 所得税费用=应交所得税+递延所得税。
> 递延所得税取决于递延所得税资产和递延所得税负债增减变动的结果。

A. -50万元   B. 零
C. 190万元   D. 250万元

【本题答案】A

【本题解析】选项A正确,计算过程如下:环境保护专用设备投资额的10%可以从当年应纳税额中抵免,即应纳税额中可以抵免的金额=3 000×10%=300(万元),20×9年应交所得税=1 000×25%=250(万元);当年不足抵免的,可以在以后5个纳税年度抵免,即超过部分应确认递延所得税资产的金额=300-250=50(万元),即借记递延所得税资产50万元,贷记所得税费用50万元。甲公司在20×9年度利润表中应当列报的所得税费用金额是-50万元。

思维拓展

本题考查了环保设备购置中的一项特殊优惠政策,并将其与所得税会计处理(资产负债表债务法)相结合。在复习中可作如下拓展:

(1)资产负债表债务法是从资产负债表出发,通过比较资产负债表上列示的资产、负债按照企业会计准则规定确定的账面价值与按照税法规定确定的计税基础，对于两者之间的差异分别应纳税暂时性差异与可抵扣暂时性差异，确认相应的递延所得税负债与递延所得税资产，并在此基础上确定每一会计期间利润表中的所得税费用。

（2）对于按照税法规定可以结转以后年度的未弥补亏损及税款抵减，产生可抵扣暂时性差异。

（3）在资产负债表债务法下，对于可抵扣暂时性差异的影响额一般应确认为递延所得税资产；对于应纳税暂时性差异的影响额一般应确认为递延所得税负债。

（4）所得税费用由当期所得税和递延所得税两部分构成。

坑点提示

本题容易踩坑的是，在所得税费用计算过程中，考生没有意识到"购买环境保护专用设备投资额的10%可以从当年应纳税额中抵免，当年不足抵免的，可以在以后5个纳税年度抵免"将形成可抵扣暂时性差异。这就涉及有关购买环保设备税收优惠政策的问题。实际上，购买设备可以抵税情况如下：

一是正常情况。普通工商企业购买设备100万元，成本100万元可以通过计提折旧税前抵扣100万元。

二是加计扣除优惠。高新技术企业在2022年10月1日至2022年12月31日期间新购置的设备，允许当年一次性全额在计算应纳税所得额时扣除，并允许在税前实行100%加计扣除。比如，甲高新技术企业在该时期购入设备100万元，可以加计扣除100%，即除了成本100万元可以税前抵扣外，还可以多抵100万元，按照税率25%，加计扣除部分可以少交所得税25万元（100×25%）。

三是直接抵免应纳税额优惠。购买环境保护专用设备投资额的10%可以从当年应纳税额中抵免，当年不足抵免的，可以在以后5个纳税年度抵免。比如，甲公司购买环境保护专用设备投资额100万元，按照10%可以从当年应纳税额中抵免，将直接少交所得税10万元（100×10%）。由于当年应纳税额不足抵免，可以在以后5个纳税年度抵免，将来可以少交所得税，应确认递延所得税资产。

12. 20×9年1月1日，甲公司与乙公司签订租赁合同，将其一栋物业租赁给乙公司作为商场使用。根据合同约定，物业的租金为每月50万元，于每季末支付；租赁期为5年，自合同签订日开始算起；租赁期首3个月为免租期，乙公司免予支付租金；如果乙公司每年的营业收入

审题要点

考查出租人经营租赁的会计处理。

出租人提供免租期的，免租期内应当确认租金收入。

出租人取得的可变租金，如果不是与指数或比率挂钩的，应当在实际发生时计入当期损益。

超过10亿元，乙公司应向甲公司支付经营分享收入100万元。乙公司20×9年度实现营业收入12亿元。甲公司<u>认定上述租赁为经营租赁</u>。不考虑增值税及其他因素，上述交易对甲公司20×9年度营业利润的影响金额是（　　）。

A. 570万元　　　　　B. 600万元

C. 670万元　　　　　D. 700万元

【本题答案】C

【本题解析】选项C正确，在出租人提供了免租期的情况下应将租金总额在整个租赁期内，而不是在租赁期扣除免租期后的期间内按直线法或其他合理的方法进行摊销，免租期内应确认租金费用。甲公司20×9年需要确认的租金费用=50×（5×12–3）/5=570（万元）。因20×9年营业收入超过10亿元，应支付或有租金100万元。综上，上述交易对甲公司20×9年营业利润的影响金额是670万元（570+100）。

思维拓展

本题考查比较简单的出租人经营租赁中租金收入的确定，在复习中可作如下拓展：

（1）租金一般处理。在租赁期内各个期间，出租人应采用直线法或者其他系统合理的方法将经营租赁的租赁收款额确认为租金收入。

（2）免租期的处理。出租人提供免租期的，出租人应将租金总额在不扣除免租期的整个租赁期内，按直线法或其他合理的方法进行分配，免租期内应当确认租金收入。出租人承担了承租人某些费用的，出租人应将该费用自租金收入总额中扣除，按扣除后的租金收入余额在租赁期内进行分配。

（3）可变租金的处理。出租人取得的与经营租赁有关的可变租赁付款额，如果是与指数或比率挂钩的，应在租赁期开始日计入租赁收款额；除此之外的，应当在实际发生时计入当期损益。

（4）出租物折旧。对于经营租赁资产中的固定资产，出租人应当采用类似资产的折旧政策计提折旧。

坑点提示

本题容易踩坑的是，在租金收入计算过程中，考生误以为3个月免租期不确认租金收入，因为合同明确说了这三个月是不付租金的。实际上，这是一种营销策略，按照经济实质重于法律形式，这三个月表面看免租期，本质上也是收了租金的，而且也发生了费用，按照权责发生制，应在整个租赁期确认租金收入。

二、多项选择题（本题型共10小题，每小题2分，共20分。每小题均有多个正确答案，请从每小题的备选答案中选出你认为正确的答案，用鼠标点击相应的选项。每小题所有答案选择正确的得分，不答、错答、漏答均不得分。）

1.根据企业会计准则的规定，符合资本化条件的资产在购建或生产的过程中发生非正常中断且中断时间超过3个月的，应当暂停借款费用的资本化。下列各项中，属于资产购建或生产非正常中断的有（　　）。

A.因劳资纠纷导致工程停工
B.因资金周转困难导致工程停工
C.因发生安全事故被相关部门责令停工
D.因工程用料未能及时供应导致工程停工

【本题答案】ABCD

【本题解析】选项A、B、C、D均属于非正常中断：非正常中断，通常是由于企业管理决策上的原因或者其他不可预见的原因等所导致的中断。比如，企业因与施工方发生了质量纠纷，或者工程、生产发生了安全事故，或者发生了与资产购建、生产有关的劳动纠纷等。

审题要点
考查借款费用资本化中非正常中断。
非正常中断是不可预见的中断；正常中断是可预见的不可抗力因素导致施工出现停顿。

思维拓展

本题是非常简单的考点，判断何种情况属于"非正常中断"。借款费用拓展内容请参见2023年真题多选题第12题。

2.或有事项是一种不确定事项，其结果具有不确定性。下列各项中，属于或有事项直接形成的结果有（　　）。

A.预计负债　　　　　　　B.或有负债
C.或有资产　　　　　　　D.因预期获得补偿而确认的资产

【本题答案】ABC

【本题解析】或有事项是指过去的交易或者事项形成的，其结果须由某些未来事项的发生或不发生才能决定的不确定事项。对于或有事项的会计处理是：根据谨慎性要求，对于或有事项涉及的"潜在资产"，不能确认入账，形成"或有资产"，如果很可能导致经济利益流入企业，可以披露，故选项C正确；对于"与或有事项相关的义务"，满足负债确认条件的应确认入账，形成"预计负债"，故选项A正确；不满足负

审题要点
考查或有事项的概念及其会计处理思路。
或有事项应分为有利事项和不利事项，根据谨慎原则分别处理。

债确认条件的，不确认入账，成为"或有负债"，选项B正确。选项A、B、C就是或有事项形成的直接结果。而企业清偿预计负债所需支出全部或部分预期由第三方补偿的，补偿金额只有在基本确定能够收到时才能作为资产单独确认，形成因预期获得补偿而确认的资产，该资产不是或有事项的直接结果，选项D不正确。

思维拓展

教材中没有出现"或有事项直接形成的结果"这个表述，只能根据或有事项会计处理的结果作出判断。在复习中可作如下拓展：

（1）预计负债的形成。如果与或有事项相关的义务同时符合以下三个条件，企业应将其确认为预计负债：该义务是企业承担的现时义务、履行该义务很可能导致经济利益流出企业、该义务的金额能够可靠地计量。

（2）或有负债的形成。如果与或有事项相关的义务不能同时符合三个条件，不能确认负债，就形成或有负债。

（3）或有资产的形成。或有资产是指过去的交易或事项形成的潜在资产，不符合资产确认条件，被称为或有资产。

坑点提示

本题容易踩坑的是选项D，考生误以为"因预期获得补偿而确认的资产"属于或有事项直接形成的结果。的确，"因预期获得补偿而确认的资产"是或有事项确认的一种结果，只不过是间接结果，因为要确认预期获得补偿而形成的资产，必须有个前提，即先确认因未决诉讼而形成的预计负债，在此基础上才能确认该资产。其理念是，作为被告被起诉了，预计受到损失确认预计负债；此时找个垫背的，确认其他应收款。没有预计损失就不用找垫背的了！所以，预计负债是或有事项形成的直接结果，而其他应收款不是直接结果，而是后续形成的间接结果。

抢分秘籍

本题的抢分技巧是，先搞清楚或有事项的概念，再搞清楚会计上如何处理，对有利事项怎样处理，对不利事项怎样处理，就知道会形成什么结果了。

> **审题要点**
> 考查影响存货可变现净值的因素。
> 可变现净值是指企业在正常经营过程中，以存货的估计售价减去估计完工成本及销售直接费用和相关税费后的价值。

3. 在确定存货的可变现净值时，应当考虑的因素有（　　）。

A. 持有存货的目的　　　　　　B. 存货的采购成本
C. 存货的市场销售价格　　　　D. 资产负债表日后事项

【本题答案】ACD

【本题解析】企业在确定存货的可变现净值时，应当以取得的确凿证据为基础，并且考虑持有存货的目的、资产负债表日后事项的影响等因素。存货可变现净值的确凿证据，是指对确定存货可变现净值有直接影响的确凿证明，如产成品或商品的市场销售价格、与产成品或商品相同或类似商品的市场销售价格、销货方提供的有关资料和生产成本资料等。因此，选项ACD为正确答案。选项B不正确，因为存货的采购成本属于"沉没成本"，在确定可变现净值时不考虑。

思维拓展

本题是一道简单的客观题，可变现净值有三个基本特征：（1）确定存货可变现净值的前提是企业在进行日常活动；（2）可变现净值为存货的预计未来净现金流入；（3）不同用途存货可变现净值的构成不同。企业在确定存货的可变现净值时，应当以取得的确凿证据为基础，并且考虑持有存货的目的、资产负债表日后事项的影响等因素。

坑点提示

本题容易踩坑的是选项B，考生误以为"存货的采购成本"是确定存货可变现净值时应当考虑的因素，因为好像存货的价值与采购成本有关，这是不对的。实际上，可变现净值是从"销售"的角度看问题，比如产成品以估计售价扣除相关销售税费后，可以剩下的"净额"是多少。采购成本是从"购买"的角度看问题，哪怕以前采购成本很高，但过时了，从销售角度看，可能一文不值。所以决定可变现净值的是预计售价等，而不是采购成本。

抢分秘籍

本题的抢分技巧是，记住可变现净值的本质含义是"可变现"，所以取决于估计售价以及销售中的税费；如果存货是原材料，则还应考虑"估计完工成本"。总之，都是面向未来的因素，而不考虑已发生的"沉没成本"，存货的采购成本就是已经发生的"沉没成本"。

4.下列各项关于财务报表列报的表述中，正确的有（　　）。

A.收到的扣缴个人所得税款手续费在利润表"其他收益"项目列报

B.出售子公司产生的利得或损失在利润表"资产处置收益"项目列报

▶ 审题要点

考查利润表、资产负债表和现金流量表部分特殊项目的列报。

收到扣缴个人所得税的手续费应列示在利润表中的"其他收益"项目。

C.收到与资产相关的政府补助在现金流量表中作为经营活动产生的现金流量列报

D.自资产负债表日起超过1年到期且预期持有超过1年的以公允价值计量且其变动计入当期损益的金融资产在资产负债表中作为流动资产列报

【本题答案】AC

【本题解析】选项A正确，收到的扣缴个人所得税款手续费在利润表"其他收益"项目列报；选项B不正确，出售子公司产生的利得或损失应在利润表"投资收益"项目列报；选项C正确，收到与资产相关的政府补助在现金流量表中作为经营活动产生的现金流量列报；选项D不正确，自资产负债表日起超过1年到期且预期持有超过1年的以公允价值计量且其变动计入当期损益的金融资产在资产负债表中应作为"其他非流动金融资产"列报。

思维拓展

本题考查了三张主表列报中四个比较特殊、比较难的知识点。在复习中可作如下拓展：

（1）资产满足下列条件之一，应当归类为流动资产：①预计在一个正常营业周期中变现、出售或耗用；②主要为交易目的而持有（但并非所有交易性金融资产均为流动资产，比如自资产负债表日起超过12个月到期且预期持有超过12个月的衍生工具应当划分为非流动资产或非流动负债）；③预计在资产负债表日起一年内变现；④自资产负债表日起一年内，交换其他资产或清偿负债的能力不受限制的现金或现金等价物。

（2）"其他收益"项目，反映计入其他收益的政府补助，以及其他与日常活动相关且计入其他收益的项目。该项目应根据"其他收益"科目的发生额分析填列。企业作为个人所得税的扣缴义务人，根据《个人所得税法》收到的扣缴税款手续费，应作为"其他收益"填列。

坑点提示

本题容易踩坑的是选项A，因为好像本企业员工付出了劳动取得了"手续费"，应该计入"其他业务收入"，而不应该计入"其他收益"。的确，税务部门给了钱导致经济利益流入，而且与日常活动有关，应该增加营业收入。但属于"营业收入"合理，还是属于"其他收益"合理？应该属于"其他收益"合理，因为扣缴个人所得税属于"强制义务"而不是"合同义务"，完成了平等的合同义务得到的回报，应该计入"营业收入"，完成不平等的强制义务本来政府也可以不给钱（更早以前就不给），但政府给了一点辛苦钱有"政府补助"之意，而且又与日常业务有关，计入"其他收益"很合理。

抢分秘籍

本题的抢分技巧是，不但记住财务报表列报中的一般问题，更要记住财务报表列报的特殊问题，本题考查的基本都是财务报表列报中的特殊问题。由此可见，注会考试中一般问题属于应知应会，特殊问题很容易出错，应该引起更多关注，应该出更多的题。

> **审题要点**
> 考查民间非营利组织会计要素的构成。
> 民间非营利组织会计五要素为资产、负债、净资产、收入、费用。

5.下列各项中，属于民间非营利组织会计要素的有（　　）。

A.收入　　　　　　　　B.费用

C.利润　　　　　　　　D.所有者权益

【本题答案】AB

【本题解析】选项A、B正确，民间非营利组织会计五要素为资产、负债、净资产、收入、费用；选项C不正确，民间非营利组织不以营利为目的，没有"利润"这个要素；同理，选项D不正确，民间非营利组织从事社会公益事业，"为人民服务"，没有"所有者权益"这个私有化要素。

思维拓展

本题是历史上难度最小的题，竟然考了民间非营利组织五要素的名称，没有比这个更简单的了！在复习中可作如下拓展：

（1）民间非营利组织是指通过筹集社会民间资金举办的、不以营利为目的，从事教育、科技、文化、卫生、宗教等社会公益事业，提供公共产品的社会服务组织。

（2）民间非营利组织会计特点：①以权责发生制为会计核算基础；②在采用历史成本计价的基础上，引入公允价值计量基础；③会计五要素为资产、负债、净资产、收入、费用；④民间非营利组织设立时取得的注册资金，应当直接计入净资产；注册资金的使用受到时间限制或用途限制的，在取得时计入限定性净资产，否则计入非限定性净资产。

（3）民间非营利组织财务报告由会计报表、会计报表附注和财务情况说明书组成。会计报表至少应当包括资产负债表、业务活动表和现金流量表三张基本报表。

📋 坑点提示

本题容易踩坑的是选项B，考生误以为"费用"不属于民间非营利组织会计要素，因为好像非营利组织不以赚钱为目的，应该是收入和支出，而不是费用。实际上，虽然民间非营利组织不以营利为目的，但会计核算的基础采用的是"权责发生制"。在权责发生制下，讲究收入与费用的配比，经济利益的流出称为"费用"，"费用"是权责发生制下的一个会计要素；而在收付实现制下，不讲究配比，只看现金的流入和流出，经济利益的流出称为"支出"，"支出"是收付实现制下的一个会计要素。所以，"费用"和"支出"容易混淆，考生应仔细辨别。

📋 抢分秘籍

本题的抢分技巧是，明确民间非营利组织会计采用权责发生制，而权责发生制的会计要素就是"收入""费用"等，就选对了。

> **审题要点**
> 考查其他综合收益。
> 其他综合收益分为两类，正常情况最终可以重分类进损益，特殊情况不能重分类进损益。
> 其他综合收益可以重分类进损益的常见情形有6种，如外币财务报表折算差额等。

6.下列各项中，属于在以后会计期间满足规定条件时将<u>重分类进损益的其他综合收益</u>有（　　　）。

A.外币财务报表折算差额

B.分类为以公允价值计量且其变动计入其他综合收益的金融资产公允价值变动

C.分类为以公允价值计量且其变动计入其他综合收益的金融资产信用减值准备

D.指定为以公允价值计量且其变动计入当期损益的金融负债因企业自身信用风险变动引起的公允价值变动

【本题答案】ABC

【本题解析】选项A正确，外币财务报表折算差额属于在以后会计期间满足规定条件时将重分类进损益的其他综合收益；选项B正确，此处分类为以公允价值计量且其变动计入其他综合收益的金融资产公允价值变动的金融资产，是指债权类投资，其产生的其他综合收益可以转损益，因为如果是权益类投资，一定会加上"非交易性权益工具投资"；选项C正确，债权类投资分类为以公允价值计量且其变动计入其他综合收益的金融资产后，如果发生减值，就应将其他综合收益转入信用减值损失（即重分类进损益）；选项D不正确，指定为以公允价值计量且其变动计入当期损益的金融负债因企业自身信用风险变动引起的公允价值变动计入其他综合收益的金额,最终转入留存收益。

需要说明的是,在2019年教材中存在选项D"指定为以公允价值计量且其变动计入当期损益的金融负债因企业自身信用风险变动引起的公允价值变动"这一事项,后来随着国际会计准则的改革,已经改变了这一做法。因此,选项D已过时,目前注册会计师教材中也已经删除了。

思维拓展

本题考查了非常复杂、非常时髦、出题频率很高的其他综合收益。本题拓展内容请参见2022年真题多选题第8题。

坑点提示

本题容易踩坑的是选项C,考生误以为"分类为以公允价值计量且其变动计入其他综合收益的金融资产信用减值准备在以后会计期间满足规定条件时将重分类进损益"是错误的,因为计提减值怎么会与"其他综合收益"相关呢?甚至有一部分考生连选项C是什么意思都没有看懂。实际上,选对选项C要分为两个步骤:

一是能否计提减值。企业持有债权类金融资产,该金融资产同时符合下列条件的,应当分类为"以公允价值计量且其变动计入其他综合收益的金融资产":①企业管理该金融资产的业务模式既以收取合同现金流量为目标又以出售该金融资产为目标;②该金融资产的合同条款规定,在特定日期产生的现金流量,仅为对本金和以未偿付本金金额为基础的利息的支付。在这种情况下,会计上作为"其他债权投资"核算,是可以计提减值的。但是,如果非交易性权益工具投资指定为"以公允价值计量且其变动计入其他综合收益的金融资产",会计上作为"其他权益工具投资",是不能计提减值的。可见,选项C属于债权类投资,可以计提减值。

二是如何计提减值。债权类投资分类为"以公允价值计量且其变动计入其他综合收益的金融资产"后,发生了正常浮亏,应将浮亏计入其他综合收益,即借记"其他综合收益"科目,贷记"其他债权投资——公允价值变动";但是,如果继续浮亏到企业发生了重大损失,导致财务状况恶化,为了稳住财务状况,企业需要降低利润,避免多分股利,此时该债权投资被认定为发生了减值,需要计提减值准备,将原来临时计入"其他综合收益"的金额转入"信用减值损失",即借记"信用减值损失"科目,贷记"其他综合收益"科目。这就是选项C所

审题要点

考查职工薪酬中的各种福利，包括离职后福利、非货币性福利、辞退福利等的会计处理。

离职后福利中设定受益计划存在资产的，企业应当将设定受益计划义务的现值减去设定受益计划资产公允价值所形成的赤字或盈余确认为一项设定受益计划净负债或净资产。企业应当将重新计量设定受益计划净负债或净资产所产生的变动计入其他综合收益，并且在后续会计期间不允许转回至损益。

说的"分类为以公允价值计量且其变动计入其他综合收益的金融资产信用减值准备"属于在以后会计期间满足规定条件时将重分类进损益的其他综合收益。所以，选项C正确。

7.下列各项关于<u>职工薪酬会计处理</u>的表述中，错误的有（　　）。

A.重新计量设定受益计划净负债或净资产而产生的变动计入其他综合收益

B.将租赁的汽车无偿提供高级管理人员使用的，按照每期应付的租金计量应付职工薪酬

C.以本企业生产的产品作为福利提供给职工的，按照该产品的成本和相关税费计量应付职工薪酬

D.因辞退福利计划而确认的应付职工薪酬，按照辞退职工提供服务的对象计入相关资产的成本

【本题答案】CD

【本题解析】选项A、B表述正确；选项C表述不正确，以本企业生产的产品作为福利提供给职工的，应按照该产品的公允价值和相关税费计量应付职工薪酬；选项D表述不正确，因辞退福利计划而确认的应付职工薪酬，一律计入管理费用，不按照辞退职工提供服务的对象计入相关资产的成本。

思维拓展

本题考查了特殊的职工薪酬的会计处理，如本题的非货币性福利、离职后福利、辞退福利，以"福利"为主线，题出得挺有趣的。

企业有时以低于其取得成本的价格向职工提供商品或服务，如以低于成本的价格向职工出售住房或提供医疗保健服务，其实质是企业向职工提供补贴。对此企业应根据出售商品或服务合同条款的规定分别情况处理：

（1）如果合同规定职工在取得住房等商品或服务后至少应提供服务的年限，企业应将出售商品或服务的价格与其成本间的差额，作为长期待摊费用处理，在合同给定的服务年限内平均摊销，根据受益对象分别计入相关资产成本或当期损益。

（2）如果合同没有规定职工在取得住房等商品或服务后至少应提供服务的年限，企业应将出售商品或服务的价格与其成本间的差额，作为对职工过去提供服务的一种补偿，直接计入向职工出售商品或服务当期的损益。

坑点提示

本题容易踩坑的是选项D，因为表面看选项D体现了受益原则，谁用人谁负担。实际上，辞退员工的责任应该由管理部门承担，所以支付给员工的辞退福利自然应该计入"管理费用"，这是考生很容易踩坑的一个地方。

抢分秘籍

本题的抢分技巧是，记住辞退福利一律计入管理费用以及各种特殊薪酬的会计处理。

8.下列各项关于终止经营列报的表述中，错误的有（ ）。

A.终止经营的经营损益作为持续经营损益列报

B.终止经营的处置损益以及调整金额作为终止经营损益列报

C.拟结束使用而非出售的处置组满足终止经营定义中有关组成部分条件的，自停止使用日起作为终止经营列报

D.对于当期列报的终止经营，在当期财务报表中将处置日前原来作为持续经营损益列报的信息重新作为终止经营损益列报，但不调整可比会计期间利润表

【本题答案】AD

【本题解析】选项A表述不正确，终止经营的相关损益应当作为终止经营损益列报；选项B表述正确，终止经营的处置损益以及调整金额作为终止经营损益列报；选项C表述正确，拟结束使用而非出售的处置组满足终止经营定义中有关组成部分条件的，自停止使用日起作为终止经营列报；选项D表述不正确，对于当期列报的终止经营，在当期财务报表中将处置日前原来作为持续经营损益列报的信息重新作为终止经营损益列报，应调整可比会计期间利润表。正确答案为AD。

审题要点

考查终止经营列报。
终止经营是指企业满足下列条件之一的、能够单独区分的组成部分，且该组成部分已经处置或划分为持有待售类别：①该组成部分代表一项独立的主要业务或一个单独的主要经营地区；②该组成部分是拟对一项独立的主要业务或一个单独的主要经营地区进行处置的一项相关联计划的一部分；③该组成部分是专为转售而取得的子公司。
企业应当在利润表中分别列示持续经营损益和终止经营损益。终止经营的相关损益应当作为终止经营损益列报，列报的终止经营损益应当包含整个报告期间，而不仅包含被认定为终止经营后的报告期间。

思维拓展

本题考查终止经营列报，在企业实务中关注也较少。在复习中应注意终止经营相关损益包括：（1）终止经营的经营活动损益；（2）企业初始计量或在资产负债表日重新计量符合终止经营定义的持有待售的处置组时，因账面价值高于其公允价值减去出售费用后的净额而确认的资产减值损失；（3）后续资产负债表日符合终止经营定义的持有待售处置组的公允价值减去出售费用后的净额增加，因恢复以前减记的金额而转回的资产减值损失；（4）终止经营处置损益；（5）终止经营处置损益的

调整金额，包括最终确定处置条款，如与买方商定交易价格调整额和补偿金；消除与处置相关的不确定因素，如确定卖方保留的环保义务或产品质量保证；履行与处置相关的职工薪酬支付义务等。

📌 坑点提示

本题容易踩坑的是选项D，因为考生认为，以前是持续经营（没有说终止经营当然就是持续经营），应该按照持续经营列报，为什么对前面"持续经营损益"追溯调整为"终止经营损益"呢。实际上，为了前后各期可比，应该口径一致，这样对比才有意义。笔者在某上市公司培训时，该公司财务总监说，为了进行战略转型，该公司将"房地产板块"的业务在本年8月末进行了处置（即终止经营），房地产板块在本年1—8月产生的经营活动损益以及在8月末处置房地产板块产生的损益，占整个集团公司净利润的1/3。笔者就说，那你们公司今年利润表很难看，净利润中有1/3要列示在"终止经营损益"中，不但本年度应这样列示，而且利润表中可比期间（上年度）也应单独分离出房地产板块的损益，作为"终止经营损益"列报，进行追溯调整才能进行比较。这个知识点是一般财务会计人员处理不到的业务，很容易被忽略，考试时容易踩坑。

> 📝 **审题要点**
>
> 考查无形资产的初始计量和后续计量。

9.下列各项关于**无形资产会计处理**的表述中，错误的有（　　）。

A.外包无形资产开发活动在实际支付款项时确认无形资产

B.使用寿命不确定的无形资产只在存在减值迹象时进行减值测试

C.无法区分研究阶段和开发阶段的支出，全部费用化计入当期损益

D.在无形资产达到预定用途前为宣传新技术而发生的费用计入无形资产的成本

【本题答案】ABD

【本题解析】选项A表述不正确，外包无形资产开发活动应在研发完成达到预定用途时确认无形资产；选项B表述不正确，使用寿命不确定的无形资产应于每个资产负债表日进行减值测试；选项C表述正确，无法区分研究阶段和开发阶段的支出，全部费用化计入当期损益；选项D表述不正确，在无形资产达到预定用途前为宣传新技术而发生的费用计入当期损益。

📖 思维拓展

本题考查了无形资产中较少见的业务，比如"外包""使用寿命不

确定""无法区分""宣传新技术"等,在复习中可作如下拓展:

(1)外购无形资产的成本,包括购买价款、相关税费以及直接归属于使该项资产达到预定用途所发生的其他支出,不包括为引入新产品进行宣传发生的广告费、管理费用和其他间接费用以及不包括无形资产达到预定用途以后发生的费用。

(2)使用寿命可确定的无形资产应摊销,使用寿命不确定的无形资产不摊销,但每年都应该进行减值测试。

(3)对于企业自行进行的研究开发项目,应当区分研究阶段与开发阶段两个部分分别进行核算:研究阶段发生的支出全部费用化(管理费用);开发阶段的支出在同时满足5个条件时,可以资本化,在开发完成时转入无形资产;无法区分研究阶段和开发阶段的支出,应当在发生时全部计入当期管理费用。

坑点提示

本题容易踩坑的是选项A,因为好像无形资产在开发中而且支付了款项,应该确认为无形资产。实际上,这里说的是"外包无形资产开发活动"应该是委托外部进行"研究开发",在支付款项时有两种情况:一是还没有实际开发活动前的预付款项,委托方应计入"预付账款"科目,待实际开发后转入"研发支出"科目;二是受托方已经进行开发,委托方按照进程支付款项,委托方应计入"研发支出"科目。无论是上述哪种情况,都不是计入"无形资产"科目。只有该开发活动达到预定用途时才能将"研发支出"转入"无形资产"。所以,确认无形资产的时点不是支付款项,而是达到预定用途时。

10.下列各项关于<u>已确认的政府补助需要退回的会计处理</u>的表述中,正确的有(   )。

A.初始确认时冲减资产账面价值的,调整资产账面价值

B.初始确认时计入其他收益或营业外收入的,直接计入当期损益

C.初始确认时冲减相关成本费用或营业外支出的,直接计入当期损益

D.初始确认时确认为递延收益的,冲减相关递延收益账面余额,超出部分计入当期损益

【本题答案】ABCD

【本题解析】选项A、B、C、D均正确:已计入损益的政府补助需要退回的,有3种处理办法:①初始确认时冲减资产成本的应当调整资

> **审题要点**
> 考查政府补助中需要退回的会计处理。
> 已确认的政府补助需要退回,应分别不同情况处理:调整资产账面价值、冲减递延收益、计入损益。

产账面价值；②存在尚未摊销的递延收益的应冲减递延收益账面余额，不足冲减部分计入当期损益；③其他情况直接计入当期损益。

思维拓展

本题只考查政府补助一个非常特殊的小点，即收到政府补助后，如果发生了不满足政府补助的条件需要退回，后续该如何处理。在复习时可作如下拓展：

（1）与资产相关的政府补助，在净额法下收到政府补助时先计入递延收益，购置资产时将政府补助冲减相关资产账面价值。

（2）与收益相关的政府补助，用于补偿企业已发生的相关成本费用的，直接计入当期收益或冲减相关成本费用。

（3）与收益相关的政府补助，用于补偿企业以后期间的相关成本费用或损失的，在收到时先判断企业能否满足政府补助所附条件，如暂时无法确定，应先计入其他应付款，满足条件后确认为递延收益；如收到补助时满足政府补助所附条件应确认为递延收益，在确认费用期间，计入当期收益或冲减相关成本费用。

（4）已计入损益的政府补助需要退回的，按"原路返回"的思路进行处理：①初始确认时冲减资产成本的应当调整资产账面价值；②存在尚未摊销的递延收益的应冲减递延收益账面余额，不足冲减部分计入当期损益；③其他情况直接计入当期损益。

三、计算分析题（本题型共2小题20分。答案中的金额单位以万元表示，涉及计算的，要求列出计算步骤。）

1.（本小题10分）甲公司没有子公司，不需要编制合并财务报表。甲公司相关年度发生与投资有关的交易或事项如下：

（1）20×7年1月1日，甲公司通过发行普通股2 500万股（每股面值1元）取得乙公司30%股权，能够对乙公司施加重大影响。甲公司所发行股份的公允价值为6元/股，甲公司取得投资时乙公司可辨认净资产的账面价值为50 000万元，公允价值为55 000万元，除A办公楼外，乙公司其他资产及负债的公允价值与其账面价值相同。A办公楼的账面余额为30 000万元，已计提折旧15 000万元，公允价值为20 000万元。乙公司对A办公楼采用年限平均法计提折旧，该办公楼预计使用40年，已使用20年，自甲公司取得乙公司投资后尚可使用20年，预计净残值为零。

关键词：甲公司取得乙公司30%股权。能够施加重大影响，采用权益法核算。

（2）20×7年6月3日，甲公司以300万元的价格向乙公司销售产品一批，该批产品的成本为250万元。至20×7年末，乙公司已销售上述从甲公司购入产品的50%，其余50%产品尚未销售形成存货。

20×7年度，乙公司实现净利润3 600万元，因分类为以公允价值计量且其变动计入其他综合收益的金融资产公允价值变动而确认的其他综合收益100万元。

关键词：甲公司向乙公司销售产品一批。权益法下确认投资收益时，应调整被投资方账面净利润，其中一个调整因素就是投资企业与联营企业之间未实现内部交易损益。

（3）20×8年1月1日，甲公司以12 000万元的价格将所持乙公司15%股权予以出售，款项已存入银行。出售上述股权后，甲公司对乙公司不再具有重大影响，将所持乙公司剩余15%股权指定为以公允价值计量且其变动计入其他综合收益的金融资产，公允价值为12 000万元。

（4）20×8年12月31日，甲公司所持乙公司15%股权的公允价值为14 000万元。

（5）20×9年1月1日，甲公司将所持乙公司15%股权予以出售，取得价款14 000万元。

其他有关资料：第一，甲公司按照年度净利润的10%计提法定盈余公积。第二，本题不考虑相关税费及其他因素。

要求：

（1）根据资料（1），计算甲公司对乙公司股权投资的初始投资成本，编制相关会计分录。

（2）根据资料（1）和（2），计算甲公司对乙公司股权投资20×7年度应确认的投资损益，编制相关会计分录。

（3）根据资料（3），计算甲公司出售所持乙公司15%股权产生的损益，编制相关会计分录。

（4）根据资料（4）和（5），编制甲公司与持有及出售乙公司股权相关的会计分录。

【本题答案】

（1）甲公司对乙公司股权投资的初始投资成本=2 500×6=15 000（万元）。

⚠ 提醒

关键词：出售15%股权，将剩余15%股权指定为以公允价值计量且其变动计入其他综合收益的金融资产。

这是权益法转公允价值计量。投资方因处置部分股权投资等原因丧失了对被投资单位的共同控制或重大影响的，处置后的剩余股权应当改按金融资产核算，其在丧失共同控制或重大影响之日的公允价值与账面价值之间的差额，该金融资产分类为交易性金融资产的，该差额计入当期损益；该金融资产分类为其他权益工具投资的，该差额计入其他综合收益。原股权投资因采用权益法核算而确认的其他综合收益，应当在终止采用权益法核算时采用与被投资单位直接处置相关资产或负债相同的基础进行会计处理。

⚠ 提醒

关键词：公允价值为14 000万元。

其他权益工具投资公允价值变动计入其他综合收益。

⚠ 提醒

关键词：甲公司将所持乙公司15%股权予以出售。

处置其他权益工具投资，应将资产账面价值与取得价款的差额以及相关的其他综合收益，转入留存收益。

✎ 审题要点

考查长期股权投资初始计量。

除企业合并形成的长期股权投资以外，其他方式取得的长期股权投资，应当按照下列规定确定其初始投资成本：①以支付现金取得的长期股权投资，应当按照实际支付的购买价款作为初始投资成本。初始投资成本包括与取得长期股权投资直接相关的费用、税金及其他必要支出。但实际支付的价款或对价中包含的已宣告但尚未发放的现金股利或利润，应作为应收项目处理。②以发行权益性证券取得的长期股权投资，应当按照发行权益性证券的公允价值作为初始投资成本。与发行权益性证券直接相关的费用，应自权益性证券的溢价发行收入中扣除（冲减股本溢价），权益性证券的溢价收入不足冲减的，应依次冲减盈余公积和未分配利润。

✎ 审题要点

考查权益法。

采用权益法核算，对于被投资单位实现的净利润，投资企业应确认投资收益。

✎ 审题要点

考查权益法下处置部分股权。

处置长期股权投资关键是确定转让损益：①将长期股权投资账面价值与实际取得价款之间的差额，计入投资收益；②采用权益法核算的长期股权投资，如处置后对有关投资终止采用权益法的，原计入其他综合收益（不能结转损益的除外）或资本公积（其他资本公积）中的金额应全部转入投资收益。

✎ 审题要点

考查出售股权（金融资产）。

出售股权时终止确认金融资产，确认损益。

20×7年1月1日，甲公司投资时账务处理如下：

  借：长期股权投资——投资成本   15 000
    贷：股本   （2 500×1）2 500
      资本公积——股本溢价   12 500
  借：长期股权投资——投资成本   1 500
    贷：营业外收入   （15 000–16 500）1 500

注：初始投资成本15 000万元，小于取得的被投资方可辨认净资产公允价值份额16 500万元（55 000×30%），差额1 500应计入营业外收入。

（2）乙公司固定资产账面价值与公允价值的差额应调减的利润＝按公允价值应计提折旧额20 000÷20–按账面价值应计提折旧额（30 000÷40）＝1 000–750＝250（万元）

20×7年度应确认的投资损益＝[调整前净利润3 600–折旧调减利润250–未实现内部交易损益（300–250）×50%]×30%＝调整后净利润3 325×30%＝997.5（万元）。20×7年末甲公司账务处理如下：

  借：长期股权投资——损益调整   997.5
       ——其他综合收益   30
    贷：投资收益   997.5
      其他综合收益   （100×30%）30

（3）20×8年1月1日，甲公司出售所持乙公司15%股权产生的损益＝12 000×2–（15 000+1 500+997.50+30）+30＝6 502.5（万元）

  借：银行存款   12 000
    其他权益工具投资——成本   12 000
    贷：长期股权投资——投资成本   16 500
         ——损益调整   997.5
         ——其他综合收益   30
      投资收益   6 472.5
  借：其他综合收益   30
    贷：投资收益   30

（4）20×8年12月31日，该股权公允价值为14 000万元，增值2 000万元：

  借：其他权益工具投资——公允价值变动   2 000
    贷：其他综合收益   （14 000–12 000）2 000

20×9年1月1日，出售全部15%的股权：

  借：银行存款   14 000
    贷：其他权益工具投资   14 000

借：其他综合收益　　　　2 000
　　贷：盈余公积　　　　　　200
　　　　利润分配——未分配利润
　　　　　　　　　　　　1 800

📖 思维拓展

本题考查了长期股权投资权益法＋权益法转公允价值计量＋其他权益工具投资（30%−15%=15%）。本题围绕"处置"这一主线展开，首先是持有30%股权采用权益法核算，把权益法下的初始计量和后续计量考进来；第一次"处置"15%股权，考生应做两件事：确认处置15%股权的损益和将剩余15%股权分类为其他权益工具投资，考查了权益法转公允价值计量以及债权类投资形成的其他综合收益转入投资收益；然后剩余15%股权作为其他权益工具投资，公允价值变动计入其他综合收益，第二次"处置"剩余的15%股权时，其他综合收益只能转入留存收益！整条线前后衔接得非常巧妙，考查了"长期股权投资"章和"金融工具"章，题目出得很精彩！

📖 坑点提示

本题容易踩坑的是，在甲公司第一次处置持有乙公司15%股权由权益法转为公允价值计量时，考生不太好判断权益法下确认的"其他综合收益"是否应该转入投资收益。因为准则规定："原股权投资因采用权益法核算而确认的其他综合收益，应当在终止采用权益法核算时采用与被投资单位直接处置相关资产或负债相同的基础进行会计处理"，本题题干中说"20×7年度，乙公司因分类为以公允价值计量且其变动计入其他综合收益的金融资产公允价值变动而确认的其他综合收益100万元"。考生搞不清楚这个"以公允价值计量且其变动计入其他综合收益的金融资产"是股权还是债券。如果是股权，其他综合收益不能转投资收益，而应该转入留存收益；如果是债券，其他综合收益可以转入投资收益。

要解决这个问题，需要从金融工具准则对金融资产分类的初衷说起：2008年美国发生金融危机影响全球经济，G20峰会要求修订金融工具准则。要控制金融风险，最主要的是控制银行贷款风险，即债权类资产。因此，金融资产分类基本上围绕"债权类"展开。如果没有专门说明，"以公允价值计量且其变动计入其他综合收益的金融资产"均是指债权类；如果是股权分类为"以公允价值计量且其变动计入其他综合收益的金融资产"，一般都会专门说明（如本题处置15%股权后剩余股权），尤其是经常说"将非交易性权益工具投资指定为以公允价值计量且其变动计入其他综合收益的金融资产"。

2.（本小题10分。）甲公司为一家上市公司，相关年度发生与金融工具有关的交易或事项如下：

（1）20×8年7月1日，甲公司购入了乙公司同日按面值发行的债券50万张，该债券每张面值为100元，面值总额5 000万元，款项已以银行存款支付。根据乙公司债券的募集说明书，该债券

▲ 提醒

关键词：购入债券。
购入普通债券，满足未来现金流"仅为本加息"，可分为金融资产第Ⅰ、Ⅱ、Ⅲ类，主要取决于管理债券的业务模式。

的年利率为6%（与实际利率相同），自发行之日起开始计息，债券利息每年支付一次，于每年6月30日支付；期限为5年，本金在债券到期时一次性偿还。甲公司管理乙公司债券的目标是在保证日常流动性需求的同时，维持固定的收益率。

> **提醒**
> 关键词：管理目标是保证日常流动性、维持固定收益率。
> 根据管理目标，企业管理该金融资产的业务模式既以收取合同现金流量为目标又以出售该金融资产为目标；该债券应分类为"以公允价值计量且其变动计入其他综合收益的金融资产"。

20×8年12月31日，甲公司所持上述乙公司债券的公允价值为5 200万元（含利息）。

20×9年1月1日，甲公司基于流动性需求将所持乙公司债券全部出售，取得价款5 202万元。

（2）20×9年7月1日，甲公司从二级市场购入了丙公司发行的5年期可转换债券10万张，以银行存款支付价款1 050万元，另支付交易费用15万元。根据丙公司可转换债券的募集说明书，该可转换债券每张面值为100元；票面年利率为1.5%，利息每年支付一次，于可转换债券发行之日起每满1年的当日支付；可转换债券持有人可于可转换债券发行之日满3年后第一个交易日起至到期日止，按照20元/股的转股价格将持有的可转换债券转换为丙公司的普通股。

> **提醒**
> 关键词：购入可转换债券。
> 可转换债券未来现金流不满足"仅为本加息"，只能分类为金融资产第Ⅲ类。

20×9年12月31日，甲公司所持上述丙公司可转换债券的公允价值为1 090万元。

> **提醒**
> 关键词：公允价值为1 090万元。
> 交易性金融资产公允价值变动计入当期损益。

（3）20×9年9月1日，甲公司向特定的合格投资者按面值发行优先股1 000万股，每股面值100元，扣除发行费用3 000万元后的发行收入净额已存入银行。根据甲公司发行优先股的募集说明书，本次发行优先股的票面股息率

> **提醒**
> 关键词：定向发行优先股。
> 发行的优先股属于金融负债还是权益工具？

为5%；甲公司在有可分配利润的情况下，可以向优先股股东派发股息；在派发约定的优先股当期股息前，甲公司不得向普通股股东分配股利；除非股息支付日前12个月发生甲公司向普通股股东支付股利等强制付息事件，甲公司有权取消支付优先股当期股息，且不构成违约；优先股股息不累积；优先股股东按照约定的票面股息率分配股息后，不再同普通股股东一起参加剩余利润分配；甲公司有权按照优先股票面金额加上当期已决议支付但尚未支付的优先股股息之和赎回并注销本次发行的优先股；本次发行的优先股不设置投资者回售条款，也不设置强制转换为普通股的条款；甲公司清算时，优先股股东的清偿顺序劣后于普通债务的债权人，但在普通股股东之前。

甲公司根据相应的议事机制，能够自主决定普通股股利的支付。

本题不考虑相关税费及其他因素。

要求：

（1）根据资料（1），判断甲公司所持乙公司债券应予确认的金融资产类别，从业务模式和合同现金流量特征两个方面说明理由，并编制与购入、持有及出售乙公司债券相关的会计分录。

（2）根据资料（2），判断甲公司所持丙公司可转换债券应予确认的金融资产类别，说明理由，并编制与购入、持有丙公司可转换债券相关的会计分录。

（3）根据资料（3），判断甲公司发行的优先股是负债还是权益工具，说明理由，并编制发行优先股的会计分录。

> **提醒**
> 关键词：有权取消股息、不设置投资者回售条款等。募集说明书条款表明，发行方能够无条件避免支付现金，该优先股应分类为权益工具。

> **审题要点**
> 考查购入债券的金融资产分类及账务处理。
> 金融资产分类依据是企业管理金融资产的业务模式和金融资产的合同现金流量特征：①企业管理金融资产的业务模式，是指企业如何管理其金融资产以产生现金流量。②金融资产的合同现金流量特征，是指金融工具合同约定的、反映相关金融资产经济特征的现金流量属性。

> **审题要点**
> 考查持有可转换债券的金融资产类别及其账务处理。
> 可转换债券属于复合金融工具，包含了负债成分和权益成分，其未来现金流不满足"仅为本加息"，只能分类为"以公允价值计量且其变动计入当期损益的金融资产"。

> **审题要点**
> 考查发行的优先股的分类。
> 同时满足下列条件的，发行方应当将发行的金融工具分类为权益工具：①该金融工具不包括交付现金或其他金融资产给其他方；②将来须用或可用企业自身权益工具结算该金融工具的，如该金融工具为非衍生工具，不包括交付可变数量的自身权益工具进行结算的合同义务；如为衍生工具，企业只能通过以固定数量的自身权益工具交换固定金额的现金或其他金融资产结算该金融工具。

【本题答案】

（1）甲公司所持乙公司债券应予确认的金融资产类别是以公允价值计量且其变动计入其他综合收益的金融资产。

理由：由于甲公司管理乙公司债券的目标是在保证日常流动性需求的同时，维持固定的收益率，该种业务模式是以收取合同现金流量和出售金融资产为目标的业务模式；所持乙公司债券的合同现金流量特征与基本借贷安排相一致，即在特定日期产生的现金流量仅为对本金和以未偿付本金金额为基础的利息的支付。

20×8年7月1日，甲公司购入债券：

借：其他债权投资——成本　　　　　　　　　　5 000
　　贷：银行存款　　　　　　　　　　　　　　　　5 000

20×8年12月31日，反映公允价值变动和利息收入：

借：应收利息　　　　　　　　　　　　　　　　150
　　贷：投资收益　　　　　　　　　（5 000×6%÷2）150
借：其他债权投资——公允价值变动　　　　　　50
　　贷：其他综合收益　　　　　（5 200–5 000–150）50

20×9年1月1日，甲公司出售债券：

借：银行存款　　　　　　　　　　　　　　　　5 202
　　贷：其他债权投资——成本　　　　　　　　　5 000
　　　　　　　　　　——公允价值变动　　　　　　50
　　　　应收利息　　　　　　　　　　　　　　　150
　　　　投资收益　　　　　　　　　　　　　　　　2
借：其他综合收益　　　　　　　　　　　　　　50
　　贷：投资收益　　　　　　　　　　　　　　　　50

（2）甲公司所持丙公司可转换债券应予确认的金融资产类别是以公允价值计量且其变动计入当期损益的金融资产。

理由：由于嵌入了一项转股权，甲公司所持丙公司可转换债券在基本借贷安排的基础上，会产生基于其他因素变动的不确定性，不符合本金和以未偿付本金金额为基础的利息支付额的合同现金流量特征。

20×9年7月1日，甲公司购入可转债：

借：交易性金融资产——成本　　　　　　　　1 050
　　投资收益　　　　　　　　　　　　　　　　15
　　贷：银行存款　　　　　　　　　（1 050+15）1 065

20×9年12月31日，甲公司反映债券公允价值变动：

借：交易性金融资产——公允价值变动　　　　40

贷：公允价值变动损益　　　　　　　　　　　　（1 090-1 050）40

（3）甲公司发行的优先股是权益工具。

理由：（1）由于本次发行的优先股不设置投资者回售条款，甲公司能够无条件避免赎回优先股并交付现金或其他金融资产的合同义务；（2）由于甲公司有权取消支付优先股当期股息，甲公司能够无条件避免交付现金或其他金融资产支付股息的合同义务；（3）在发生强制付息事件的情况下，甲公司根据相应的议事机制能够决定普通股股利的支付，因此也就能够无条件避免交付现金或其他金融资产支付股息的合同义务。

20×9年9月1日，甲公司发行优先股时：

　　借：银行存款　　　　　　　　　　　　　　　　（100 000-3 000）97 000
　　　　贷：其他权益工具　　　　　　　　　　　　　　　　　　　　97 000

📖 思维拓展

本题以"分类"主线，考查了购入普通债券的分类、购入可转换公司债券的分类、发行优先股的分类。在分类的基础上，考查了金融资产第Ⅱ、第Ⅲ类和发行权益工具的账务处理，有相当的难度。在复习中可作如下拓展：

（1）购入债券类金融资产，无论是普通债券还是可转换债券，都涉及计算"应收利息"和"利息收入"的问题，应收利息按照票面利率计算，利息收入按照实际利率计算，计算公式如下：

①应收利息=债券面值×票面利率×期限

②利息收入=债券期初摊余成本×实际利率×期限

考生应分清楚"应收利息"和"利息收入"是不同的。本题没有要求计算可转换债券的利息，在实务中是应该计算的。

（2）购入债券分类为"以公允价值计量且其变动计入其他综合收益的金融资产"，其公允价值变动计入"其他综合收益"，在处置时应将"其他综合收益"转入"投资收益"。

（3）购入债券分类为"以公允价值计量且其变动计入当期损益的金融资产"，其公允价值变动计入"公允价值变动损益"，在处置时无需将"公允价值变动损益"转入"投资收益"。

考生应仔细分别债券类金融资产第Ⅱ、第Ⅲ类会计处理之间的区别。

📖 坑点提示

本题容易踩坑的是，考生误以为发行的优先股应分类为金融负债，因为优先股的票面股息率为5%。实际上，后面长长的各种条款就是为了说明"不用还钱"：

①发行的是优先股,既然是"股",股金不用归还;②优先股的股息率为5%,是否一定要支付股息呢?不是的:一是企业亏损了不用支付;二是盈利了好像应该支付,但甲公司有权取消支付优先股当期股息;三是甲公司分配了普通股股东现金股利后,必须支付优先股股息,但甲公司能够自主决定普通股股利的支付,也就是为了不支付优先股股息,那就不分配普通股股东现金股利;四是投资者没有回售优先股的权利,发行方没有回购义务;五是投资者没有将优先股强制转换为普通股的权利,没有结算义务(如果有的话,条款规定按当时普通股市价来换优先股,那就是"将来须用企业自身权益工具进行结算的非衍生工具合同,且企业根据该合同将交付可变数量的自身权益工具",该优先股就是金融负债了)。所有这些条款均表明,甲公司"能够无条件避免支付现金的义务",该优先股属于权益工具。由此可见,优先股的分类是挺复杂的,考生有一个条款没看清楚,就容易踩坑。

四、综合题(本题型共2小题36分。答案中的金额单位以万元表示,涉及计算的,要求列出计算步骤。)

1.(本小题18分。)甲公司是一家上市公司,为建立长效激励机制,吸引和留住优秀人才,<u>制定和实施了限制性股票激励计划</u>。甲公司发生的与该计划相关的交易或事项如下:

(1)20×6年1月1日,甲公司实

> **提醒**
> 关键词:实施限制性股票激励计划。该激励计划属于权益结算的股份支付。

施经批准的限制性股票激励计划,通过定向发行股票的方式向20名管理人员每人授予50万股限制性股票,每股面值1元,发行所得款项8 000万元已存入银行,限制性股票的登记手续已办理完成。甲公司以限制性股票授予日公司股票的市价减去授予价格后的金额确定限制性股票在授予日的公允价值为12元/股。

> **提醒**
> 关键词:限制性股票在授予日的公允价值为12元/股。
> 权益结算的股份支付,采用授予日权益工具的公允价值确定计入成本费用的金额。

上述限制性股票激励计划于20×6年1月1日经甲公司股东大会批准。根据该计划,限制性股票的授予价格为8元/股。限制性股票的限售期为授予的限制性股票登记完成之日起36个月,激励对象获授的限制性股票在解除限售前不得转让、用于担保或偿还债务。限制性股票的解锁期为12个月,自授予的限制性股票登记完成之日起36个月后的首个交易日起,至授予的限制性股票登记完成之日起48个月内的最后一个交易日当日止。解锁期内,同时满足下列条件的,激励对象获授的限制性股票方可解除限售:激励对象自授予的限制性股票登记完成之日起工作满3年;以上年度营业收入为基数,甲公司20×6年度、20×7年度及20×8年度3年营业收入增长率的算术平均值不低于30%。限售期满后,甲公司为满足解除限售条件的激励对象办理解除限售事宜,未满足解除限售条件的激励对象持有的限制性股票由甲公司按照授予价格回购并注销。

> **提醒**
> 关键词:股权激励计划于20×6年1月1日经甲公司股东大会批准。
> 该日为授予日。

(2)20×6年度,甲公司实际有1名管理人员离开,营业收入增长率为

> **提醒**
> 关键词:20×6年度等。
> 等待期内应根据预计营业收入增长率和预计留下的受益对象计算应计入成本费用的金额。

35%。甲公司预计，20×7年度及20×8年度还有2名管理人员离开，每年营业收入增长率均能够达到30%。

（3）20×7年5月3日，甲公司股东大会批准董事会制定的利润分配方案，即以20×6年12月31日包括上述限制性股票在内的股份45 000万股为基数，每股分配现金股利1元，共计分配现金股利45 000万元。根据限制性股票激励计划，甲公司支付给限制性股票持有者的现金股利可撤销，即一旦未达到解锁条件，被回购限制性股票的持有者将无法获得（或需要退回）其在等待期内应收（或已收）的现金股利。

> **提醒**
> 关键词：利润分配方案。
> 根据该资料进行利润分配的处理。

> **提醒**
> 关键词：现金股利可撤销。
> 在现金股利可撤销情况下，应进一步区分预计未来可解锁和不可解锁限制性股票进行处理。

20×7年5月25日，甲公司以银行存款支付股利45 000万元。

（4）20×7年度，甲公司实际有1名管理人员离开，营业收入增长率为33%。甲公司预计，20×8年度还有1名管理人员离开，营业收入增长率能够达到30%。

（5）20×8年度，甲公司没有管理人员离开，营业收入增长率为31%。

（6）20×9年1月10日，甲公司对符合解锁条件的900万股限制性股票解除限售，并办理完成相关手续。

> **提醒**
> 关键词：符合解锁条件。

20×9年1月20日，甲公司对不符合解锁条件的100万股限制性股票按照授予价格予以回购，并办理完成相关注销手续。在扣除已支付给相关管理人员股利100万元后，回购限制性股票的款项700万元已以银行存款支付给相关管理人员。

> **提醒**
> 关键词：不符合解锁条件。

其他有关资料：第一，甲公

20×5年12月31日发行在外的普通股为44 000万股。第二，甲公司20×6年度、20×7年度及20×8年度实现的净利润分别为88 000万元、97 650万元、101 250万元。第三，本题不考虑相关税费及其他因素。

要求：

（1）根据资料（1），编制甲公司与定向发行限制性股票相关的会计分录。

（2）根据上述资料，计算甲公司20×6年度、20×7年度及20×8年度因限制性股票激励计划分别应予确认的损益，并编制甲公司20×6年度相关的会计分录。

（3）根据上述资料，编制甲公司20×7年度及20×8年度与利润分配相关的会计分录。

（4）根据资料（6），编制甲公司解除限售和回购并注销限制性股票的会计分录。

（5）根据上述资料，计算甲公司20×6年度、20×7年度及20×8年度的基本每股收益。

审题要点

考查权益结算在授予日的处理。
发行限制性股票时应作两笔账：一是在增加银行存款的同时，增加股本和股本溢价；二是在增加库存股的同时，增加其他应付款（回购库存股款）。

审题要点

考查权益结算等待期的处理。
等待期内的每个资产负债表日，对于权益结算的股份支付，应当按照授予日权益工具的公允价值计入成本费用和资本公积（其他资本公积）。

审题要点

考查限制性股票发放现金股利的处理。
应视其发放的现金股利是否可撤销，采取不同的方法处理。

审题要点

考查解除限售时的处理。
解除限售时分为两种情况：上市公司未达到限制性股票解锁条件而需回购的股票和上市公司达到限制性股票解锁条件而无需回购的股票。

审题要点

考查基本每股收益的计算。
基本每股收益=归属于普通股股东的当期净利润/当期实际发行在外普通股的加权平均数。

【本题答案】

（1）20×6年1月1日，甲公司定向发行限制性股票进行股权激励：

借：银行存款
　　　　　　　（20×50×8）8 000
　贷：股本
　　　　　　　（20×50×1）1 000
　　　资本公积——股本溢价
　　　　　　　　　　　　7 000

借：库存股
　　　　　　　（1 000×8）8 000

贷：其他应付款　　　　　　　　　　　　　　　　　　　　　　　8 000

注："库存股"的本质是股本的备抵项目，是所有者权益的减项。发行限制性股票表面上是发行股票收到银行存款8 000万元，实际上是负债增加的银行存款，此为"明股实债"。

（2）20×6年度应予确认的损益=预计留下的受益对象（20-1-2）人×每人授予数量50万股×授予日公允价值12元/股÷等待期3年=3 400（万元）

20×7年度应予确认的损益=（20-2-1）×50×12÷3×2-3 400=6 800-3 400=3 400（万元）

20×8年度应予确认的损益=（20-2）×50×12-6 800=10 800-6 800=4 000（万元）

编制甲公司20×6年度相关的会计分录：

借：管理费用　　　　　　　　　　　　　　　　　　　　　　　　3 400
　　贷：资本公积——其他资本公积　　　　　　　　　　　　　　　3 400

（3）甲公司20×7年度5月3日宣告发放现金股利时：

借：利润分配——应付现金股利或利润　（含预计可解锁17人）44 850
　　其他应付款　　　　　　　　（3人×50×1）（预计不可解锁）150
　　贷：应付股利　　　　　　　　　　　　　　　　　　　　　　45 000

借：其他应付款　　　　　　（预计可解锁）（17人×50×1）850
　　贷：库存股　　　　　　　　　　　　　　　　　　　　　　　　850

注：等待期内发放现金股利，如果**现金股利可撤销**，即一旦未达到解锁条件，被回购限制性股票的持有者将无法获得（或需要退回）其在等待期内应收（或已收）的现金股利。应进行如下处理：对于预计未来可解锁限制性股票持有者，上市公司应分配给限制性股票持有者的现金股利应当作为利润分配进行会计处理，借记"利润分配——应付现金股利或利润"科目，贷记"应付股利——限制性股票股利"科目；同时，按分配的现金股利金额，借记"其他应付款——限制性股票回购义务"等科目，贷记"库存股"科目；实际支付时，借记"应付股利——限制性股票股利"科目，贷记"银行存款"等科目；对于预计未来不可解锁限制性股票持有者，上市公司应分配给限制性股票持有者的现金股利应当冲减相关的负债，借记"其他应付款——限制性股票回购义务"等科目，贷记"应付股利——限制性股票股利"科目；实际支付时，借记"应付股利——限制性股票股利"科目，贷记"银行存款"等科目。甲公司20×7预计可行权时3人离职，发放的股利应收回；17人预计不会离职，可解锁作为利润分配。

20×7年5月25日，甲公司以银行存款支付股利：

借：应付股利　　　　　　　　　　　　　　　　　　　　　　　45 000
　　贷：银行存款　　　　　　　　　　　　　　　　　　　　　　45 000

20×8年，原预计将离职1人，实际没有离职，对分配的现金股利进行后续处理：
借：利润分配——应付现金股利或利润　　　　　　（1×50×1）50
　　贷：其他应付款　　　　　　　　　　　　　　　　　　　50
借：其他应付款　　　　　　　　　　　　　　　　　　　　　50
　　贷：库存股　　　　　　　　　　　　　　　　　　　　　50

（4）20×9年1月10日，甲公司对符合解锁条件的900万股限制性股票解除限售：
借：其他应付款　　　　　　　　　　　　　　　　　　　6 300
　　贷：库存股　　　　　　　　　　　　（18人×50×8-850-50）6 300

20×9年1月20日，甲公司对不符合解锁条件的100万股限制性股票按照授予价格予以回购：
借：其他应付款　　　　　　　　　　　　　（2人×50×8-100）700
　　贷：银行存款　　　　　　　　　　　　　　　　　　　　700
注销回购的100万股股票：
借：股本　　　　　　　　　　　　　　　　　　　（100×1）100
　　资本公积——股本溢价　　　　　　　　　　　　　　　　700
　　贷：库存股　　　　　　　　　　　　　　　　　（2×50×8）800

（5）20×6年度的基本每股收益=归属于普通股股东净利润88 000÷发行在外普通股数量44 000=2（元）

20×7年度的基本每股收益=（归属于普通股股东净利润97 650-当期分配给预计未来可解锁限制性股票持有者的现金股利850）÷44 000=2.2（元）

20×8年度的基本每股收益=（101 250-50）÷44 000=2.3（元）

注：上市公司采取授予限制性股票进行股权激励，在等待期内计算基本每股收益时，基本每股收益仅考虑发行在外的普通股，按照归属于普通股东的当期净利润除以发行在外普通股的加权平均数计算。限制性股票由于未来可能被回购，性质上属于或有可发行股票，在计算基本每股收益时不应当包括在内。上市公司在等待期内基本每股收益的计算，应视其发放的现金股利是否可撤销采用不同的方法。现金股利可撤销，即一旦未到达解锁条件，被回购限制性股票的持有者将无法获得其在等待期内应收的现金股利。等待期内计算基本每股收益时，分子应扣除当期分配给预计未来可解锁限制性股票持有者的现金股利；分母不应包含限制性股票的股数。20×6年未进行利润分配；20×7年进行利润分配时，预计有17人未来可解锁，其现金股利为850万元（17×50×1）；20×8年预计有18人未来可解锁。

思维拓展

本题考查股份支付（限制性股票）+每股收益。发行限制性股票进行股权激励是目前股权激励中最常见的一种股权激励方式，本题就是考查采用限制性股票进行股权激励。本题是历年考试中最难得分的一道题，难在四个地方：一是发行限制性股票应作两笔会计分录而不是发行普通股票的一笔分录；二是存在限制性股票情况下分配现金股利时，应考虑现金股利是否可撤销；如果现金股利可以撤销，还应预计限制性股票是否可解锁，其会计处理过于复杂；三是满足时间条件、业绩条件可解锁的处理与不满足时间条件中途离开的处理不同，考生记不住；四是存在限制性股票情况下，基本每股收益计算的特殊性，比较很难做对。鉴于目前考试难度有所下降的趋势，再出难度那么高的题的可能性基本没有了。

坑点提示

本题容易踩坑的是，考生误以为编制甲公司定向发行限制性股票时只需要编制一笔会计分录，即借记"银行存款"科目，贷记"股本"科目、"资本公积——股本溢价"。的确，如果发行股票只是为了筹集资金，编制这笔分录就行。但是，本处发行的是与股权激励相关的限制性股票，根据谨慎原则，应该考虑不符合解锁条件时企业应履行的回购义务。因此，应在确认"股本"的基础上，增加第二笔分录，即借记"库存股"科目，贷记"其他应付款——限制性股票回购义务"科目。做了这两笔分录后，在编制资产负债表时，股本与资本公积金额之和正好与库存股金额抵销，资产负债表中体现为银行存款增加和其他应付款增加。这就是典型的"明股实债"，看起来好像是发行股票增加的资金，实际上是负债增加的资金。可见发行限制性股票应作两笔会计分录，是考生很容易踩坑的地方。

2.（本题18分）甲公司拥有乙公司、丙公司、丁公司和戊公司等子公司，需要编制合并财务报表。甲公司及其子公司相关年度发生的交易或事项如下：

（1）乙公司是一家建筑施工企业，**甲公司持有其80%股权**。20×6年2月10日，甲公司与乙公司签订一项总金额为55 000万元的固定造价合同，将A办公楼工程出包给乙公司建造，该合同不可撤销。A办公楼于20×6年3月1日开工，预计20×7年12月完工。乙公司预计建造A办公楼的总成本为45 000万元。甲公司和乙公司一致同意**按照乙公司累计实际发生的成本占预计总成本的比例确定履约进度**。

> 🔔 **提醒**
> 关键词：甲公司持有乙公司80%股权。
> 甲公司和乙公司为母子公司，内部交易应抵销。

> 🔔 **提醒**
> 关键词：按照乙公司累计实际发生的成本占预计总成本的比例确定履约进度。
> 按成本法确定履约进度，计算收入的金额。

20×6年度，乙公司为建造A办公楼实际发生成本30 000万元；乙公司与甲公司结算合同价款25 000万元，实际收到价款20 000万元。由于材料价格上涨等因素，乙公司预计为完成工程尚需发生成本20 000万元。

> 🔔 **提醒**
> 关键词：20×6年度。
> 建造合同第1年。

20×7年度，乙公司为建造A办公楼实际发生成本21 000万元；乙公司与甲公司结算合同价款30 000万元，实际收到价款35 000万元。

> 🔔 **提醒**
> 关键词：20×7年度。
> 建造合同第2年。

20×7年12月10日，A办公楼全部完工，达到预定可使用状态。**20×8年**

> 🔔 **提醒**
> 关键词：20×8年2月3日。
> 完工转固，次月开始计提折旧。

2月3日，甲公司将A办公楼正式投入使用。甲公司预计A办公楼使用50年，预计净残值为零，采用年限平均法计提折旧。

20×9年6月30日，甲公司以70 000万元的价格（不含土地使用权）向无关联关系的第三方出售A办公楼，款项已收到。

> 提醒
> 关键词：出售办公楼。
> 确认处置固定资产损益。

（2）丙公司是一家高新技术企业，甲公司持有其60%股权。为购买科学实验需要的B设备，20×9年5月10日，丙公司通过甲公司向政府相关部门递交了400万元补助的申请。

> 提醒
> 关键词：甲公司持有丙公司60%股权。
> 甲公司与丙公司为母子公司。

20×9年11月20日，甲公司收到政府拨付的丙公司购置B设备补助400万元。20×9年11月26日，甲公司将收到的400万元通过银行转账给丙公司。

> 提醒
> 关键词：甲公司将款项转给丙公司。
> 甲公司代收补助款，属于丙公司的政府补助。

（3）丁公司是一家专门从事水力发电的企业，甲公司持有其100%股权。丁公司从20×5年2月26日开始建设C发电厂。

> 提醒
> 关键词：甲公司持有丁公司100%股权。
> 甲公司与丁公司为母子公司。

为解决丁公司建设C发电厂资金的不足，甲公司决定使用银行借款对丁公司增资。20×7年10月11日，甲公司和丁公司签订增资合同，约定对丁公司增资50 000万元。20×8年1月1日，甲公司从银行借入专门借款50 000万元，并将上述借入款项作为出资款全部转账给丁公司。该借款期限为2年，年利率为6%（与实际利率相同），利息于每年末支付。

> 提醒
> 关键词：甲公司使用银行借款增资。
> 甲公司利息费用应费用化，计入财务费用。

丁公司在20×8年1月1日收到甲公司上述投资款当日，支付工程款30 000万元。20×9年1月1日，丁公司

> 提醒
> 关键词：丁公司收到投资款支付工程款。
> 从合表角度，借款费用应资本化，计入在建工程。

又使用甲公司上述投资款支付工程款20 000万元。丁公司未使用的甲公司投资款在20×8年度产生的理财产品收益为600万元。

C发电厂于20×9年12月31日完工并达到预定可使用状态。

（4）戊公司是一家制造企业，甲公司持有其75%股权，投资成本为3 000万元。20×9年12月2日，甲公司董事会通过决议，同意出售所持戊公司55%股权。20×9年12月25日，甲公司与无关联关系的第三方签订不可撤销的股权转让合同，向第三方出售其所持戊公司55%股权，转让价格为7 000万元。甲公司预计，出售上述股权后将丧失对戊公司的控制，但能够对其具有重大影响。

20×9年12月31日，上述股权尚未完成出售。戊公司在20×9年12月31日全部资产的账面价值为13 500万元，全部负债的账面价值为6 800万元。甲公司预计上述出售将在一年内完成，因出售戊公司股权将发生的出售费用为130万元。

其他有关资料：第一，乙公司、丙公司、丁公司和戊公司的会计政策与甲公司相同，资产负债表日和会计期间与甲公司保持一致。第二，本题不考虑相关税费及其他因素。

要求：

（1）根据资料（1），计算乙公司20×6年度、20×7年度分别应确认的收入，并编制20×6年度与建造A办公楼业务相关的全部会计分录（实际发生

> **提醒**
> 关键词：甲公司持有戊公司75%股权。
> 甲公司与戊公司为母子公司。

> **提醒**
> 关键词：甲公司出售所持戊公司55%股权，预计出售在1年内完成。
> 该长期股权投资应重分类为持有待售资产。

> **审题要点**
> 考查收入的确认与计量。
> 建造合同收入应采用时期法确认收入，按照履约进度计算收入的金额。

成本的会计分录除外）。

（2）根据资料（1），计算甲公司因出售A办公楼应确认的损益，并编制相关会计分录。

> **审题要点**
> 考查出售办公楼。
> 该办公楼在终止确认时确认资产处置损益。

（3）根据资料（1），编制甲公司20×7年度、20×8年度、20×9年度合并财务报表的相关抵销分录。

> **审题要点**
> 考查合并报表抵销分录连续三年的编制。
> 如果子公司为母公司建造办公楼，则构成内部交易，从合并报表角度应该将内部交易抵销。

（4）根据资料（2），判断该政府补助是甲公司的政府补助还是丙公司的政府补助，并说明理由。

> **审题要点**
> 考查政府补助的概念。
> 政府补助是指企业从政府无偿取得货币性资产或非货币性资产。

（5）根据资料（3），说明甲公司发生的借款费用在其20×8年度、20×9年度个别财务报表和合并财务报表中分别应当如何进行会计处理。

> **审题要点**
> 考查借款费用。
> 从个表看，借款费用是资本化还是费用化。
> 从合表看，借款费用内部交易应进行抵销。

（6）根据资料（4），判断甲公司对戊公司的长期股权投资是否构成持有待售类别，并说明理由。

> **审题要点**
> 考查持有待售的概念。
> 企业主要通过出售而非持续使用一项非流动资产或处置组收回其账面价值的，应当将其划分为持有待售类别。

（7）根据资料（4），说明甲公司对戊公司的长期股权投资在其20×9年度个别财务报表和合并财务报表中分别应当如何列报。

> **审题要点**
> 考查长期股权投资作为持有待售资产的列报方法。
> 企业因出售对子公司的投资等原因导致其丧失对子公司控制权的，无论出售后企业是否保留部分权益性投资，应当在拟出售的对子公司投资满足持有待售类别划分条件时，在母公司个别财务报表中将对子公司投资整体划分为持有待售类别，在合并报表中将子公司所有资产和负债划分为持有待售类别。

【本题答案】

（1）20×6年度应确认的收入=合同总收入55 000×履约进度〔30 000÷（30 000+20 000）〕=33 000（万元）

20×7年度应确认的收入=55 000-33 000=22 000（万元）

20×6年，乙公司账务处理如下：

借：合同结算——收入结转 33 000
  贷：主营业务收入 33 000
借：主营业务成本 30 000
  贷：合同履约成本 30 000
借：应收账款 25 000

  贷：合同结算——价款结算   25 000
 借：银行存款   20 000
  贷：应收账款   20 000

（2）20×9年6月30日，甲公司出售A办公楼应确认的损益=出售价款70 000–固定资产账面价值（55 000–1 650）=16 650（万元）

 借：银行存款   70 000
  累计折旧   1 650
  贷：固定资产   55 000
    资产处置损益   16 650

注：20×8年1月至20×9年6月固定资产折旧额=（55 000–0）÷50÷12×18=1 650（万元）

（3）注：20×6年乙公司确认营业收入33 000万元，确认营业成本30 000万元，虚增资产3 000万元应抵销，本来应作如下抵销，但不要求考生作抵销分录：

 借：营业收入   33 000
  贷：营业成本   30 000
    固定资产   3 000

20×7年度甲公司编制合并报表抵销分录：

 借：期初未分配利润   3 000
  贷：固定资产   3 000
 借：营业收入   22 000
  贷：营业成本   21 000
    固定资产   1 000

20×8年度甲公司编制合并报表抵销分录：

 借：期初未分配利润   4 000
  贷：固定资产   4 000
 借：固定资产——累计折旧   80
  贷：管理费用   80

注：20×8虚提折旧=4 000÷50=80（万元）

20×9年度甲公司编制合并报表抵销分录：

 借：期初未分配利润   3 920
  贷：固定资产   （4 000–80）3 920
 借：固定资产——累计折旧   40
  贷：管理费用   （4 000÷50÷2=40）40
 借：固定资产   （3 920–40）3 880

贷：资产处置收益　　　　　　　　　　　　　　　　　　　　3 880

（4）是丙公司的政府补助。

理由：该补助的对象是丙公司，甲公司只是起到代收代付的作用。

（5）20×8年度：在个别财务报表中借款费用计入当期损益，金额为3 000万元；在合并财务报表中借款费用计入在建工程成本，金额为2 400万元。

注：20×8甲公司利息费用=50 000×6%=3 000（万元）；20×8从合并报表角度看，相当于将借入资金用于工程建设，应计入在建工程的利息费用=50 000×6%－理财产品收益600=3 000－600=2 400（万元）。

20×9年度：在个别财务报表中借款费用计入当期损益，金额为3 000万元；在合并财务报表中借款费用计入在建工程成本，金额为3 000万元。

注：20×9年年初支付20 000万元后，没有闲置资金产生的理财收益了。

（6）构成持有待售类别。

理由：由于甲公司已与无关联关系的第三方签订了具有法律约束力的股权转让合同，签订合同前的准备工作已经完成，甲公司按照合同约定可立即出售；甲公司董事会已就出售戊公司股权通过决议；甲公司已获得确定承诺；预计出售将在一年内完成。

（7）在个别财务报表中，将对戊公司的长期股权投资3 000万元全部在"持有待售资产"项目中列报。在合并财务报表中，将戊公司的资产13 500万元全部在"持有待售资产"项目中列报，将戊公司的负债6 800万元全部在"持有待售负债"项目中列报。

思维拓展

　　本题考查了合并报表（抵销分录）+建造合同收入+政府补助+固定资产（建造）+借款费用+持有待售。本题以甲集团公司业务为主线，考查了与子公司乙公司、丙公司、丁公司、戊公司之间的业务关系，题目出得很精彩，给我们提供了很多启示，详细分析如下：

　　（1）甲公司与乙公司的内部业务。乙公司为甲公司承建办公楼，乙公司作为"施工方"考查了建造合同收入的确认与计量，采用时期法按照履约进度确认收入；甲公司作为"业主方"，形成了固定资产，内部建造中形成的收入和虚增资产应在编制合并报表时进行抵销。本题是历史上考合并报表编制时间最长的一次，从母公司委托子公司建造办公楼开始，建造2年完工；达到预定可使用状态后计提折旧近2年，然后出售固定资产。从建造开始包含了虚增的利润，直到处置，前后抵销4年，创造了抵销分录最长的一次。通过本题，使考生学到了连续编制多年合并报表情况下，合并抵销分录是如何衔接的。

　　（2）甲公司与丙公司的内部业务。甲公司作为母公司，替子公司丙公司申请高新技术补助，实际受益人是丙公司，应该属于丙公司的政府补助，这是显而易见的事。本考点在实务中很常见，很多时候都是以最终母公司代表企业集团出面办事。

（3）甲公司与丁公司的内部业务。甲公司将从银行借入的款项作为投资款，投入到子公司作为资本金，子公司收到款项后用于建造工程。从甲公司个表角度看，借款用于投资，借款利息应该计入财务费用；从子公司角度看，接受的是投资款，没有借款费用。但从合并报表角度，乙公司将款项用于工程建设，其实质就是甲集团公司将借入款项用于工程，符合资本化情况下，应将利息费用资本化。本考点告诉我们，编制合并报表一定要从集团公司角度看问题。

（4）甲公司与戊公司的内部业务。甲公司持有戊公司75%股权，甲公司个表上作为长期股权投资。后来签订股权转让合同出售55%，剩余20%，该转让将在1年内完成。这样长期股权投资应转入"持有待售资产"，从个表角度列示在持有待售资产；从合并报表角度，应将子公司的所有资产列示在"持有待售资产"，将所有的负债列示在"持有待售负债"。本考点告诉我们，处理问题应看问题的实质，将长期资产转为流动资产列报才能正确反映资产的流动性。

坑点提示

本题容易踩坑的是，甲公司委托子公司乙公司承建办公楼合并报表的抵销，因为是前后连续四年抵销，考生基本没有做过练习，搞不清楚如何衔接各年的抵销分录。实际上，合并报表编制一定要站在企业集团角度看问题：

20×6年为内部建造第1年，应将虚增收入和虚增资产抵销：

借：营业收入	33 000
贷：营业成本	30 000
固定资产（在建工程）	3 000

注意：正在建造的办公楼在母公司账上通过"在建工程"科目核算，在2019年个别报表中财政部要求将在建工程并入固定资产进行列报（主要是考虑报表行数太多了）。目前，在建工程又单独列示了。

20×7年为内部建造第2年，属于连续编制合并报表的第2年，应将内部虚增收入和虚增资产抵销：

①首先"架桥"，衔接上年内部交易抵销对本年年初未分配利润的影响：

借：期初未分配利润	3 000
贷：固定资产（在建工程）	3 000

②其次将本年内部建造虚增的收入和资产抵销：

借：营业收入	22 000
贷：营业成本	21 000

　　　　固定资产　　　　　　　　　　　　　　　　　　　　　　　1 000

20×8年度虽然没有内部建造，但因内部建造形成的固定资产使资产虚增了，应该抵销：

①首先"架桥"，衔接上年内部交易抵销对本年年初未分配利润的影响：

借：期初未分配利润　　　　　　　　　　　　　　　　　4 000
　　贷：固定资产　　　　　　　　　　　　　　　　　　　　4 000

②其次将本年由于虚增资产多计提的折旧抵销：

借：固定资产——累计折旧　　　　　　　　　　　　　　　80
　　贷：管理费用　　　　　　　　　　　　　　　　　　　　　80

注：20×7年末达到预定可使用状态，从次月起计提折旧。20×8虚提折旧=4 000÷50=80（万元）。这里出题老师在挖坑，说是20×8年2月3日正式投入使用，有些考生误以为从3月份开始计提折旧，这就踩坑了。

20×9年度继续使用办公楼，但年末处置了，应该把相关虚提的折旧和虚减的处置收益进行抵销：

①首先"架桥"，衔接上年内部交易抵销对本年年初未分配利润的影响：

借：期初未分配利润　　　　　　　　　　　　　　　　　3 920
　　贷：固定资产　　　　　　　　　　　　　　　（4 000-80）3 920

②其次将本年由于虚增资产多计提的折旧抵销：

借：固定资产——累计折旧　　　　　　　　　　　　　　　40
　　贷：管理费用　　　　　　　　　　　　　　　（4 000÷50÷2）40

注：6月30日处置，只多计提了半年折旧。

③最后将虚增了资产使得虚减了处置收益进行抵销：

借：固定资产　　　　　　　　　　　　　　　　（3 920-40）3 880
　　贷：资产处置收益　　　　　　　　　　　　　　　　　　3 880

由此可见，本题涉及连续四年编制合并报表，其抵销分录是挺复杂的，考生很容易踩坑。

抢分秘籍

本题的抢分技巧是，用火眼金睛识别出母子公司内部经济业务之间的性质，将内部交易该抵销的就抵销，就得分了。

历年考情

本题中的第1问与2020年计算题第1题非常相似，均涉及建造合同收入的确认与计量。